法学实验教学系列教程

总主编：肖永平 冯果

法律职业道德实训教程

—— 高境界法律人才培养示范

廖奕 著

WUHAN UNIVERSITY PRESS
武汉大学出版社

图书在版编目(CIP)数据

法律职业道德实训教程:高境界法律人才培养示范/廖奕著.—武汉:
武汉大学出版社,2009.12
　法学实验教学系列教程/肖永平　冯果
　ISBN 978-7-307-07058-5

　Ⅰ.法…　Ⅱ.廖…　Ⅲ.法律工作者—职业道德—中国—高等学校—
教材　Ⅳ.D926.17

中国版本图书馆 CIP 数据核字(2009)第 087747 号

责任编辑:张　欣　　　责任校对:王　建　　　版式设计:马　佳

出版发行:**武汉大学出版社**　　(430072　武昌　珞珈山)
　　　　　(电子邮件:cbs22@whu.edu.cn　网址:www.wdp.com.cn)
印刷:黄冈市新华印刷有限责任公司
开本:720×1000　　1/16　　印张:14.75　字数:259 千字　插页:1
版次:2009 年 12 月第 1 版　　2009 年 12 月第 1 次印刷
ISBN 978-7-307-07058-5/D·907　　　定价:22.00 元

版权所有,不得翻印;凡购我社的图书,如有缺页、倒页、脱页等质量问题,请与当地图书销售
部门联系调换。

致　谢

非常感谢武汉大学法学实验教学中心将本书列入丛书，使其有幸成为砌垒法学实验教学体系的一块"砖瓦"。

同时感谢教育部人文社科基金对我的资助，有了良好的学术研究保障，法学实验教学才能显现其创新的特质。

特别感谢我的学生们，是他/她们的智慧、参与和发问触发了我的写作灵感，引导了我的教学思路，也改变了我本身。

前　言

法律就是一种应然法则。它属于伦理性的应然法则。

——拉德布鲁赫

背　景

在奉"法"为真的现代社会，道德理想国虽未顷刻覆灭，却也呈分裂式微之疲态。众神喧嚣，群魔乱舞，任何秉持道德旗帜的话语与说辞都显得虚软乏味——法律与道德的界限，从表面看的确泾渭分明，大有水火不容之势。

促成此景的，有那"法律职业共同体"的几分"功劳"。曾几何时，近代西方法律阶层独立性的幻觉为国朝士子服膺，"创造性转化"，移他人之梦，入中华之境。一时间，"法律的归法律，道德的归道德"，蔚为风潮。法律职业者不断寻求逻辑自洽、规则严谨、表述完美、效力惊人的"法"，不听、不看也不想关乎己身的道德训诫，由此生成金权肉弹下的职业伦理危机。"法律人，你为什么不争气？"台湾法律人这种"恨铁不成钢"的自我质问直指法律职业道德的匮乏症候，彰显了相关教育跟进的必要。

新中国的法科教育，六十春秋，曲折虽重重，硕果也累累。如今迈入"整顿、深化与提高"的攻坚阶段，法科教育的职业化趋向成为主导。在全球经济危机的冲击下，强化法科教育的实践性与创新性，成为法制建设与教育改革的共同方向与要求。锻造法律职业人才，教授其知识，培养其技能，生成其道德，塑造其品格，丝丝相连，环环紧扣。然而，当前我国法科教育对职业道德课程的定位不清晰，要求不严格，教学材料老旧，形式单调，师资稀缺，成效微渺。细思其因，无外乎：传统理论的灌输内容庞杂，耗时耗力，无暇关注学子的道德生成。此外，法律职业道德就其本性而言，属于法律职业的自律教育，对于尚在见习、并未执业的学子而言，很难真切体认。

法律职业道德的内核是法律人的职业伦理，外延是社会公众对法律职业伦理的认知、观感与评价。作为在校的"准法律人"，法科学子既应具备初步的

1

法律职业伦理操守，又应重视体察社会外部对法律职业的态度波动，这种独特的社会位置为其锻造新的"均衡"为本的"沟通伦理"提供了方便。作为教员，我们不应封杀学生未来无限的可能性，不应武断地用一套套僵死的道德教条堵塞他们丰富的心灵，更不应戴着有色道德眼镜先入为主地替学生思考和回答——应采之方法，归于"实训"二字。

我们期盼能以"实境"和"训诫"为关键词，通过全新的教学环境，运用丰富的教学手段，改变传统的教学结构，斩获良好的教学实效。所谓"实境"，是指将学生身份转化为"职业者"，将其学习活动拓展到立法、司法、执法机关、律师事务所、法律援助机构、企事业单位，甚至社区、村庄。所谓"训诫"，不是夫子对弟子的耳提面命，而是师生在实境参与中共同对法律职业道德萌发的确信与坚执，是"自训"与"他诫"的结合。道德是私域的核心，恰如法律是公域的支撑，法律职业的道德生成，正是连接公域与私域的桥梁。要津一旦失守，公域的守卫者极易蜕变为私域的"狂人"。

长期以来，中国法科教育陷入了"目标"的迷惘，究竟是精英式的职业化教育，还是大众化的非职业教育？其实，这种争执并未触及法科教育目标模式的根本。无论职场精英还是大众人才，都是法科教育的结果，而非"目标"。所谓目标，必须立足现实却又高于现实。基于当下实利化、短期化、教条化的培养模式，我们曾提出"高境界法律人才培养"的理论构想。而今，选择以"法律职业道德实训"这个突破口或曰个案，有望对这一理想目标作一次大胆而谨慎的示范。

本教程首先对教学原理、目标、方法、考核等进行纲要式概述，继而以具体项目的方式引导学生进入"实训"环节。前者是必要的背景描述与基础奠定，后者则是课程的主干与重点。

原　　理

法学是一门古老而年轻、普适又特别的人文社会之学。与一般的自然科学不同，法学研究的不是恒定不改的天地万物，而是随时流变的法和法律现象。法和法律现象，在法学家眼中，无不是应人而生、为人而存的。所以，对于实践运用功效极为明显的法学教育而言，历来存在两种不同的价值定位：要么以训练工匠型、纯粹技艺式的实用人才为基本目标，要么旨在塑造具有独立思维和创新品格的法律精英。如果没有高远、理性的价值定位，法学实验性教学很容易蜕化为法律工匠式的训练。有鉴于此，法学实验教学必须奉"以人为本"

为价值圭臬，通过倡导学生自主学习、自主研究的灵动方式，以培养高素质、高品位、高境界的创新型治国之才为根本定位。这就决定了我们构建的实验教学，不是简单的法学科技实验室，也不是单纯的法律社会实践活动，而是将法学理念实验、制度实验、技术实验甚至是文化实验紧密结合、有效整合的新型实验教学模式。

在这一过程中，我格外强调学生学习的自主性，尊重学生个性的张扬与发挥，鼓励学生潜能特别是创造性才干的充分开掘，总之是以学生为主体、为目的。在实验教学互动的过程中，教员对学生的施教也是从培育人格、完善心性的高度展开的；作为教员，自身的研究是学生开展实验性学习的先导与典范，施教者与受教者共同在实验中成长，在实验中创新，这正是我所理解的法学实验课程最大的理念特色。

就基本理念而言，我们需要重视如下方面①：

1. 高远定位：提升法学实验教学的内在品格。在"精英教育"向"大众化教育"转变的时代大潮中，中国高等法学教育应否坚持塑造人才的创新品质？这是涉及法学教育何去何从的一个根本问题。不能否认法学教育的大众性、实用性与工具性，没有实践运用效能的法学教育肯定不是成功的教育。但法学教育应当充分体现法律与社会发展规律、具有高远的价值定位，如此才能适应持续能动的发展需要。法学实验教学正是有效连接法学理论教学与实践教学的一座桥梁，长期以来，我们坚持"大法学实验教学"的理念，着力提高法学实验教学的内在品质，力争开创精品，形成典范。我们倡导、实践的法学实验教学一直以来坚持高品质、高境界的路径，鼓励、引导法科学生创新，通过他们自主的学习惯性，加之和谐、调适的外部指引与整体安排，转化为有益于法治建设进而有助于整个国家与民族乃至世界公益的生动力量。在这个转化过程中，我们的实验教学强调：法科生自己也能"化蛹成蝶"，实现己身心性本体的质跃，呈现出一个高境界"超我"的相状与形态。尤为重要的是，作为有着悠久历史积淀和深厚现实基底的重点综合性大学的法学教育，我们更应奉"尊重个性、弘扬创新、培养具有独立思维和创新精神的治国之才"为法学实验教学的终极价值。

2. 更新思维：突破机械法条主义的束缚制约。机械法条主义是传统法学

---

① 参见汪习根、廖奕：《论中国法学研究性学习与创新人才的培养》，载《政治与法律》2008 年第 11 期；李龙、廖奕：《人本法学教育观论要——高境界法律人才培养目标模式》，载《中国法学》2005 年第 2 期。

教育的一大顽症，它带给当代中国法学实验教育的困惑与挑战是多向度的，主要包括：对系统性、抽象性、理论性、概念化、科学性、形式结构和纯粹性的强调必然制约着法科生的知识结构，使其观察视野、能动思维空间和思辨力与想像力受到极大局限与约束，从而容易轻视对法学研究与法律职业境界的追求；以系统的法典为现成素材也制约着教师发挥教学能动性，难以有效组织学生自由思考、积极辩论、科学推理；而没有与具体生活经验和司法实践相结合的一般法条训练即使有案例教学的外表，也难得其精核，所培育之人才与法治实践所需要之专才并不完全相符合。因此，我们坚持的法学实验教学改革应做到：其一，在法学实验教育的宗旨上，将培养法条注释者的职业目标转化为培育法律创新人才的教育行为，对学生的考核强调法理精神，注重兼及规范分析、价值分析、社会分析的全面思维考察；其二，在法学实验教育的实施上，将单方面的教义灌输转变为提倡学生自主法律思维并密切与现实生活相结合的法学生活辩证法教育；其三，在法学实验教育的评价上，摆脱期末考试主义与官方上级评估的局限，倡导"过程式考察"、自我监控、内生发展，将"获得多少"的量化感觉升华为"懂得什么"、"理解多少"的质性测算。

3. 明确重心：强调法学实验教学的互动取向。一流的大学除了应有一流的科研成果，更应有一流的创新型学生。要培育高境界的创新型学生，高水平的创造性法学实验教学活动就不可或缺。在以学生为主体，以教学为中心的互动式法学实验教学导向下，学生被纳入教学、研究与创新的整体目标体系，而连接教师研究与学生学习的有机纽带正是法学实验教学。对于法学这样一门特殊的学科而言，要实现真正的研究与创新，必须使教师和学生有机结为一体，分享法学实验教学的乐趣与成效。教师可以在实验中教学，学生可以在实验中研究，并通过具体的司法实践或法务项目具体检测其教学成效，一方面可有效避免量化考核的症结，另一方面能有效激发教学双方主体的创造性和能动性，可谓一个理想的抉择。

4. 培养能力：着眼法科学生实践的技能训练。我们认为，必须通过以法学实验教学为红线的法科教学改革，使受教育主体充分把握法律知识背后的法律价值，并使它们内化为自身的世界观、价值观、人生观和思维方式，进而为实现法律自身的人权、正义、秩序、效率、自由、福利"诸善"，搭建一座理想的天梯，形成一套实用的技能。通过法学实验教学，强化受教育主体的自身能力，变被动学习为主动学习，有效把握法律的各种知识类型，并以前述高境界的理念加以统合，真正吸收、内化为人格要素和精神支柱。在法学实验教学过程中，除了强调学生分析问题的能力，更应注重培养他们解决问题的能力。

这就需要整合现有的实践性法学课程，将法律诊所教育、法律实习课程和其他一些法律见习、调查活动统一为法学实验课程的实践部分。设计一套综合、完备、体系化的实践项目，给予充分的经费投入，设置专门组织结构，解决现今法学实践教学长期存在的经费投入不足、时间保障不够和内容设计陈旧之类的突出问题。

5. 彰显个性：形成法学实验教学的特色品牌。法学实验教学的过程是一个激发学生积极性、主动性、能动性、创造性学习的过程，要通过各种方式与方法之运用，引导学生发现问题，思考问题，解决问题，进而改善学习态度，学会自主发展，提高实践能力。我们力图将个性教学作为法学实验教学的特色品牌，抓好做强：第一，多元"研习"组织的构造。对现有"班级"单位进行有意识的拆分和打散，形成不同的"研习族"，包括"学习族"和"研究族"两大类。就"学习族"而言，要进行量与质两方面的重新设计，在量上力争小班授课，在平等传授一般知识的基础上，有差别地多元对待具有不同个性的受教育者，因材施教；在质上应按照学习主体之兴趣与潜质有选择地区别对待、因人制宜。就"研究族"而论，可在自然教育单位组织中据其志向与能力择取一定成员成立创新与探究性研究小组，实现通才与专才的对立统一。当然，这些"研习族"的类型划分是开放的，多元的，并不是要否定原有班级单元活动。第二，既有授业方式的更新。改变单一的教义学式的教育方法，积极开展讨论式教学，针对典型事案师生共同讨论、各抒己见，使各方的创新个性在讨论中都能得以展现。第三，引入问题教学法。科学研究表明，发现问题是成功的前提。在传输知识前不应当急于直陈所谓标准答案，而是要以事实为导入口，首先不是要求学习主体习得知识，更不是令其解决问题，而以发现问题为首要环节，在事实背后充分挖掘问题，然后针对所发现问题引导其寻求不同的解决思路。同时，强调在逻辑思维基础上培养超逻辑思维能力，在聚合式思维条件下养成发散式思维。第四，复合创新形式的设计。提倡学生从本科阶段起进入法学研究领域，为他们创设更多的专题项目，配备专门的指导教师，给予一定的经费支持，并在各方面予以优先奖励；重视法学"第二课堂"，利用各种社会实践进行法学调研，撰写报告，运用多种形式举办成果发布会，大力开展培养创新精神和创新能力的课外科技学术活动。第五，鼓励法科生"自组织"学习。通过各种法律专业技能性社团，如辩论协会、演讲协会、法律文书写作协会等，及法律服务性社团，如法律援助中心、法律咨询协会等，培养学生的特长，张扬其个性，提高他们的实践创新能力。

实　践

本教程在上述法学实验教育理念的指引下，通过全新的课程内容和教学方式，探寻培养中国高境界法律人才的教学之道。在某种意义上，这本教材本身就是实验性的，是对法学实验教学的实验，因此许多地方存在疏漏甚至错误。在恳请批评的同时，还是很有必要将本课程的实践方式做一些事先说明：

1. 关注法律职业道德教育的心理效应。传统的法律职业道德教育往往看重"真理"的宣教，在某种预定的道德真理名目下进行教学，学生兴趣不高在所难免。这种传统模式也妨碍了这门课程的地位提升，不少法学院校轻视甚至拒绝这门课程的一个客观理由就是"道德如何教"的疑问。从法科生的道德心理图式的形成角度定位这一课程，非常必要。

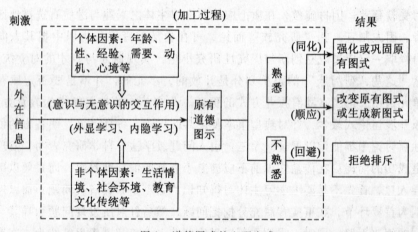

图 1　道德图式的心理生成

2. 强调法律职业道德教育的自我探究。社会的剧烈变迁带来了各种各样的价值冲突，作为教育核心和灵魂的道德教育也正面临着复杂严峻的挑战，探究性道德学习是当前学校道德教育的新思维和新模式。探究性道德学习是指学生在教师指导下以事例研究、问题探讨、社会调查、角色扮演问题进行自主探究，从而积极主动地获得道德发展的创造性学习活动。探究性道德学习力图使学生的道德学习不再是在事不关己的符号学习中进行，而是让学生在活动中探究，在探究中发现和解决问题，使道德学习成为一种真实具体、可触可感、可理解、可实践的积极主动的活动。探究性道德学习彰显了学校道德教育的本体价值，突出了道德实践能力和创造性人格的培养，构建了以自我教育为核心的道德教育方法体系，实现了学校道德教育向生活世界的回归。总之，探究性道德学习是一种以行为重，以提高学生多方面道德能力为主要目标的发展性道德学习活动。①

3. 倡导法律职业道德教育的生态体验。对传统道德教育课堂的生态位进行"扫描"，不难看到：教室里的座位呈现秧田式，基本道德教育流程的特点是"教师滔滔讲，学生默默听"，即在固定的教室里，学生集体面向讲台并排静坐，教师一个人站在讲台上讲授教材中规定的限定性伦理道德知识；信息通道是教师单向输出，学生单向接受；师生活动方式是教师作为教授或提问的一方，学生作为接受或回答的一方；教师布置习题，学生练习；教师出题，学生复习、考试。而一种基于生态体验的法律职业道德教育应是这样的图景：导引者和体验者置身于一定的生态关系情境之中，全息沉浸，全脑贯通，感受、理解和领悟法律生态之实然运行律，经历内心自觉和相互诱发生命感动的过程。可以说，法律职业道德的生态体验教育作为一种臻于和谐美善境界的道德教育理念和模式，导引者和体验者一起共同领悟现实法律生态中那些真善美的因子并围绕这些生态因子开展开放性对话，共同解析生活中那些假、恶、丑的因子，并展开反思性表达，由此逐层认知和体悟法律职业伦理的深层内涵及其真谛，触发和生成体验者与导引者的法律意识、法律智慧和法律德行。②

4. 呼唤法律职业道德教育的悲剧意识。我们经常看到或听到的故事大都是这样叙述的：故事的主角诚实善良，却受到邪恶狡诈的坏人的攻击和迫害，主角因此遭到苦难，但善良本性不改。故事结局是正义终于战胜了邪恶，善良的主角们胜利了，并且获得了以财富、爱情、地位等作为标志的幸福，坏人因"多行不义必自毙"受到应有的惩罚。通过这种故事模式来进行道德教育体现了道德教育的一种童话精神。童话是对生活天真的解释和美丽的想象。童话精神主导的法律职业道德教育忽视了现实社会的法律实然状态。法律职业道德教育的悲剧意识鲜明地体现在法律与道德两难故事的运用上。"海因兹两难故事"是柯尔伯格的道德两难推理故事中得到人们最广泛讨论的。海因兹偷了药，爱妻子的善的行为与守法、公平交易的社会道义产生了冲突，他的选择是不符合道义的善的行为，这也将受到社会制度与规则的惩罚。个人的无力，促

---

① 参见张典兵：《探究性道德学习：一种新的道德教育模式》，载《教育学》（人大复印报刊资料）2006 年第 1 期。

② 参见刘惊铎：《生态体验：道德教育的新模式》，载《教育研究》2006 年第 11 期。

使海因兹采取了偷药行为，进入必定要毁灭他的悲剧困境。① 本课程许多情境的设置、不少案例的讨论，比如重点研析的"洞穴奇案"都是意图教会学生培养一种与玩世不恭的犬儒主义相对立的悲剧意识，确而言之，是一种理智的道德激情与现实的法律理想。

5. 完善法律职业道德教育的流程设计。本课程在教学流程上遵循如下步骤：第一，激发兴趣。学习兴趣是引起学习动机，进而推动学生自主性学习的一种重要的心理因素。学习兴趣有一个发生、发展的过程，一般来说是从"有趣"开始，产生"兴趣"，然后向"志趣"发展的。我首先要让学生对法律职业道德充满好奇与疑惑，使他们感觉到法律职业道德并不是无趣的教条。问题为本的研究性学习正是激发学生学习兴趣的良好手段。我在课堂教学中所提的兴趣激发性问题尽可能注意四点：一是要小而具体；二是要新而有趣；三是要有适当的难度；四是要富有启发性。通过教师的启发性引导，学生对法律职业道德产生了兴趣，但是并不意味着大功告成。关键在于如何通过学生的自主学习、探究学习将这种兴趣持续下去，发展为将法律作为自己的"志业"，将法律职业道德的培育作为自己的"志趣"。第二，激活潜能。在法律职业道德教学中，法学教师绝不能只满足于知识的传授，要根据教学内容创设情境，激发学生的学习热情，调动学生学习积极性，激活学生的潜能，鼓励学生大胆创新与实践，使学生像法律家那样"去做法学"，经历一番发现、创新的过程，要让学生在自主探索和合作交流过程中获得基本法律职业素养，使他们觉得"法律职业道德"是实践出来的，而不是教师强加的。第三，激励创新。本课程吸取以倡导本科生研究性学习著称的美国麻省理工学院（MIT）和加州大学伯克利分校的相关经验，对参与研究性学习科研活动的学生，除了得到学校、院系等方面直接资助，还专门设立了课程中的课题，以招投标的方式鼓励学生展开深度的理论创新与实践探索。

6. 更新法律职业道德教育的评价体系。该体系主要由如下指标构成：第一，自主性程度。学生首先要有独立的问题意识，通过自主发现问题，进而针对问题自主确定事实及规范证据，围绕证据对问题自主加以解释、分析，作出科学的推理，得到富有创新性的学习结果。第二，协商性程度。学生在法律职业道德学习过程中必须形成"合作学习"的惯习，从态度到性质全面贯彻研究性学习"协商"的要求。对待己见，须严谨、负责、谦逊；对待他见，须

---

① 参见郑富兴：《道德教育：从童话精神到悲剧意识》，载《教育研究与实验》2006年第3期。

尊重、接受差异、彼此欣赏，在团队合作中共同学习、共同进步。第三，研究技能。法学研究性学习强调学生多方面的研究技能，诸如收集资料的技能、交流提问的技能、技术操作的技能、组织分析的技能、创造创新的技能等。第四，创新能力。法学创新能力是一种非常复杂的现象，其中包含了创新意识、创新知识、创新方法、创新思维和创新关怀各个层面，参照国外学者的相关理论①，并紧密结合本课程的实际，我确定了创新意识、创新知识、创新方法、创新思维、创新关怀五个基本指标项目（见表1，表2，表3，表4）。

表 1　　　学生的自主性程度（程度由高到低分为 ABCD 四个等级）

要素	自主性的程度等级			
	A	B	C	D
1. 问题：学生探讨法律问题	自己寻找，发现并提出问题	从外部提供的问题中选择，并据此提出新问题	问题来自外部（社会、教师或资料），但问题不那么直接，需要有所修改或变化，或者自己分析与领悟其详尽含义。	问题直接来自外部，无须进一步转化
2. 事实证据：学生针对问题收集事实材料以作为证据	自主确定何为证据事实并进行收集	在他人指导下收集	事实证据已被直接给出，只需学生进行分析	事实证据与分析方法都已给出
3. 规范证据：学生针对问题及客观事实证据收集法律文本以作为证据	自主确定分析问题所需的法律规范并加以收集	自主确定并收集到部分法律规范	在他人指导下收集规范证据	无法自主收集也无需运用科学方法进行分析

---

① 参见［瑞典］胡森、［德国］波斯尔斯韦特主编：《教育大百科全书》，张斌贤等译，西南师范大学出版社、海南出版社 2006 年版，第 142 页。

续表

要素	自主性的程度等级			
	A	B	C	D
4. 解释: 学生从证据出发形成解释	学生分析与总结事实与规范证据后作出自主解释	学生在外界指导下形成解释	形成解释的方法与途径已知	解释已知、证据已形成
5. 分析: 对客观事实证据与法律规范证据之间的关联性以及此两者作为证据与问题的关联	学生独立地分析客观事实与法律规范的关联，以及这两者与问题的关联	学生被外界引导，包括直接的指导或社会舆论等的潜在影响	关联性被部分给出	关联性被全部给出
6. 推理: 阐述与作出结论	通过科学推理提出合乎逻辑或自圆其说的结论与决定	结论的得出过程得到他人指导	结论的得出过程得到了在人数与次数上的广泛指导	结论推理的步骤、程序已被直接给出而非一般性指导

多←——自主性程度——→少

表2 学生协商性程度

态度	积极而热情地参与	持久却被动地参与	积极而不能坚持到底	旁观
性质	广泛而平等参与: 民主、平等、话语霸权的破除	外力指导下的广泛参与、有一定的自由权	外力主导下的广泛参与、争论不充分	简单组合、参与不足, 无争辩
己见: 对己方态度	严谨、负责、谦逊	客观且大胆、谦逊不够	敢于负责却缺乏严谨与科学性	不负责
他见: 对他方态度	尊重、接受差异、彼此欣赏	理解与承认但并不欣赏	坚持己见但尊重他人	拒斥

表3   **学生研究技能**

收集的技能	交流的技能	操作的技能	组织的技能	创造的技能
倾听	提问	使用工具	记录	展望
观察	讨论	演示	比较类似点	设计新问题
发问	说明	制作	比较不同点	综合
明确问题	报告		概括	解决问题
收集资料	证录		评论	
调查研究	质疑或批判		分类	
			系统化	

表4   **学生的创新能力**

序号	指标	档　别
a	创新意识	A. 非常浓厚，与个性直接相关联
		B. 浓厚，但不一定是性格的反映
		C. 一般，不排斥创新
		D. 很差，不到万不得已决不创新
b	创新知识	A. 广博、深厚
		B. 比较齐备
		C. 具备一些，但不很全面
		D. 基本没有
c	创新方法	A. 全面掌握
		B. 基本掌握
		C. 部分掌握
		D. 基本没有
d	创新思维	A. 敏锐、持续、深邃
		B. 形成了一定惯习，但不够敏锐
		C. 比较持续，但非常肤泛
		D. 基本没有

续表

序号	指标	档　别
e	创新关怀	A. 能够将法学创新与社会发展、人类福祉整合一体
		B. 高度关注法学创新的法制功能
		C. 比较在意法学创新对个人素质提高的意义
		D. 基本不考虑法学创新的深刻意义

目　录

第1章 困 惑

不论哪个时代，如果在法庭上和在教室里进行的各种阐释理论所产生的意见分歧太大，那么法律就会失去力量。

——德沃金

正义有着一张普洛透斯似的脸，变幻无常、随时可呈不同形状并具有极不相同的面貌。

——博登海默

实验项目名称	法律职业道德的疑难困惑："说出你的故事。"
实验教学目标	1. 以故事和寓言的生动方式引导学生展开法律职业道德思考，激发学生的学习兴趣，激活他/她们的内在潜能； 2. 师生以讲故事的方式互动，形成良好的课堂氛围，建立基本的教学信任； 3. 师生相互了解，为后续的教学奠定基础。
实验教学要求	1. 教师必须通过生动有趣、真诚深刻的讲解打开局面； 2. 教师要善于引导学生"接着讲"，不能自我独白； 3. 学生要积极配合，不能成为只听故事、不说故事的"受众"； 4. 教师须制定规则，约定故事讲述的主题、方式、时间和意义等。
实验教学材料	1. 教师准备至少三个富有感染力和深刻度的故事； 2. 教师可以辅之以影像放映等技术手段，增加故事的戏剧性； 3. 学生的名册，便于学生发言时做记录。
实验教学过程	1. 教师登台，说明规则； 2. 教师讲解，率先垂范； 3. 学生响应，游戏推进； 4. 教师评论，继续讲解； 5. 学生反馈，故事接续； 6. 教师小结，深化讲解。

1.1 法 与 道 德

作为未来法律职业的"接班人",法学院的学生自进校起,头脑里便充满了"正义、权利"之类的"大词",但几年学习下来,对何为"正义"、如何"维权"却不甚明了。归根结底,法科生不知"法"的真谛,因而也就无从定位自己的职场人生,甚至对法律职业的道德底线产生可怕的质疑与自我否认。他们认同培根几个世纪前就已提出的问题:

> 在某种程度上,我们的法律,就像它现在那样,是非常不确定的,受各种各样的舆论、拖拉作风和规避行为所支配;由此便造成:(1)诉讼非常复杂而又漫长;(2)好讼的人有了武器而正直的人感到不耐烦并受压抑;(3)法官在含糊的案件中有了更大的活动范围和自由;(4)衡平法院更加忙碌,而法律救济常常微不足道并令人怀疑;(5)不学无术的律师隐藏着自己的法盲面目,在这种情况下,疑窦丛生;(6)人们由特许、契约、遗嘱而获得土地和房产的保证成了疑问并且是空洞的;以及其他许多类似的令人讨厌的事情。①

他们对某些尖刻讽刺也会心微笑:

> ……律师走过还剩下什么?鲍伯?
> 老鼠咬一口,够不够它塞牙缝?
> 为什么每当律师盈利,总有秘密呻吟?
> 为什么载着律师的灵柩也会使马匹暗自窃笑?
> 砖瓦工的工作使高楼接近天堂,
> 泥瓦工的技巧使建筑的寿命长过月亮,
> 粉刷匠的巧手使房间洁白如玉,
> 农夫勤恳的工作令人难忘,
> 梦想家演戏,歌手演唱,
> 整个世界就是这样,然而,

---

① [澳] 维拉曼特:《法律导引》,张智仁、周伟文译,上海人民出版社 2003 年版,第 235 页。

律师——请告诉我为什么载着律师的灵柩会使马匹暗自窃笑？①

　　法律系统内部存在"理想"与"现实"的张力：当这种差距尚不足以摧毁人们对法律的基本信赖，可以说，它是一种法律变革与社会进步的动力。然而，当法律的实践与理念完全脱节，人们无从感受丝毫的法律公义时，这种"张力"会成为法律自我"解构"并走向崩溃的引线。

　　作为法科教师，当我面对学生迷惘的眼神，总难以抑制透彻诠释"法"理想与现实双面性之冲动，而结果常常是，学生对此类形而上的法哲学问题兴趣淡漠，其实，以法律职业道德为切口，以生动的故事、寓言、案例、游戏、体验、互动、交流等方式展开对法律理想与现实的多维思考，是缓解当前枯燥的法理教学，提升法科教育实践品格的一个良方。

　　问题在于，如何将高高在上的道德伦理转化为脚踏实地的行动规范？

　　首先，恐怕必须让学生对法律职业道德展开自我的思考。倘若一开始便被教师灌输了一整套道德教案，学生的思维主动性定会丧失殆尽，对所谓的"职业道德"最终产生心理的抵抗，无助于真正的法律素养提升，遑论成为高境界的法律人才。

　　必须谨记，道德是内化的法律，法律是外化的道德。用林肯的话说："法律是显露的道德，道德是隐藏的法律。"

1.2　故　事　接　龙

　　三月的一天，春光明媚，鸟语花香。当我走进教室，二十多位同学已经端坐以待，他/她们脸颊微红，眼睑跳跃。看得出，大好的天气影响了思考的情绪。打开课件，翻开书本，我想，接下来可能就是集体的昏睡，直到铃声响起。

　　"同学们，我想大家的午睡时间已经结束了。睁开你们的慧眼吧。"

　　"我们今天的课程其实是个游戏，一个讲故事或者说故事接龙的游戏。"

　　几个同学揉了揉发红的眼，好像他们走错了教室。

　　"不错，游戏。我们一起 play。游戏的主题是'讲出你的故事：谈谈你对法律职业的道德困惑'，大家可以就听来的、看来的、实际体验的有关于法律

————————
　　①　［美］马丁·梅耶：《美国律师》，胡显耀译，江苏人民出版社 2001 年版，第 6 页。

3

职业的道德困惑表达出来，每个人都有讲述的权利与机会。"

"谁先讲？"

几秒钟后，没有反应。一个声音从角落传来。

"老师你先讲吧"

这在我的预料之内。

"好，我先讲。不过我讲完后，你们必须接下去。不然接龙游戏就玩不下去了，谁不讲破坏规则的，就罚他——"

"唱歌吧"又一个声音传来。

在大家的欢声笑语中，我们开始了第一个故事的讲述。

1.3　法 的 门 前

有一个守门人——他性情贪婪而温和，手段光明而阴险。他把守着第一道门，离"法"的距离遥远。没有上级的允许，他甚至连下道门的护卫兄弟也不敢随便结识。他的一生也驻留在"法"的门前。但与乡下人不同的是，他有一个"伟大、光荣、正确"的职责，那就是不让这个乡下人进入这扇高贵的门。他无法理解自己为什么必须这样做，乡下人也无法理解他为什么不能发发慈悲、开开后门，因为没人监督他，他完全可以"腐败"。

让人惊异的是，守门人和叩门人在长期的对峙、厮磨中产生了感情，彼此成了对方内心最重要的生命伴侣。乡下人奉守门人为法的使者，畏惧、恭敬而又充满幽怨。守门人视乡下人为自己的"唯一管辖"，骄傲、放肆而又不乏同情。他们考虑着对方，一生一世。他们爱护着彼此，点点滴滴。

乡下人临终之际，最后一次恳求守门人告诉他，为什么不让他进门见"法"。守门人说了一句，平淡而哀痛，"这道门其实就是专为你而设并永远对你关闭的"。他没接着往下讲，因为乡下人已经安详地闭上了眼睛。

我可以体会，守门人当时的心绪，多么悲凉凄惶！他应当悟到，自己的使命随着一个肉身的消失而终结，下一个"叩门人"可能就是他自己。他将被"法"无情解雇，他也会像乡下人那样要求见"法"，述说自己的委屈。但他同样也会被守门人严肃地挡在门外，终其一生，反复循环。最后，真正能见到"法"的也许只有"法"自己。

"不做可怜的奴隶，要做独立的主人！"一个操着山东口音的学生铿锵"接龙"。

"老师讲的那个守门人实际上是一个受雇的奴仆，他自认为是代表正义的法的守卫，无比骄傲，但最终发现，自己其实就是一条狼狗，只能对弱者狂吠，对上头摇尾。他们也从未见过真正的主人。他太可悲了。我的家乡在农村，有很多人想打官司却不知道法院怎么进，还有人说，衙门大门朝南开、有理没钱莫进来。这些都给我很大的刺激和触动。我决心学习法律，将来成为一个追求正义的法律人，不做那样的守门人。"（掌声）

他的观点遭到了一位上海学生的反对：

"我不觉得守门人有什么不对的。既然守门是自己的职责，不通人情是对的。乡下人是很可怜，但他没有见到法的权利，这也是没有办法的。法律职业的道德要求不是简单的好人主义。我最敬佩的就是我的父亲，一个转业军人，后来成为法官。他时常教导我，必须有规矩，没有规矩不成方圆。小时候，他对我管教特别严厉，甚至还体罚过。但有一次，我见他在家里怒斥送礼的人，非常凶狠，我当时就下定决心，要做一个父亲那样的好法官。"

1.4　所罗门王

看着大家开始交头接耳，我觉得，有必要夺回"话语权"了。

"刚才的寓言，出自卡夫卡，一位伟大的文学家，同时也是一个职业法律人。他的长篇小说《诉讼》揭示了法律人的诸多丑态。为什么维护法律正义的人总是喜欢带头破坏正义？这是个深刻的伦理问题。作为未来的法律职业者，我们应当确立怎样的道德底线？再讲一个所罗门国王断案的故事。"

相传，在距今近 3000 年的时候，以色列人中出现了一位著名的君主——所罗门王。所罗门的时代，是犹太民族有史以来唯一的繁荣富强的黄金时代。他曾用了 7 年的时间，为耶和华建造了一座壮丽无比的大神殿，这座神殿的位置，就坐落在今天耶城东北角的圣殿山上。据历史记载，这座圣殿高踞山巅，坐西朝东，气势十分雄伟。神殿大门和所有的廊柱、天花、门窗全部镶金，灯具、祭器和供奉"摩西十诫"的"约柜"也全部用纯金制造。神殿外边的院子里，有 100 个种满莲花的金边水池。神殿落成之日，盛大的庆典持续进行了两个星期！而所罗门，就日日来到这神殿里，在橄榄树的浓荫下，为全国臣民主持正义，开庭审理各类案

图 2　所罗门的审判

件。据说，所罗门在继位之初，就曾虔诚地向上帝祈祷，希望上帝能赐予他当一个好国王所必需的好品质。于是，耶和华便拿出了四样东西给他挑选。所罗门从"长寿"、"财富"、"复仇"、"智慧"中仅挑了"智慧"，于是，上帝便赐给了他一个谨慎而又聪明的心灵。从此，所罗门断案之神能，破案之智慧，裁判之公正，便在西方历史上留下了许多佳话。有一天，所罗门端坐在大神殿里的审判席上，有两个妇女抱着一婴儿上殿来，哭哭吵吵地向他陈述一个案件。其中妇女甲指着妇女乙说：她们二人，住在一起待产。她（甲）生下一个男婴的第三天，而她（乙）也生下了一个儿子。当晚，妇女乙不慎把自己的孩子压死了。惊痛之余，妇女乙竟然趁夜深人静偷偷把两个孩子掉了包。妇女甲醒来发现怀中孩子已死，惊魂甫定后，仔细一看，她才发现，这死婴并不是自己亲生的儿子。妇女甲陈述未完，妇女乙就激动地向所罗门抗辩道："不！她说的是假话！死去的才是她的儿子。"而妇女甲则更激动、更大声地说："活着的是我的儿子！我的儿子……！"二女争子，吵个不可开交。这件天字第一号的奇案，一时间也难住了所罗门。在所罗门的那个时代，医学上还未发展到验血认亲、DNA 亲子鉴定的地步，而同时，本案又丝毫没有其他的人证、物证来可供参考。只见所罗门沉思良久，突然睁开眼睛，发出一个简短的命令："拿剑来。"甲乙二女大吃一惊，拿剑来干什么？所罗门说："把婴儿切开两半，一人一半。"此时，妇女甲失声痛哭："国王啊，把孩子给她吧，我宁可不争了，请不要杀孩子！"而妇女乙则恶狠狠地说："好呵，我既不能得到，她也不能得到，干脆一刀两半，把孩子杀了吧。"此时，真相大白。按人之常情，只有亲生母亲才会委屈自己，来保存孩子的性命，于是，所罗门作出了一个千古传诵的判决："把孩子交给妇女甲，她才是真正的生母。"而狠毒的妇女乙，则受到法律应有的惩罚。①

这个故事并不新鲜，但在这样的场境，以这样的方式讲出，还是激发了大家探讨的兴趣。一位来自湖北的学生说："所罗门国王的智慧是法律职业者必需的，特别是法官，除了有道德，还得有智慧。我们学习法律，主要也是为了学习法律技能，道德学不来。我很希望自己能成为包公那样的智者，断案如神，真过瘾。我给大家讲一个包公断案的故事吧。"

……

一位来自广东的学生的说："现在法律案件很难判，我们那里的法院早就高科技了。有一次到同学家里玩，他爸正在家里和当事人视频聊天呢。我很奇怪，问他，你爸不是法官吗？怎么也上网聊天啊？他说，那是工作，他爸经常下班后回家联系当事人，在网上审案。呵呵，还蛮有趣的。如果包公还在，估计也学会 QQ 了吧。"（笑声）

认真听完了同学们的"高见"，我翻开了余定宇先生所著的《寻找法律的印记》一书，对大家说：还是听听高人的评论吧——

这个英明判决在世界各地流传了将近 3000 年，使所罗门成为了西方世界妇孺皆知的一个司法正义的守护神，其名声，甚至远远超过我们中国的包青天。当然，如果用现代法治的原理和观点来看，所罗门这一司法行为显然是大有问题的。他首先是触犯了法律，即违反了"摩西十诫"里"不可妄杀人"这一条；其次，他的恐吓之所以能产生这样大的戏剧性效果，则全因为妇女甲乙以及全体以色列子民都知道，他手上确实有"切开婴儿"而无须经任何司法程序批准的权力。这种"法治"，其实还是一种"权力至上"的"人治"，充其量，它只是一种"形式法治"，而远非我们今天所追求的那种"法律至上，连国王也不得违反"的"实质法治"。但在那个遥远的古代，在那种完全没有事实证据的情况下，作为一个能积极创造条件、克服困难、去实现司法公正的审判官，所罗门的智慧，确实是值得千秋万世的景仰。

不少学生点着头，有的陷入沉思，还有的似乎不大认同。我感到，故事要

---

① 参见余定宇：《寻找法律的印迹》，法律出版社 2004 年版，第一章。

继续,"爆料"还得更猛些……

1.5 马克思的职业观

"所罗门王之所以能英明神武,与好人的愚蠢密切相关。倘若那个换子的妇女也佯装求情,他该如何决断?须知,王令如山,言出法随。恐怕孩子真要当中斩断,冤死殒命了。掌握法律裁决大权的人,智慧虽然重要,但不能有违于伦理。人的生命至上,这种现代伦理所罗门王大概是不能体会的。"

"法律人的伦理,应当以法律良好为前提。老师,您是这个意思吧?"

"对。没有良好的法作为前提,再有智慧或品格的法律人都会好心办错事。邓小平说过,好的制度可以让坏人没法做坏事,坏的制度则让好人也做不了好事。法律的良好,便是好的制度。法律的邪恶,也是制度之恶。"

"可是法律的良好总该有个明确标准吧?我们选择法律职业的同时,如何判别法律是良好还是邪恶呢?"

"这个问题很重要。马克思17岁时的德语作文《青年在选择职业时的考虑》谈到:

> 我们应当认真考虑:我们对所选择的职业是不是真的怀有热情?发自我们内心的声音是不是同意选择这种职业?我们的热情是不是一种迷误?我们认为是神的召唤的东西是不是一种自我欺骗?不过,如果不对热情的来源本身加以探究,我们又怎么能认清这一切呢?

> 伟大的东西是闪光的,闪光会激发虚荣心,虚荣心容易使人产生热情或者一种我们觉得是热情的东西;但是,被名利迷住了心窍的人,理性是无法加以约束的,于是他一头栽进那不可抗拒的欲念召唤他去的地方;他的职业已经不再是由他自己选择,而是由偶然机会和假象去决定了。

> 我们的使命决不是求得一个最足以炫耀的职业,因为它不是那种可能由我们长期从事,但始终不会使我们感到厌倦、始终不会使我们劲头低落、始终不会使我们的热情冷却的职业,相反,我们很快就会觉得,我们的愿望没有得到满足,我们的理想没有实现,我们就将怨天尤人。

> 但是,不仅虚荣心能够引起对某种职业的突然的热情,而且我们也许会用自己的幻想把这种职业美化,把它美化成生活所能提供的至高无上的东西。我们没有仔细分析它,没有衡量它的全部分量,即它加在我们肩上的重大责任;我们只是从远处观察它,而从远处观察是靠不住的。

8

……

如果我们把这一切都考虑过了，如果我们的生活条件容许我们选择任何一种职业，那么我们就可以选择一种使我们获得最高尊严的职业，一种建立在我们深信其正确的思想上的职业，一种能给我们提供最广阔的场所来为人类工作，并使我们自己不断接近共同目标即臻于完美境界的职业，而对于这个共同目标来说，任何职业都只不过是一种手段。

尊严是最能使人高尚、使他的活动和他的一切努力具有更加崇高品质的东西，是使他无可非议、受到众人钦佩并高出于众人之上的东西。

但是，能给人以尊严的只有这样的职业，在从事这种职业时我们不是作为奴隶般的工具，而是在自己的领域内独立地进行创造；这种职业不需要有不体面的行动（哪怕只是表面上不体面的行动），甚至最优秀的人物也会怀着崇高的自豪感去从事它。最合乎这些要求的职业，并不总是最高的职业，但往往是最可取的职业。

……

如果我们选择了最能为人类而工作的职业，那么，重担就不能把我们压倒，因为这是为大家作出的牺牲；那时我们所享受的就不是可怜的、有限的、自私的乐趣，我们的幸福将属于千百万人，我们的事业将悄然无声地存在下去，但是它会永远发挥作用，而面对我们的骨灰，高尚的人们将洒下热泪。①

大家或许知道，马克思在大学期间学的是——？"

"法律！"不少同学脱口而出，脸上挂着骄傲。

"后来，他没有将法律学习坚持到底，转而攻读哲学。你们知道是为什么吗？"

"法学太枯燥无味了吧？"

"有些这方面的因素，但不全对。马克思其实一生都没有放弃对法律的探究。他17岁时的职业观，希望为全人类的福祉贡献心力，而在当时的普鲁士王国乃至于整个欧洲，法律职业者的犬儒、无能、昏愦腐败让他深深忧虑，也颇为失望。他破灭了父亲的期望，没有继承祖业当一名律师。在他心中，当时的法律并不良好，法律职业工作并不能实现其人生理想。"

"可是，法律总有其不完善，总不能因为法律不良好，便不去从事法律职

---

① 《马克思恩格斯全集》第40卷，人民出版社1980年版，第3~7页。

业吧？"

"对呀，这就是因为法律不完备，我们才要学法用法，使国家的法制健全起来。"

讲得此处，我感到一股暖意袭来，窗外那阳光，分外明亮。

"马克思虽未当律师，但他作为一位卓越的革命家、思想家，其言其行都代表了法律人应有的伦理品格。我想，如果他活到今日，定会欣然成为法律家阶层的一员，为权利而斗争，为正义而呐喊的！"

1.6　法律伦理字母表

不知不觉，一节课过去了。

大家的精神都很焕发，课间休息也在讨论。

"余下的时间，我来做个小结。坦率地讲，我作为一个法律人、法学教师和研究者也是'法律人（lawyer）'，'别拿豆包不当干粮'，对于法律职业道德也颇感困惑。比如，我在教学过程中就深有体会：究竟把你们当做花朵来栽培呢？还是当成伙伴来交流？"

望着大家略带不解的表情，我继续解释：

"花朵很美，需要细心呵护。你们是花朵，但最终要长成参天大树，做一个顶天立地的大写之人。不仅要自我独立，还要运用所学帮助弱者。如果总是花朵，经不起风吹雨打，恐怕是不行的。所以，我希望你们成为我的伙伴。但这种关系又与中国传统的师生伦理又有冲突。师者，父也。父与兄弟伙伴，不属一个层级。"

"所以，法律伦理的内部冲突无处不在，无时不显。不必对这种伦理的冲突感到诧异，要习惯正视，客观分析，理性对待，妥善调处。"

"多年前，我还是一个学生的时候，闲来无事，写过一篇《法律是什么》，从 A 到 Z，胡扯一番。昨日翻拣重读，觉得颇有几分野趣，读来供各位评判。大家可以结合法律伦理，谈谈体会。"

问一个人法律是什么，就像问他，时间是什么——不问他倒明白，一问他反而糊涂。法律究竟是什么？这也许是个只有上帝才能作答的问题。

那就允许我冒充一回上帝吧。不过，这个上帝是浪漫主义的信徒，他不会引经据典，因为他的一言一行本身就是经典；他不会条分缕析，因为他鄙视一切对思维的束缚，崇尚语言的天马行空；他也不会讲求逻辑，因为在他看来，逻辑不过是一大堆教人如何弱智生活的无用规则。

如果你热爱这么一位上帝，相信我的"代天立言"，那就请往下看吧——法律究竟是什么？

法律是 A，是一座上下有别高低存异的金字塔。法律是等级，是区分，是自上而下确立各人身份、自高而低区分各人地位的等级法则。法律本身也有一套固有的法则。因为被称为法律的有无数种规则，这些规则的效力不同功用有别。有的法律，我们称之为"根本法"；有的法律，我们称之为"基本法"；有的法律，我们只能暧昧地称它们为"地方性法规"或"规范性文件"。法律之间的战争往往无形而激烈。一个案件，为什么适用此法而不同彼法，也大有缘由。在法律金字塔的建筑学原理中，我们可以发现"权利"（权力和利益）的妙用。不同等级的权力可以打造不同位阶的法律。依据不同位阶的法律，人们又可能获得不同层次的利益。权利与权力、法律与利益，这些古老的哲学关联在法律等级制的作用下愈显真切，引无数议论，发不朽光彩。

法律是 B，是两颗连结在一起的心。法律是联合，是结盟，是为了社会关系得以永恒化、定序化的手段汇集。一个没有合作的群体只会内乱不止，一个没有联盟的世界只能走向灭亡。将人们连结在一起的手段，在现代"除魅"的社会，唯有法律。不再信奉宗教和道德至上的现代人，心目中如果还存在着那么一丝形而上的幻念，那也只能是法律。法律在日常生活中无处不在，法律对人们特别是普通人的丝丝关切都成为现代人为法心动的理由。家庭、公司、国家、世界，都不能离开法律的连结作用。"联合起来，为法律许诺的美好尘世而奋斗"——这个口号无论在什么时代、什么地域都大抵无错。

法律是 C，是有着深刻缺憾的月芽儿。法律不求完美，因为它本身有大多的规则漏洞和原则盲区。法律的不完善性，为现代法律职业的日益兴旺创生了稳靠支撑。法律的漏洞，是律师的最爱。法律的进步，是法学家的夙愿。法律由不完善走向完善，或者至少在手头这个案件中呈现出暂时的完美，则是一代又一代法官的执著追求。法律不是天国的设计，它是世俗的规程，它本身不可能拥有完善的外表，就像世上追求完美者本身大多不完美。法律的目的和理想并不等于法律本身。我们不要因为"法律至上"、"法律权威"、"法律信仰"这样一些神圣大词误读了法律的本来面貌，陷入可怕的法律完美主义情结。

法律是 D，是一张蓄势待发的满弓。在法律的推动力量中，最直接的就是"势"。法家有"法、术、势"理论。今天，我们同样不要忽略了法律背后的权势。没有权势的支撑，法律大多会成为美丽的空文，许给群众无根的美好。法律的制定、适用、执行和遵守都要仗权借势，这没什么不好意思说出口的。当年意大利人马基雅维利写《君王论》，告诫君王必须既是聪明的狐狸又是狂暴的狮子，大谈君王权势，成为政治哲学一代宗师。法律离不开权势，正像巫术离不开迷信。在一个迷信者的国度，巫术才能征服人心；在一个权势者手中，法律才能挥作用。戊戌变法的失败不正说明了无权者用法革新以法自强的悲剧宿命吗？

法律是E，是个惹人喜欢的漂亮书架。法律离不开知识，知识就是权力，权势者首先是知识者，先知先觉者之所以能为后知后觉、不知不觉者立法就在于他们知多识广。法律过程的哪个环节离得开知识？无法想象，立法者不懂基本语法规则，所立之法多用奇异语句表达；无法想象，司法者不通文墨，所写之判词不忍卒读；同样无法想象，公民不习文字，望着天书般的法典即能冥思彻悟法理的真谛。列举这些常识，无非想说明，法律与知识，两者的关联是何其紧密。

法律是F，是一面催人奋进的旗帜。为权利而斗争！这是耶林的法学口号，也是现代人奉为金玉的法理真言。法律具有引导人作为与不作为的重大功能。对法律信息的深入解读，使一个愚昧者也能准确窥见社会发展的大方向。有些商界的暴发户，他们没有专业的商业知识的积累，但他们能从法律的动态中"赚"得最深层的战斗契机。即使身处无视法律暴力横行的专制社会，也能从反面求得规避这些"恶法"和"恶政"的便捷路径——就算逃跑也比其他人及时；就算犯罪，也比一般人精密。所以他们往往能成为商界乃至政界的巨子。法律尤其是自然法的指引，还是历代志士仁人革命欲念的长久渊源，推动社会整体的革命与变迁。

法律是G，是一个击穿邪恶和善良、变异与健康、错误与正确这些"道德大词"及"二元对立"的有力拳头。在严格的法律概念中，没有道德的位置。法律是看得见摸得着的现实力量，它的铁拳随时紧握，只须主人一声发令便挥将出去，将那些不识好歹者打得满地找牙。法律不讲人情，因为法律一旦引入了温情脉脉的伦理关怀，就会逐渐弱化它本身的命令性及制裁功能。没有了威严和震慑，法律之拳只能重重地砸在自己身上。有生命力的法律思维不应是非此即彼的，它应当是超越简单二元划分的融贯性全景式思维。

法律是H，是一架提供公平机会的单杠。在法律单杠上，人们可以锻炼心志强身健体。虽有不慎落马摔得鼻青脸肿甚至腿断臂残的危险，但法律单杠本身绝对是公平的，不会因为你是国王而变得更稳固，也不会因为你是乞丐而变得经不住一丝压力。法律的公平性根源于"自然法"不以人之意志为转移的客观性。人不分贵贱良恶，总要生存。法律对人的基本欲望不能压制，因为任何压制非但无效而且会造成许多附生问题。这就是最根本也是最浅显的自然法原理。法律这架人类竞技场上的单杠，总是那么恒久不变，凛然、冷静地矗立于那个黑黑的角落，虽不能时常引起人们的激情遐想，但它本身的公正与中立永远能适时浇熄欲念的烈焰。

法律是 I，是一个单个、独立的人，存立于无限，追求着自我。法律总是受着诸多外界因素侵扰。法律既不能与它们一刀两断，也不能和它们混成一团。法律期求与道德、与习俗、与政治、与宗教、与经济、与文化都保持一种良性关系。法律的独立，关键不在于它是否被单独论述，那只是表面的独立。法律独立的核心之处在于法律职业人能否成为一个不可取代的独立共同体，即法律共同体。我们现在之所以认为罗马法的成就高于希腊法，并不是因为在单纯的规则设立上，希腊不如罗马。史实证明，当时希腊商业极度繁盛，尤其是对外贸易简直达到了某种巅峰，其法律规则细密与精致的程度，令今天许多美国大律师都叹为观止。但为什么我们记不住希腊法呢？因为当时的希腊没有出现独立的法律阶层来保障这些规则的公正适用。但是罗马人做到了这一点。

法律是 J，是一个钓鱼的钩。不容讳言，法律有许多规定是虚假而不可信的。对于那些纸面上的美好承诺，我们可以轻蔑地附诸一笑，或者严肃地加以剖析，但千万别傻傻地信以为真，为了不可实现的所谓理想而舍身奋斗。法律有时就是一张轻薄无比的装潢贴纸，一旦你将纸上的图画看成现实而叫嚷着拆墙和重构，这时，法律立刻就会变成携带利刃的尖勾，将这些愚昧的"不良企图者"一网打尽。法律的这种钩钓功能一直为君主们惯用，是政治野蛮的文明掩体。

法律是 K，是迈出正步的军人，是令行禁止的规范。在法律军事化的国度，一切执法者、司法者乃至守法者都会沾染军人的气质。在一声声号令、一次次的行动中，法律成了军事行动的依据，政府雇员成了军事力量的延伸。法律与命令的区别不再重要，因为法律即命令。当局一声令下，便会有无数打着法律幌子的执法人员一拥而上将那些违法者按倒在地，惩罚他们以儆效尤。有时候，法官虽然已经褪去了军装，但新制的法袍总让人感到新的军事化色彩。因为，他们的服饰变了，但手势没变；他们的语言变了，但语气没变。相较以前，他们更像一个集聪慧和暴力于一体的现代合格军人，代表人民对那些不合法律的刁民施以"绝对公正"的惩罚。

法律是 L，是某处不知名的拐角，是社会变迁的转折性力量。当一个国家，从轻视法律到重视法律，其中的转变究竟代表何种深层讯息？我们可以发现，这样的国家作出这样的转变，不是因为统治者良心发现，更不是因为某种神意的安排，而是源于社会的大变动。社会变迁会使以前的秩序原理受到挑战，出现大范围的"制度真空"。这个真空只能由作为国家权威化身的法律来弥补填充。但法律决不仅仅意味着压制，它有其自身的发展逻辑。一旦社会趋于稳定，国家权威打造的那部分法律就会逐渐失势，"社会法"就会压过"国家法"。当社会多元主体良性竞争的法律秩序得到确立，我敢说，离真正的法治就不远了。

法律是 M，是一扇开着两个洞的大门，它意味着选择。有人说，法律的本质就是选择，法律若不能保证人们的理性选择，它就如同废物。在人们面前，总有无数选择在飘荡游离，正如哈姆雷特所言：是死，是生，这是个问题。这是个什么问题？这正是选择问题。法律尊重人们的多元选择，不干涉人们的自由，但它也限制一些不明智的选择，捍卫着理性的尊严。

法律是 N，是一道霹雳中的闪电。它充满着激情，带有浓郁的改天换地之革命性。法律的革命，意喻着法律理念、制度、行为的全面翻新，意味着旧习俗、旧诫律、旧思维的轰然倒塌，其功力巨大，往往与社会的政治经济革命伴同而发。当然，法律这道霹雳，不能成为常态的气候，否则，受祸害的将是不确定的大多数。

法律是 O，是圆圈，是循环。法律的发展总是充满着对进步和退步的迷惘。如果我们是坚定的历史单线进化论者，法律决不可能是圆圈，它应当是一道直线，带有永远向上或向前的箭头，直冲云霄气势非凡。但如果我们是一个朴素而客观的历史观察者，不难发现，法律总是在多元发展的。多元发展指的是法律的多种形态和因素总是呈现动态的此消彼长格局，并非绝对地以此代彼冰炭不容。在某个时候，国家制定的法律具有无比的强势，成功地吸纳了地方民间的各种习惯。但国家法很可能随着威权政治的危机而解体，这时候，地方习惯往往会重振旗鼓，夺回失去的地盘。在这样一种循环式的法律发展图景中，出现"法律是一种地方性知识"的论调自然不足为奇。它隐喻着，民族国家的现代化政治正遭遇"后现代"的有力攻击。人类会不会重新回到没有国家法律的无政府主义状态？倘若成真，这不就是个令人惊异的循环么？

法律是 P，是一根脆弱的芦苇，偶然的风吹草动也有可能将它的生命折断。法律这根芦苇，最好不要有其独立的思想，它一旦成为会思想的芦苇，就会人化，而人化就是生命化独立化，而法律一旦有了自己的生命，独立行走，那些妄图以法治国或以法治民的人就会感到恐惧。恐惧会令这些人不择手段，摧毁由他们亲手栽种的芦苇，就像一个天生威权的强父担心自己的儿子独立成长有朝一日压过自己而要将他掐死于襁褓。总之，法律的敌人在明在暗，那么多，那么强，这不禁让法律的朋友倒吸冷气，是死？是活？这真的是个问题！

法律是 Q，是一个飘向远空的气球，它凝聚着上帝的梦想，放飞着人类的希望。尽管法律生命脆弱且有着诸多弊漏，但它永远是人类寄存梦想的上帝花园。人们将正义、公平、效益、秩序、自由、平等这样一些美好的期求毫不吝惜地赠送给法律，委托它代管，交待它张扬。法律正是因为有这些价值理想的支持才勉强存活至今，大口呼吸着来自人类梦境的纯净鲜氧，弥补着自身内在的缺憾，掩盖着生命渺弱的悲惨事实。

法律是 R，是一个扶杖的老人。法律的理念是扶弱，但未必一定以惩强为前提。法律保护弱者，并不以牺牲公平为前提。法律提供给弱者以生命的必需工具，但不必以剥夺他人的应得和所有为筹码。法律是拐杖，让无力者有力，使悲观者前行。当有人想欺凌弱势，获取不法之利的时候，法律这根拐杖会变为惩恶的利剑，回复它铁拳的"狰狞"面貌，将那些匪徒鼠辈打得满地找牙。

法律是 S，是一条优美的曲线。尽管通过法律实现正义需要历尽千辛万苦，但毕竟是生命的优美。没有痛何来乐，没有曲折何来正直？我们不能变态地从法律正义的不可接近中获得心理补偿，但我们必须坦承，法律正义的实现所费成本相当巨大。对于那些以经济利益为人生至上追求的人来说，法律未必是可欲的正义通道。但对于一个崇信优美生活的正直之士，他们宁可背负阳光的炙烤也要求得公开的正义，以法律之名，求正义落实。

法律是 T，是衡平的支架。在这个支架上，法官不偏不倚，中立裁断。在司法过程中，这也许是个美好的幻想，但不是完全不可实现。至少，从程序上，法律可以做到对双方当事人同等对待，维护形式正义的坚韧与一律。实质正义实现与否，我们可以不问，但程序正义必须首先得以保障，这在现代法治国几成共识。

法律是 U，是一个空杯子，它等着在实际生活中被充满。法律不是书面上的规则，它是活生生的社会现实。书面上的理念教导，那是法律的微小一面；现实生活中的法律运行，那才是法律的主体面。法律是个空杯子，是装冰水还是啤酒，有待于具体情况的确定。

法律是 V，是楔子，专直的楔子。是手势，是 Victory，许多人成功的标志。

法律是 W，是两个"U"结合在一起，双方当事人，两个空杯子，在中立的司法裁量下，实现双赢。

法律是 X，是作业本上的红叉，是错误。法律不是政治正确，是对政治错误的矫正。

法律是 Y，是一株风雨中的挺拔大树，是洗礼后的成果，是大自然的缔结，是造物主的恩宠。

法律是 Z，是扭曲后的书写，是锻塑后的形态，正直而不乏曲折，平衡而不失优雅。这是法律的境界，也是法律的未来。

1.7 问题分析

下课了，看着同学们意犹未尽的样子，我无可奈何地摊摊手，说："送给大家课后的礼物吧，一些有关法律职业道德的笑话，我将它们称为'法律与正义：沉重的幽默'——希望大家回去之后好好分析，不要真的一笑而过，不然真会伤害了我啊！"

1.7.1 善谋的律师①

巴克正在熟食店烹制香肠，突然一条狗跑过来，叼起一块肉就逃走了。巴克气得要死，正要丢下手中的活追过去，旁边一名顾客笑道："别追了，我认识那条狗，它是鲁恩家的。"

鲁恩？巴克把这个名字在脑子里转了一下，马上想到了什么：不是那个做律师的鲁恩吗？

顾客的意思巴克听得懂，鲁恩善于诉讼，他那张巧舌甚至能将死的说成是活的。不过，巴克决定不能就这样算了，他得和鲁恩谈谈，怎么谈呢，巴克眉

---

① 焦松林编译，载《青年博览》2008 年第 18 期。

图 3　控辩双方的责任（左边：检方负有举证责任
右边：辩方负有歪曲检方所举证据的责任）

头一皱，想出了一个办法。

下午，巴克拿起电话，给鲁恩打了过去："大律师，是这样的，如果有条狗从我店里衔走了肉，我可以向它的主人索要损失费吗？"

鲁恩轻快地答道："那当然，只要有证人认识那条狗，你完全可以找它的主人索要赔偿。"

巴克欣喜万分，接着说道："是这样的，大律师，从我店里衔走肉的，正是您家的爱犬，那块肉，足足有四五磅呢。"

鲁恩在电话那端沉默了一会儿，郑重地答道："法律面前人人平等，即使是我的狗，我也会按照你所受的损失，向你进行赔付的。"

没想到鲁恩还挺有人情味，巴克意外之余，还是挺高兴。一周之后，巴克收到了鲁恩寄来的一张现金支票，上面金额是 8 美元。巴克没有急着去兑那张支票，而是时不时地拿出来给他的顾客们看，告诉大家鲁恩是个讲道理的人。

顾客们见了，纷纷咂舌称奇，这的确不像是鲁恩的风格。因此，他们对此还是将信将疑。

没过多久，鲁恩又给他打来电话，对巴克不断地向人夸奖自己表达谢意。巴克更加来劲了，他把这事又告诉大家，说鲁恩是个值得人们信赖的人。

一个月后，巴克突然收到一份账单，上面写道："狗衔走熟食案咨询费，150 美元。证人：所有的街坊。"开票的，正是鲁恩。

1.7.2　右手犯罪

这是一起盗窃案。辩护律师说："被告只是把右手伸进窗户偷了几件东西而已。他的右手不等于他整个人，怎么能因为一只右手犯了罪而惩罚整个人呢?"

法官最后判决："辩护意见有理，予以采纳。判决被告的右手一年徒刑。被告是否随右手一起入狱，由他自己决定。"

律师飞快地帮被告把装在右臂上的木制假手卸下来交给法官，然后拉着只有一只手的被告扬长而去。

1.7.3　程序问题

公诉人问证人；"你刚才说案发那天你去拜访了被告，那么他说了什么?"

"反对!"辩护律师说："提问不符合程序!"接着，公诉人和律师就这句提问是否符合程序的问题辩论了足足一个小时，最后法官裁决：反对无效，证人必须回答这个提问。

证人答："没说什么，当时他不在家。"

1.7.4　梦游症

A 先生和 A 太太是某大律师的忠实崇拜者，经常去法院旁听大律师的精彩辩论。一日，A 太太在路上邂逅大律师，便恭维道："您昨天那 3 小时的辩论真是精彩极了!"

大律师有点不高兴地说："可是您的丈夫在我讲到最关键的时候却走了出去。"

A 太太抱歉地说："真不好意思，他有梦游症。"

1.7.5　吃面条

某法院开庭审理一起刑事案件，辩护人提出起诉书所指控的被告人的犯罪事实不清、证据不足，要求法庭宣告被告人无罪。公诉人则认为被告人的犯罪事实清楚、证据确实充分，双方为此争执不休。

辩护人强调其主张成立，并宣称其出这样的结论是经过充分调查的，公诉人则说，我们认为被告人有罪也是有充分依据的，并且强调说："我们公诉人也不是吃干饭的。"

辩护人当即表示抗议："审判长，我认为办案是以事实为依据，以法律为准绳，至于公诉人是吃干饭还是吃稀饭与本案无关。"

法官见双方争执不下，为了缓解气氛，就说："关于吃干饭还是吃稀饭的问题，现在不要讨论，中午我请大家吃面条。"

1.7.6　终于明白

在律师竭尽全力的辩护下，被告人终于被宣布无罪释放。

在法院门口，律师问被告人："你已经获得释放，我们即将分手了。现在请你最后向我说实话，你是否真的犯了罪？"

被告人回答："律师先生，当我在法庭上听到你为我作精彩的辩护时，我刚刚明白，我原来是清白的。"

1.7.7　休想付款

一个律师的妻子得了急病，在诊治前爱钱如命的医生对律师说："你能保证在我看完贵夫人病后一定付给我出诊费吗？"

律师立即从身上掏出一张支票，说："这里是 500 元，无论你救活她，还是医死她，我都如数付给你。"

医生这才放心地检查了病人的情况。可是，虽然他全力抢救，病人还是死了。之后医生提出要律师给他付出诊费用。

律师问他："我妻子是你医死的吗？"

"当然不是，我的诊断和用药都是正确无误的。"医生忙说。

"那么，你把她救活了吗？"

"很遗憾，但我尽了一切努力。"

"这么说，你既没有医死她，也没有救活她，是这样吧？"

"是的，先生。"医生答道。

"看来我用不着给你付出诊费了。"

1.7.8　律师过剩

一位俄国人、一位古巴人、一位美国商人和一位美国律师在火车上相遇。俄国人拿出一瓶伏特加酒给大家各倒一杯，然后把剩下的半瓶酒扔出车窗。

"你干嘛扔掉？"美国商人问。

"我们国家有的是伏特加，怎么喝也喝不完。"俄国人答。

过了一会儿，古巴人请大家抽雪茄烟，他吸了两口便把烟掷出窗外。

"我想古巴的经济很困难，"美国商人说，"可你却把好端端的烟丢掉。"

"烟嘛……"古巴人说，"在古巴多得很，我们多得不知如何处理才好。"

美国人默默地坐了片刻。然后站起身来抓住律师，把他抛出窗外。

第2章 阅　　读

　　法包含着一个民族经历多少世纪发展的故事，因而不能将它仅仅当做好像一本数学教科书里的定理、公式来研究。为了知道法是什么，我们必须了解它的过去以及未来趋势。

——霍姆斯

　　在文明的生活中，法律漂浮在道德的海洋上。

——沃伦

实验项目名称	法律职业道德的文献解读："读书辩论会"
实验教学目标	1. 在教师的指引下，围绕法律职业伦理困惑的解释，展开对代表性文献的研读； 2. 对所研读文献作出主旨框架、细节的全方位报告，并相互交流； 3. 交叉询问，各小组互相辩论； 4. 明确法律职业道德的基本理论逻辑，形成共识，为下一步的"研究性学习"奠定基础。
实验教学要求	1. 教师必须选择有代表性的著作，并提前研读。 2. 学生应分作若干小组，合作学习。 3. 读书报告的结构要求：(1)核心主旨；(2)总体框架；(3)重要细节；(4)基本评价。 4. 交叉询问应注重针对性，强化对抗性。发言有时间限制和预订规划。 5. 各组代表总结陈词后，再以读书报告会纪要形式记录争点，寻找共鸣。 6. 教师应全程参与并直接指导。
实验教学材料	1. 所评著作若干本； 2. 相关参考资料； 3. 记录本。
实验教学过程	1. 分组报告； 2. 交叉辩论； 3. 总结陈词； 4. 形成共识。

2.1 《法律职业主义》①

图4 《法律职业主义》书影

对这本书,我首先做了推荐:

"这是一部透析西方法律职业理念的学术力作,资料翔实,论证清晰,并兼及了对中国法律职业发展迷失的深度思考。从这部著作中,我们可以反思法律职业伦理的内在矛盾,可以获知法律道德困惑的深层根由。"

2.1.1 法律职业道德教育

学生提交的读书报告中摘抄了季卫东序言中的一段话:"在当今的中国,除了政治上的原因外,市场化的逻辑和日趋激烈的竞争也妨碍法律人更积极地从事公益活动,使得技术性一花独放,而正义和道德的侧面不断萎缩。在这样的状况里……我们不得不转过来寄希望于法学教育机构的培育功能。如果正义和公益活动是可教的,那么加强大学法科的职业道德课程应该是更现实的方法。实际上,法学教育的出发点本来就是要探求把法律规范和推理和正当化论证结合起来的适当途径,并没有把法律和道德加以严格的区别。"

---

① 李学尧:《法律职业主义》,中国政法大学出版社2007年版。

由此观之，老师所授的这门课，意义还是很大的。我们应当好好学习，争做合格的法律人。

2.1.2　西方法律职业主义

学生们很认同罗斯科·庞德的观点："所谓法律职业主义（Legal Professionalism）就是：认同、鼓吹或者追求行业之专业性、公共性和自治性，并视该行业（法律）为'职业（Profession）'的理念、实践或者理论。"

按照这个定义，我们这些法科学子，如果做到了职业认同，也算是一个法律职业主义者，虽然尚未执业。

2.1.3　法律职业的三大基石

读书报告比较深入地分析了这个问题。

第一，专业性，"有建基于深奥理论基础上的专业技术，以区别于仅满足实用技巧的工匠型专才"。第二，公共性，"以公众服务为宗旨，其活动有别于追逐私利的商业或营业（Business）"。第三，自治性，"形成某种具有资格认定、纪律惩戒和身份保障等一整套规章制度的自治性团体"。

其实，这三大基石是参差不齐的，有的凸显，有的凹陷，比如专业性与公共性之间便存在矛盾。法律职业的专业技术不易为外人理解，容易形成法律人的封闭、腐败，与其为公众服务的宗旨难相契合。而自治性也易与公共性冲突。法律人自成一体，便会出现行业垄断，谈何为公益献身？所以，我们讨论认为，公共性只能是一种虚拟的或者说预想的基石，只有先将专业性与自治性实现，法律职业才有尊荣，才有吸引力。

2.1.4　法律职业的历史、现状、危机及其批判

读书报告认为，法律职业道德的危机是现代法治必须认真对待的问题。

就西方法律职业的历史传统来看，公共性是被着力强调的。从古罗马法学家阶层的免费代理与咨询到早期英格兰、苏格兰法律职业弥漫的"贵族责任"（Nobless Oblige）直至基督教对法律职业伦理的"公众仆人"（Public Servants）定位，法律家的阶层出身于高尚的品格较之专业技能更为重要。随着西方近（现）代性的勃兴，市场（商业）的力量勃兴，在公众主义与私人利益的天平两端，出现了剧烈的伦理摇摆。这种苗头在中世纪末期已有显现，进入近现代，法律职业的伦理危机更加严重。

20 世纪初，布兰代斯在《法律中的机遇》中坦承："一个毋庸置疑的事实

是，现今的律师在人们心目中的地位不如75年前也确实不如50年前那么显赫了；但是，其原因并非是缺乏机会。而是：律师没有在富人和大众之间恪守中立，抑制两者中任何一方的放任行为。他们最大限度地放任自己成为大公司的附庸，而忽略了利用自己的权力保护大众的义务。"

庞德在《美国法律人的使命》的演讲中指出："法律职业的首要任务是保证人们获得法律所能为的完全、及时与有效的正义……没有什么比给所有人以完全平等的正义更为重要了，我们是法律人，因此有义务为职业和社会贡献我们的所有。"但是，他在为美国律师协会所做的调查报告中却悲观地发现，追求赚钱的商业主义严重威胁到法律人对于公共责任的能力。

由此带来的是法律人的职业认同危机。

表5　　　　　　1976—1996 年间美国律师道德和诚信度评估变化表

	1976 年	1983 年	1988 年	1992 年	1994 年	1995 年	1996 年
高或很高	25%	24%	18%	18%	17%	16%	18%
排名情况（位次/总职位数）	5/11	13/25	15/25	14/25（并列）	15/26（并列）	17/26（并列）	15/26

表6　　　　　　　美国律师职业声誉评估

	1977 年	1997 年
极高声誉	36%	19%
较高声誉	37%	33%
有些声誉	20%	28%
几乎毫无声誉可言	5%	19%
声誉排名（位次/总职位数）	4/15	10/17

2.1.5　反观中国法律职业及其未来

读书报告摘引了作者对中国律师业的调查结论："通过调查和访谈，可以基本得出结论，'律师职业'作为舶来品，我国律师从业者更多关注的是西方律师享有的市场垄断、行业自治等职业特权和利益，而忽视、甚至毫无了解'职业（Profession）'的深刻内涵，以及西方律师界为获得这种职业特权所付出的代价和努力。"

其实，我国大部分律师最想喊出的口号无非是"商业主义"的经济自由与无道德责任感、"职业主义"的市场垄断与独立状态、"国家主义"的社会地位的保障。他们中的很多人不想做魔鬼，但也不想做天使——只想拥有西方式的律师特权去谋生、赚钱。总而言之，我国律师界主流持的是一种技术性职业主义的伦理观。

对此，同学们并未展开分析。

我想，这种沉默是留待教师的解答和以后学习的空间。

2.2 《法律人，你为什么不争气?》①

图 5 《法律人,你为什么不争气?》书影

第二部书，我推荐了近期很畅销的《法律人，你为什么不争气?》。选择这本书作报告的学生占了近半数，他们之中有先就读过的，有慕名想读的，也有根本没听过的。我告诉大家：

"这是一部痛思台湾法律职业伦理现实危机的普及性读物，作者意欲让读者明白一个浅显而深刻的道理：法治需要的不是形式上的法律人当政，而是内

---

① 陈长文、罗智强：《法律人，你为什么不争气? ——法律伦理与理想的重建》，法律出版社 2007 年版。

在地呼唤有良知、有品格的法律人去践履自己的法律信仰，维护法律的权威与尊严。这部著作勾勒了台湾法律人的'不争气'形象，极力探寻病因，也试图开出诊治的药方。对于当代中国法律职业伦理的反思与重建而言，具有很强的镜鉴意义。"

2.2.1 法律职业伦理的"希波克拉底之誓"，一个笑话？

读书报告用了很大篇幅重述该书的序言和引言。

马英九的序文以"医学之父"希波克拉底（Hippocrates）著名的医生誓词作结。"视彼儿女，犹我兄弟，⋯⋯为病家谋幸福，并检点吾身，不做各种害人及恶劣行为。"

"希波克拉底告诉他的学生，若不能立下'视病犹亲'的医者誓言，就没有资格来学医术！法律人呢？被社会寄予无穷厚望的法律人，当他们还是青涩学子，还在学校孜孜矻矻的时候，在法律专业教授之前，我们是不是应该要求法律学子，立誓秉人'公正、为民谋福、担当正义守护，否则即不配学法！'"

该书的引言却是以一则发人深省的法律职业笑话开端：

一对兄弟乘坐热气球上天，遭遇危险，不能降落。正好看见下面大草原上有一个骑马的人，便大喊："下面的人啊，我们现在在哪里？"那人答曰："上面的人啊，你们正在热气球上！"弟问哥："那个人是谁呀？"哥说："他定是一个律师，说的话都对，但是一点用都没有。"

气球继续飞啊飞，哥俩又看到有个人在草原上骑马，哥弟俩吃一堑长一智，改变了呼救法："下面的人啊，我们如何才能降落？"那人说道："你们把绳索割断就能降落了！"哥俩猜，这人定是个法官，因为他虽能解决问题，但绝对不管你的死活。

当他们遇到第三个草原骑马的人，正巧总统先生的热气球也无法降落，本想这位先生会出手相救，孰料竟遭到他的乱枪扫射，对总统先生却尽救援之能事，态度谦恭，任劳任怨。哥对弟说："不用猜，这人定是检察官，他解决问题有时酷厉，有时温驯，全看对象身份。"

气球瓦斯已尽，弟弟堕崖，出现了第四位骑马者，他耐心地教了弟弟三种办法。当弟弟用第一种办法爬上时，这个人很生气地将苦难弟一脚踹下，大喊："第二个办法才是多数人用的，你下去给我重新爬。"当弟弟再次攀爬上来，询问兄长："这个是谁呀？"哥语重心长地说："他肯定是个法律系的教授，虽然每种方法都能用，但你不用他的方法就该死！"

2.2.2　法律政治人：知法犯法，无案不弊

读书报告认为，作者对"法律政治人"的定义很有新意。这"是一种法律人服务领域的分类。意指原服务于传统法律专业领域（如律师、法官、检察官、法学教授等），或具有法律专业知识者，从事政治服务工作"。

学生们对纪伯伦（Kahlil Gibran）的名言记忆很深："你们乐于立法，更乐于破坏它们。如同海边玩耍的孩子，不倦地搭建沙塔，再笑着破坏它们。"

自省，是重新赢得尊敬的第一步。如果法律人还希望透过反省，赢回社会对法律人的信任，就必须先认真地承认法律人所犯的错误。

2.2.3　律师：全观与片面，忠实与诚实

读书报告认同作者对律师职业道德的看法：

律师的思维必须缜密，考虑到一切可能的细节，事先做最坏的打算，对当事人忠实，为委托人利益"片面"地阐述真理，同时必须保持对法官与法律的绝对诚实，在朦胧选项里清楚地抉择正义。

美国律师公会针对律师忠实义务与诚实义务的紧张关系，模拟了一种实景：依律师伦理规范，有位律师在进行诉讼时，法官突然问他："你的当事人有无前科？"身为律师的你，该如何回答？律师在接受当事人委托的时候，一定会问当事人有无前科，假设当事人据实告诉他有前科，从忠实义务角度而言，律师应当对当事人的资讯保密。但当法官以律师应负诚实义务的立场要求他揭露当事人的前科记录时，律师该不该告诉法官实情呢？

美国律师公会的答案：律师应当向法官表示，当事人有无前科，并不难知晓。法官可以向司法或警政单位调取资料。

同学们表示，这样的回答确实很高明。

2.2.4　检察官：司法英雄

"台湾能否弊绝风清，不在于出多少个圣贤的政治家，而在拥有多少个为正义守门的检察官。"这句话让阅读此书的同学都为之震撼不已。

实际上，长期以来检察机关最受人诟病的，不在于对一般民刑案件的法办态度，而是检察机关面对屡见不鲜的高官弊案，却表现得迟钝麻木。

曾担任过检察官的前任纽约市长朱利安尼曾说："当了十多年的联邦检察官，我早已习惯人们对我报以怨恨。只要这些仇恨都来自以下这批族群——白

领阶级的罪犯、黑道分子、贪官污吏、私枭毒贩——我就自诩事业有成。这份工作不是要争取最佳人缘奖。"

2.2.5　法官：应有碰触上帝袍服的戒慎

读书报告摘引了纪伯伦的名言："把手指放在善恶交界之处，就可以碰触上帝的袍服。"

美国法哲学家卡多佐曾言："法官的品格是正义的唯一保障。"套用法国文豪雨果式的问句："谁是法官的法官？"答案将是"法官自己"，或更精确地说："是法官对自己的良知期许与道德要求。"

2.2.6　法学教授：改变冷漠

同学们对作者引用的托尔斯泰名言非常认同："对伊凡·伊列区来说，却只有一件事情重要：他的病情严不严重？然而医生忽视这个不得体的问题。就他的观点而言，这不在他的考虑之内，他认为真正的问题在于断定究竟是胃脏游离，或慢性黏膜炎，或者肠炎，问题根本不在于伊凡·伊列区是生是死。"

言教不如身教，如果法律教授自己都能切割"知识的传授"与"知识的实践"，坐视法律尊严横遭践踏而噤若寒蝉，那么，当然就会教出擅于"悬法律于口"，却怯于"履法律于行"的投机法律人。

这也是对我，一位法学教员，最好的提醒和箴言吧。

2.3　《法律职业道德》①

我对第三本书的推荐语如下：

"国外法学院一直重视对未来法律人进行系统的职业道德教育，并为此开设专门课程。我国法学教育近年来也有可喜的'转向'：该书正是为之精心编写的一本高质量教科书。该书讲解了法律职业道德的定义、特征、要素、渊源、法律职业整体建设及责任等一般性问题，同时就法官、检察官、律师、仲裁员、公证员、行政执法人员、法律学者等职业群体的'特有道德'进行了比较全面、深入的介绍与评价，虽然没有普罗大众式的生动语言，也没有细腻严谨的学术探究，但该书的一个重要特点在于与中国法律职业道德规范紧密结合，在视野上有所拓展，有利于宏观把握法律职业道德的基本面相。毕竟，这

---

①　王新清主编：《法律职业道德》，法律出版社 2007 年版。

图 6 《法律职业道德》书影

是一部教科书。"

读书报告用图表的方式将这本书的精要作了概括。

2.3.1 当代中国法律职业道德的八要素

表 7　　　　　　　　中国法律职业道德的八要素

法律职业理想——实现公平与正义
法律职业态度——勤勉与谨慎
法律职业责任——惩恶扬善、扶弱济困
法律职业义务——忠诚为民
法律职业良心——诚实信用、爱憎分明
法律职业纪律——严明
法律职业信誉——清廉、正直
法律职业荣誉——法律至上、宪法为尊

2.3.2 法律职业道德建设的"三步曲"

法律职业道德教育：目的在于培育法律人独特的人格。法律职业道德除普通职业道德中共同的要求之外，还包括法律职业特殊的道德要求，它们来源于法律职业的专门逻辑，也因此区别于大众的生活逻辑。法律职业道德的这种特殊道德主要来自于"法律程序"，有学者称为"程序伦理"。

法律职业道德约束：即法律职业道德规范对法律职业者从业内外行为的制约和控制。其中包括了硬约束和软约束。该书第四章单列"法律职业责任"，可考虑将其中重要内容并入"道德约束"中，责任乃是一种"硬约束"，并且职业责任与职业道德并非涵摄关系，而是交叉关系。

法律职业道德养成：法律职业约束是法律职业道德的他律手段，法律职业道德教育是法律职业理想人格、道德品质的培养手段，二者的最终目标都旨在促进法律职业道德从他律向自律转化，也即法律职业道德的养成。提高法律职业道德修养的四种方法：第一，注意日常积累；第二，学习道德楷模；第三，批评与自我批评；第四，"慎独"与无监督自律。

2.3.3 七种法律人的职业道德要求

表8	中国法律职业工作者的道德要求
法官：保障司法公正，提高司法效率；保持清正廉洁；遵守司法礼仪；加强自身修养；约束业外活动。
检察官：忠诚；公正；清廉；严明。
律师：忠于宪法、法律；诚实守信、勤勉尽责；注重职业修养，珍惜职业声誉；严格保守秘密；努力钻研业务，提高职业水平；尊重同行，公平竞争；热心公益事业；遵守律师协会章程，履行会员义务；严守执业职责。
仲裁员：公正独立、主动披露与回避；勤勉；与当事人的接触应当避免不公正或可能造成偏袒印象的情形；保密；收取合理报酬并向当事人明示费用的根据；仲裁员间相互尊重；参加学术活动，学习仲裁业务，提高仲裁水平。
公证员：忠于事实和法律；爱岗敬业，规范服务；加强修养，提高素质；清正廉洁，同业互助。

续表

行政执法人员：公证透明，廉洁高效；忠于职守，勤勉尽责；遵守法纪，严守秘密；实事求是，秉公执法；文明执法，民主管理。
法律学者：应当承担起创造、传播与传承法治文明的使命；应当具有求是、严谨和规范的学术道德；应当具有高尚的师德。

2.4　《诉讼》：我的阅读体会

听完了各组报告，我面色凝重。

"同学们，你们分别仔细阅读了三种代表性书目：学术型、普及型和教材型的。通过大家的报告，我感到你们已经开始自我解惑。这很好。但是，你们的报告普遍存在一个严重的问题：缺少自我的分析和评价。也许你们很谦虚，觉得自己在学习，不好妄作评论；也许你们想偷懒，重述一番完成任务。其实，阅读是学习，也是批评；是阐述，也是分析；是建设，也是摧毁。你们的阅读还没有完成，因为，你们除了要阅读书本，还要阅读秩序。除了阅读理论，还要阅读实践。除了阅读他人，更要阅读自己。下面两篇读书笔记是我阅读卡夫卡和西塞罗的心得，供大家参考和批判。"

卡夫卡的《诉讼》是一部有关于法律职业伦理探寻的文学名作。现实主义会把这个故事解读为反映资本主义世界法律罪恶，尤其是司法腐败的生动教材。存在主义则倾向于从中体察人的无奈与荒谬，认为建立于人权之上的法律同样是自我悖谬、无法理解的"怪灵"。理想主义会在绝望中发现解脱的亮光，毕竟，在故事主人公 K 临死的一刻，"不灭的光"有了喷薄而出的迹象。其实，"卡夫卡所写的全部故事都是关于一个问题的直接的想象的表述，这个问题就是置身于这个世界的人类怎样才能调节自己的生活以便与属于另一个世界的法律保持一致，这法律的奥秘是人类也无法确切地加以解释的，尽管看上去这些奥秘并不是什么奥秘"。① 卡夫

---

① 叶廷芳：《论卡夫卡》，中国社会科学出版社 1988 年版，第 65 页。对于卡夫卡的研究，可参考 Pascal, Roy, Kafka's narrators : a study of his stories and sketches, New York : Cambridge University Press, 1982; Franz Kafka in Selbstzeugnissen und Bilddokumenten, Reinbek bei Hamburg : Rowohlt, 1964.

卡一生都生活在矛盾、苦闷与无法解脱的困境中，法学专业素养与法律职业经验启发其心智的方向：能否透过某种寓言式的笔法向人们展示一种应然的法律伦理图景？

2.4.1　法与伦理

卡夫卡那则著名的"法门"寓言，表达了一种带有浓厚自然法观念的法本体论。"法"，居住在无人知晓的内宫，是神秘莫测的世间主宰。法的作用与形象，只能透过具体的人生来解读。当卡夫卡将"法"的大门毫不吝惜地向读者敞开那一刻起，对"法"的理解便成了人的宿命和权利。乡下人虽然无缘最终见到"法"，实现他对正义的要求，但是，在"法"的门前，日复一日年复一年的观察与研究，使他具备了理解"法"的独特权能。守门人必须认真对待乡下人，因为，求见"法"这一行为本身就代表了某种权利原型。可以说，人与法的缠绵，源于无知的法律观。

在试图接近"法"、理解"法"、甚至占有"法"、征服"法"的人当中，K是特殊的一个。K的最初形象，可以说处在"自在"与"定在"的过渡阶段。当他被逮捕的那一天，他还天真并执着地认为，自己生活在一个法治的国家，人人安居乐业，所有的法律都在起作用，谁敢在他的住所里侵犯他呢？[①] 正是这种朴直的法理误导了K的行动，现实生活再一次用荒谬讥讽了K的理想。他不知为何，无缘无故被一群莫明其妙的"打手"宣布逮捕，恰恰发生在他的卧室、床边——号称法治社会最隐私的空间。虽然如此，K依然坚信法律会自动发生作用，他依然把事情想得很简单：那天正是他三十岁的生日，或许是同事们善意的恶作剧。K不喜欢将自己融入法律的"定在"，蔑视那帮法律守门人的行径，对他们的一切都感到厌恶和可笑。K是个内心笃定的法理独立主义者，但这样一个异端，一旦面对法律的既定逻辑，势必遭遇连续的挫败。

司法权首先以强制性的国家公权面目出现。它面对的"人"是不确定的，所谓"普遍的大多数"。司法公权凭靠的依据同样是不确定的法律，至少，K无法理解自己为什么会被司法机关逮捕、传讯直至最后的审

---

① ［德］卡夫卡：《诉讼》，孙坤荣、黄明嘉译，上海译文出版社2002年版，第5页。

判与执行。K一开始就不像乡下人那样谦恭，具有坚定的寻"法"意图。K的"法"是无须寻找的，它自在于内心，外化为公理。所以，K接受的诉讼与审判，从本质上讲就是不均衡的权能博弈。K在司法过程中的权利，被他逐一放弃和否定，而司法公权力又不顾这些，继续神秘运行，最终的结果必然是K的人生终结。

换个角度思考，K或许并没有放弃对自身权利的吁求。他渴望获得公正的对待，司法的透明、合规、公开、权威等，都被K不断提起。可以说，支配K的正义观是非常符合现代性司法理念的，但是由于这种吁求没有制度管道实现，成了无声的抗争。K无法在法律体制内部找到与他意见相合、逻辑相符、旨趣相投的"人"——这说明，司法公权本身具有权力天生的弱点，与法理人的多元性并不契合。法律人形象，在卡夫卡笔下，多是昏愦、无理、色情、贪婪、狡猾之辈，他们希图将"法"的恩泽全盘霸占，对"法"的操纵能最大化地满足自身利益。但是，真正与"法"相关的人是普遍的、多元的"法理人"，他们信奉的法意与法律人的解释可能不相一致，甚至根本冲突。这个时候，如果没有必要的均衡平台，悲剧就难以避免。

2.4.2　人权与法律伦理

卡夫卡在大学攻读法律，并获法学博士学位。法院的实习经历以及长期的保险法实务工作，使他获知了法律实体上的诸多知识与细节。透过对实在法的悉心观察，卡夫卡说："我们的法律不是大家都知道的，它们是一小撮统治我们的贵族的秘密。我们深信，这些古老的法律被严格地遵守着，但是，依照人们不知道的法律而让人统治着，这毕竟是一件令人痛苦的事。"[1] K在临死前还不知道法官在哪里？他心中最高法院的正义宣谕者又在哪里？K并不是未见过法官，未到过法院，只不过，他所接触的法官与法院都不符合其内心认同的"司法"形象。他从法理上否定法律的实存，势必造成有关他的那个莫名指控在一种非均衡的司法境态中展开。K不希望成为法律的"定在"，最后用生命的代价捍卫了内心的法理。

这与苏格拉底的审判何其神似！苏格拉底与K一样，明知法律的实际运行逻辑，偏偏不肯作一丝妥协，最后都或主动或被动地接受"死亡"

---

[1] 《卡夫卡全集》，叶廷芳编译，河北教育出版社1996年版，第411页。

的判决。司法权运行终端都不约而同地指向某种宗教上的解脱：摆脱世俗司法罪恶，迎接天国司法拯救。对法理"不灭之光"的探寻，构成了另一种完全不同于国家实证司法公权运行的图景。这种图景，我们可称之为"司法人权"的运行，正是这种别样的"司法权"构成了司法均衡最具深意的风范和表现。

司法人权的依凭，是不同于法律的法理。司法人权的主体，是不同于专业法律人的均衡法理人。司法人权的内容，也是不同于审判、审查权的正义情感、裁量理性及整全关怀。司法人权的获得，必须有人的"在场"，前提是"法本于人"理念的张扬。"法"不再是上帝，不再是科学，也不再是规范，它更多的是人的模拟，或者说，是对理想人形象的重生与型构。司法不再是实体权力的实在结果，而是程序权能的程式操控。程序化的司法人权并不意味着多元法理见识的删同一律，而是重叠法理共识的制度建构。司法人权的发展与证立，是司法权运行机制创新的核心与关键。

2.4.3　法律伦理的败坏

在《诉讼》中，卡夫卡极尽心力地描绘了一系列伦理败坏的司法公权者形象。这些形象大体可分为：（1）公权的初级代表，或者说是法律之门的第一道看护者。逮捕 K 的两个看守和一个监察员，正是这一形象的代表。用看守的话说："我们的机构……从来不去民间寻找过错，而是如法所规定的那样，被罪所吸引，因而不得不把我们这些看守派出去，这就是法。"①他们力图高升自己的地位，垄断法律的操控权。（2）正式代表，即审判者、法官。他们报复心强，好发脾气，善变难测，并淫秽好色。法院也延伸到民房、画家的阁楼、律师的私宅，因为法官的权力必须与这些因素打交道。虽然法院和法官是司法公权正式意义的代表，但实际上影响法官裁决的隐蔽权力主体流散于社会的各个角落。（3）外围力量，也就是那些暗处强化、分化司法正式公权的主体力量。了解法院内幕的画家、律师、打字员小姐、厂主、神甫、甚至法庭的听众、法院阁楼、楼梯上玩耍的女孩子们都具有某种非正式的司法公权力，这种权力符合福柯定义的权力特性，也在事实上与司法公权的运行粘为一体。

司法公权的网状建构，在 K 看来，是不可思议的怪象。但在那些熟

---

① Franz Kafka, Der Proze. Frankfurt am Main: Fischer Taschenbuch Verlag, 1994, p. 14.

悉、认同这种现实的人看来却再正常不过。来自于乡下的 K 的叔叔希望自己能代表 K 处理这个棘手的案子，在他看来，自己"熟悉这方面的门道"。①K 最终拒绝了叔叔的好意代理，因为他希望通过自身的法理抗辩获得正义的实现。在 K 看来，他所面对的一系列司法公权运作都是不合常规的乱象，都不应当遵从与忍受，但 K 没有跳出这个司法公权巨网的权能，他只能既心游其外又身处其中地悖谬式的抗争。他没有觉察到，司法公权运行"失范"的背后，潜藏的正是"行动中的法"规范式的结构与生态。

　　K 在接受审判中，也曾试图利用司法公权内部的争斗达成自己的目的。但他所用的技巧服务的不是案件的最后解决，更多时候是对司法公权的嘲弄与小小报复。当他利用女人的芳心挑起大学生书记员与初审法官及法院勤杂工的不和时，其快意的根源正是他永不妥协的顽固。也正是这种可爱的顽固，让他失去了一次次妥协的时机。可以说，K 进行的不是一场有关自身命运的个案诉讼，而是一种事关司法本质的哲学试验。结果是什么？结果正是 K 对司法公权的绝望和不解。

2.4.4　职业伦理的重建：卡夫卡的"不灭之光"

　　虽然《诉讼》并未提出任何制度改革的建言，它只是一部小说，但透过《诉讼》的文本，我们还是发现，在多元的法理人与单向的法律人之间，在失范中规范的司法公权与先验中经验的司法人权之间，都必须依靠一种以"法理均衡"为本位的法律职业伦理支撑。

　　司法中的"法"一定是整全的法，而非片面的法理或法律。这种"法"的型构直接渊源于正义观的均衡。从普适的正义论出发，提炼一套"法"生成原理及"司法"过程图式，是准确界定司法中的"法"必要之举。司法均衡的前提就是司法"正义"的均衡，只有明确了正义司法的价值论共识，才能为正义司法制度均衡的建构指引方向。

　　司法权运行的制度均衡建设，必须立基于实在的法律救济制度与理念的法理正义共识，这两个基点，是法律职业伦理的双柱，少了其中任何一根，司法巨厦都会崩塌，正义女神都会流下伤心失望的眼泪。从实证法制

---

① ［德］卡夫卡：《诉讼》，孙坤荣、黄明嘉译，上海译文出版社 2002 年版，第 73 页。

角度出发，结合均衡正义观要求，重构出法律职业伦理图式，可谓当然的推理、显然的结论。

法律职业伦理的验证，不能脱离历史演进与理性设计兼顾的法治文明视野。在现实的政治生态中，司法权如何实现均衡的法理念，这是一个"证伪"与"证实"交相浮现的繁复命题。如何将 K 的个体性问题转化为法治文明的一般性关注，这也是法律职业道德不得不认真对待的关键问题。它涉及宪政哲学的核心，即如何将司法过程中的人权诉求与公权逻辑有效统合，最终归结于"人"的终极价值与目的。

2.5 法政精英的美德：读西塞罗《论义务》

广为人知的法政精英时代，恐怕首推古罗马时期。这一时期的法政精英之代表人物，当属西塞罗。西塞罗可称得上自亚里士多德以来，西方第二位百科全书式的人物。与亚氏不同，他除了在哲学上深有造诣外，于法律和政治实践的结合上，更是取得了不俗的业绩。尽管他个人最终被政敌刺杀，头颅悬于曾经演讲的广场，但作为一位出色的法政精英，他以其不朽的功业征服了世界，至今仍被誉为沟通希腊文明与罗马文明的桥梁和"冰人"。

黑格尔曾高度赞誉西塞罗，拿他与孔子相比，认为他的道德学说比孔子更富创造性。[①] 无庸讳言，孔子道德学说的确缺少西方哲学理论的完整性，但它在思想深刻程度上丝毫不逊于任何一种伦理学说。如果就司法权论来说，孔子显然与西塞罗不能类比。孔子作为一位创世之哲圣，其言说、思想形成了一个民族的理念传统，而西塞罗，作为西方历史长河中的一位法政精英，哪怕他文武全才，光辉夺目，其理论也只能限于其所处的特定时空，无法穿透历史回廊的重重霾霭，如一声响遏行云的江舟渔号，很快消融于青山绿水中。尽管如此，西氏的司法权论在如下方面均值得注目：（1）将"自然法"等同于理性进而等同于法律和正义。在理论上，将法律的主要基础收缩为人的理性，同时运用斯多葛学派的哲学主张，拓展了"人"的范围，发展出了与市民法相并列的"万民法"理念，并初

---

① Giorgio Federico Hegd: Vorlesungen uber die Geschichte der Philosophie, Werke18, Suhrkamp, Frankfurt am Main 1982, p. 142.

步构建了一种宪政视野中的司法权论。西塞罗在《论国家》中雄辩地指出："真正的法律乃是正确的规则，它与自然相吻合，适用于所有的人，是稳定的、恒久的，以命令的方式召唤履行责任，以禁止的方式阻止犯罪……一种永恒的、不变的法律将适用于所有的民族，适用于各个时代；统治万物的神是这一法律的创造者、裁判者、倡导者。"① 基于这样的法律构建的国家，自然也应具有包容天下的世界主义胸怀。西塞罗的"世界国家"理论竭力宣扬的便是自然法对于人类社会的无限管辖权，他通过研究大量的希腊和罗马的政治法律文献，提出了共和政体论和一整套具有立宪色彩的共和主义法制构想。②基于此种初步的宪政视野，西氏详述了司法权的理性定位，继承并发展了亚氏有关"分权"与"制衡"的司法权论。(2) 开辟司法技术理论。注重司法实践技术问题，比如法律修辞术、演讲、论辩术。(3) 将法律的理想与政治的实践紧密结合，极力凸显"国务家"对司法权掌控的优位性，着重对司法权主体理论的建构。

对于法政精英的自我期许，西塞罗在《论义务》中有精彩表达："管理国家的人丝毫不亚于，而且甚至可以说还超过哲学家们，需要表现崇高的心境和对凡俗事物的藐视——我常常谈到这种藐视——以及心灵平静无烦恼，如果希望自己能够无忧无虑、庄严、坚定地生活。这些对于哲学家来说显得要容易一些，因为他们生活中较少受命运的打击，因为他们需要的不多，并且由于他们在遭到什么不顺时不可能如此沉重地跌落下来。因此，从事国务活动的人并非毫无原因地比生活平静的人产生更强烈的内心激动和更强烈的追求，由此他们更需要保持心灵的伟大和避免忧烦。"

在西塞罗眼里，从事司法等国务活动之人，"不仅应该认真考虑事业本身如何地高尚，而且应该考虑他自己具有怎样的完成事业的能力；他需要仔细考虑情势，以免自己能力不够而意外地失望，或者由于自己贪求而过分地自信"。"官员的职责在于认识他代表国家，应该保持国家的尊严和荣耀，维护法律，确定法权，铭记这些是委托给他们的责任。"

西塞罗认为，一个国务家要赢得人们的信任，必须公正和智慧兼备。"在这两种能够赢得信任的因素中，公正更有力量，因为公正没有见识，仍然具有足够的威望，然而若见识没有公正，对于赢得信任便毫无作

---

① Morrison, Wayne, Jurisprudence, Cavendish Publishing Limited, 1997, p. 54.

② 参见何勤华主编：《西方法学家列传》，中国政法大学出版社2002年版，第21页。

用。""公正的力量如此巨大，以至于即使那些为非作歹地生活的人们如果没有一点公正，他们也不可能生活。""更何况据说在盗贼中也存在法律，他们都得服从那些法律，遵守那些法律……就这样，既然公正具备如此巨大的力量，以至于甚至能够巩固增强强盗们的势力，那么在我们看来，它在存在法律、存在法庭的情况下，在一个秩序严谨的国家里又该具有多么强大的威力呢？"

法政精英需要德性高尚。法律的出现是为了弥补统治者德性不足之情形。"在我们的祖辈那里，为了能享受公正，人们总是立道德高尚之人为王。要知道，人们平时由于受到势力强大的人们的压迫，他们便求助于某个德性出众之人，此人为了保护弱者免遭欺凌，建立平等制度，以使地位崇高的人们和地位低下的人们享有同样的权利。制定法律的原因与拥立国王的原因是一样的……如果他们从一个公正而高尚的人那里达到了这一点，他们便会心满意足了。既然未能达到这一点，因此便发明了法律，让它永远用同一个声音同所有的人说话。"

法政精英还须智识不凡。对法律的把握，必须通过高明的司法技能展示出来，特别是法律辩论的技术。西塞罗说："存在两种语言类型，其中一类是谈话，另一类是演说。毫无疑问的是，演说对于争求荣誉具有更重要的意义——这就是我们称之为'雄辩'的类型。""在我们的国家……最能引起称赞的是在法庭上。法庭演说有两种形式，包括控告和辩护。""进行辩护可以特别赢得声誉和感激，尤其是如果有时发生这样的情况，即受辩护人显然处于某个权势之人的淫威的迫害和压迫之下。"

西塞罗鼓励一切有善德的人充分利用法律为人们辩护。"这对于扩大影响，提高声望非常重要。"基于当时现状，他表达了对演说术停滞、演说家消失的深深忧虑。他大声疾呼："对于一个富有口才、乐意以行动帮助人，并且按照祖先习俗无条件地、不计报酬地为许多人的案件辩护的人来说，广阔地敞开着作善行和法庭上保护人的可能。"他谆谆教导年轻人："尽管不是所有的人，也不是许多人都能通晓法律或精于讲演，但是他们仍可以用效力为许多人提供帮助：为人们谋求利益，在承审员、官员面前进行辩护，警觉地保护他人的利益，向法学家和律师请求帮助。"他还提醒人们："不要在帮助一些人时得罪另一些人。"

西塞罗在"万民法"的新视野中拓展了司法权功能之范围，从传统的依法律裁断发展为补充法律之不足。确而言之，西氏将法律功能考量置于市民法向万民法过渡的语境，从而赋予了其新的内涵与意蕴。西氏以法律上的"欺诈"和"善意"为例，指出习俗认可的行为、法律一般也无力禁止，但这并不意味着它就是合法的，因为"自然是禁止这样做的"。① 罗马人相信，市民法不可能同时是万民法，但是万民法同时也是市民法，实在法不可能等同于自然法，但自然法一定高于实在法。西氏将自然法/理性法比喻为"真正的法律和真正的公正"，实在法则是其"影子和映象"。西氏认为，这些话语都属自然法之诫令："但愿我不会由于你和我对你的信任而蒙受损失，被欺骗！""如同正派的人们之间做事应该正派而无欺诈！"但是，究竟如何确定"信任"、"正派"这些含糊的语辞？在这一点上，他赞同昆图斯·斯凯沃拉的观点，即司法裁判对于明确自然法之真意具有非常重要的意义。② 司法官应当透过表象的含糊，析定内藏的诚理："任何人都不应该利用他人不明情况而获利。"③ 根据这一诚理，司法官便能发挥其智慧与公正，战胜奸诈带来的可鄙和恶性。

2.6 延伸阅读

被批评的滋味不好受，我非常理解同学的心情。临近下课，我语重心长地说："大家的阅读质量不高，我也有责任，首先是选择面有限，其次没有交代阅读方式和读书报告写法，最后我自己的阅读水平和深度也很有限。为了大家共同进步，我在向大家推荐一些延伸阅读的书目，有兴趣的同学可以到我这里登记取书。期末交一篇高质量的读书报告，奖励就是你们索取的书。"

大家很积极地做了登记，自动分成了小组。我想，他们的阅读应当会更加成功。有时候，批评可以激发学生的学习斗志，但过度的批评会破坏他们的学习热情。批评与自我批评相结合，是人生境界提升的良方，也是教育境界提升的佳途。

---

① ［古罗马］西塞罗：《论义务》，王焕生译，中国政法大学出版社 1999 年版，第 309 页。

② 参见［古罗马］西塞罗：《论义务》，王焕生译，中国政法大学出版社 1999 年版，第 309 页。

③ ［古罗马］西塞罗：《论义务》，王焕生译，中国政法大学出版社 1999 年版，第 311 页。

2.6.1 《法律伦理 50 堂课》①

图 7 《法律伦理 50 堂课》书影

2002 年一年里，王进喜先生在《法律服务时报》以连载的方式开始了美国律师职业行为规则的"启蒙"之旅。两年之后，以这些连载文章为主体的《美国律师职业行为规则：理论与实践》（以下简称《美国律师职业行为规则》）一书出版，成为汉语学界首部研究美国律师职业规则的著作。《美国律师职业行为规则》一书由五十个专题组成，尽管作者没有将这些主题进行严格的分类，但在专题的编排顺序上依然可以清晰划分为以下几个主题：一为美国律师职业规则概论，主要介绍了美国律师职业规则的背景、渊源、作用等，大体上涵盖了 1 ~ 5 专题；二为委托人—律师关系，委托人—律师关系是构建美国律师职业行为规则的核心概念，其他规则的建构都以委托人—律师关系作为基础，主要包括 6、7、8、31、32 几个专题；三是对美国律师职业行为规则的具体规则的介绍，包括律师收费（9 ~ 14）、律师保密义务（15 ~ 17）、利益冲突原理（18 ~ 30）、律师广告（39 ~ 41）、律师流动（45 ~ 47）乃至律师的

---

① 王进喜：《法律伦理 50 堂课：美国律师职业行为规范与实务》，台湾五南出版公司 2008 年版。

组织形式、律师惩戒制度、律师与法官关系等。这三大部分已经基本涵盖了美国律师职业行为规则所涉及的所有主题。而结合作者同时翻译出版的《美国律师协会职业行为示范规则（2004）》，我们大致可以作出这样一个判断：如果说《美国律师协会职业行为示范规则（2004）》是作者在译介美国律师职业行为规则之"书本上的法"的努力，那么本书则是作者研究美国律师职业行为规则之"行动中的法"的一个努力，因为本书主要通过案例和学说研究了美国律师职业行为规则的规范内涵和实际运作状况。如今这本书在台湾五南出版公司以《法律伦理50堂课：美国律师职业行为规范与实务》为名出繁体字版，相信对律师职业伦理和律师职业规范感兴趣的朋友一定也会对本书感兴趣。①

2.6.2 《中国法律发展报告——数据库和指标体系》②

该书力图通过社会指标和相关分析的方法，对改革开放近三十年以来中国法律发展的各个方面，包括立法、法律实施、法学教育与法学研究的基本情况及与社会发展的关系进行总体研究，从中央和地方两个层次把握法律发展的基本状况。该书所设计的研究框架包括立法、法律实施、法学教育与法学研究三个领域，其中立法包括全国人民代表大会和国务院的立法活动；法律实施包括审判、检察、公安、法律服务（律师、公证、基层法律服务、企业法律顾问、司法援助）、行政执法（工商行政管理、知识产权）、非诉讼纠纷解决机制（调解、仲裁、司法所、信访）；法学教育与法学研究包括大学法学教育、法律职业教育、普法教育和法学研究四部分。该书对各个领域的分析大致分为四个方面，即机构设置、人员构成、职权活动和经费收入。其中机构设置反映该机构的内部和外部结构关系；人员构成反映主要工作人员的年龄、性别、教育程度、民族、党派等的构成状况；职权活动表示该机构的主要职能和工作量；经费收入反映该机构的经费来源和收入状况。该书的目标：1. 了解全国和各省、自治区、直辖市法律发展的基本状况，掌握法律发展的基本国情；2. 建立法律发展研究的数据库，为进一步的理论分析和今后长期的逐年研究提供基础；3. 建立衡量法律发展状况的指标体系。同时，该书通过对大量的数据和

---

① 来自雅典学园法律博客，http://www.yadian.cc/blog/36952/，2009年4月2日最后访问。

② 朱景文主编：《中国法律发展报告——数据库和指标体系》，中国人民大学出版社2007年版。

图 8 《中国法律发展报告》书影

图表的分析，提出了对越来越多的法律、诉讼、法律工作者以及法学院等现象的反思。在几十年的发展中，我国的法制化水平有了很大提高，各级机关立法数量不断增多，质量也有了很大提高，人们诉讼意识增强，法律工作者及法学本科生数量都有快速增长，法律从业人员的素质也提高了很多，成就是巨大的；但也存有隐忧，如立法数量与质量的矛盾、片面依靠法院解决争端所带来的司法资源的不足和非诉讼纠纷解决机制的弱化，法律职业正规化与非正规化，专业化与大众化之间的矛盾，法学教育数量与质量的冲突以及西部地区出现的法律执业人员短缺等。该报告还从宏观上综述了我国法制发展的不平衡性，指出了法制化水平与各个地区的社会经济水平的内在一致性，并强调地方不应片面追求高指标。该书正式出版前已在国内学术界产生很多反响，正式出版后还引起国外学者和媒体的关注，美国《商业周刊》网站 2007 年 11 月 29日发表史蒂文·迪金森（Steven Dickinson）的《纠正对中国法律体系的误解》一文，指出该书用事实数据推翻了对于中国法律体系多个最常见的误解。①

---

① 朱景文、韩旭：《中国法律发展的理论反思》，载《法学家》2008 年第 1 期。

2.6.3 《迷失的律师》①

图 9 《迷失的律师》书影

在 20 世纪，自由市场的观念得到了空前的发展和普及。市场经济的发展和不断涌现的杰出经济学家成就了经济学的帝国主义，使之在学术领域中开始不断扩张。在法学界，以收益、成本为工具来考察法律制度的法律经济学的兴起只不过是经济学帝国主义在学术界扩张的又一个战果而已。在律师事务所和法院这样的实践部门，市场的影响就更为明显。对效率的追求已经成为人们而不仅仅是法律界人士的主要行为模式，效率甚至成为对正义的价值判断标准。因此，当我们回过头来看待律师政治家理想的衰落时，我们也许又可以说是 20 世纪乃至今日人们对效率的极力追求扼杀了这一传统理想，因为这一传统理想的核心品质——审慎，与效率在本质上是不相容的。

对现实的关注和描述是本书提出和分析问题的基础，但是过于学术化和抽象的语言以及综合了哲学、伦理学、心理学、法律思想史的视角仍然会给阅读带来一定的障碍。克罗曼在书中表现出的对传统理想的推崇表明了他对精英政治的倾向，这将他与勇于挑战传统、强调实用主义、自由主义的新派法学明星

① ［美］安索尼·T. 克罗曼：《迷失的律师：法律职业理想的衰落》，周战超、石新中译，法律出版社 2002 年版。

波斯纳明显地区别开来。但是不管怎样，这仍然是"美国法律史上一本重要的著作"（丹尼尔·科恩斯坦，《纽约法律杂志》）。它在为我们展示了 20 世纪美国法律职业所出现的变化和面临的价值危机的同时，也再次提出了"传统的资源能否以及如何在今天得到传承和发展"这个也许是人类社会在发展过程中需要不断思考的问题，因为正如克罗曼在本书开头所引用的迈克尔·奥克舒特的名言所说的："世界上没有不依赖于人类的关注而存在的事物。"①

2.6.4　《丹诺自传》②

图 10　《丹诺自传》书影

克莱伦斯·丹诺是美国思想的启蒙者，一生以律师为职志，义务为无助的弱势团体与穷人辩护，他展现的勇气与智慧，是今日社会的榜样。他曾说过："一个人在未被定罪之前，都是无辜的。"此至理名言至今依然被奉为司法的圭臬。"律师对当事人的态度就如同医生对待病人一般，都是竭力想要减轻他们的痛苦。律师和医生两者的目标都在于减轻痛苦、挽救生命。"丹诺以此为

① 何军：《失落的传统——评克罗曼〈迷失的律师——法律职业理想的衰落〉》，http://www.yadian.cc/paper/2906/，2009 年 4 月 2 日最后访问。

② 《丹诺自传》，简贞贞译，台湾商周出版社 2008 年版。

其执业精神，在他五十多年的律师生涯中，为公司、劳工与刑事被告担任辩护律师，处理过许多脍炙人口的案件，包括煤矿罢工事件、揭发矿场雇用童工的不人道情况、有名的进化论法庭辩论、反对死刑的主张、争取公民权利，以及对于司法体制的批判。在本书中，丹诺回顾他精彩的一生，向世人展现他的答辩技巧、犀利风格，字里行间隐隐透露出他在哲学、犯罪学、劳工经济、政治、宗教上的精辟观点，对于处于新世纪的我们，如暮鼓晨钟一般值得借鉴。

2.6.5　《失落的城邦：当代中国法律职业变迁》①

图 11　《失落的城邦》书影

在当下中国，随着司法改革的进一步推进和展开，作为司法过程之重要角色的法律职业也逐渐成为法学界研究的热点。但是，或许是律师及其他法律服务市场主体在整个政治体系及司法体系中处于相对弱势的缘故，对于法律服务市场主体的研究一直在学界中处于相对冷僻的角落。因此，尽管一方面在出版市场上流行着大量与律师相关的图书——这些图书主要是律师或者律师事务所在执业技能、律师事务所营销和管理等方面自发思考的产物，但在另一方面，对中国法律服务市场主体所处生存状态及对其在理论层面上自觉反思的著作却相对缺乏。刘思达先生的近著——《失落的城邦：当代中国法律职业变迁》，在我看来，就是对当前中国法律职业特别是法律服务市场进行系统反思的一个

① 刘思达：《失落的城邦：当代中国法律职业变迁》，北京大学出版社 2008 年版。

努力。法律人常常希望能在城邦之中遮风避雨，这个城邦或许是处于构想之中的法律职业共同体，也可能是属于自己的职业自主性。错综复杂的法律服务市场体系使得法律职业共同体之梦遥远如乌托邦，而国家对法律服务市场的管制以及法律职业的分化也常常危及法律职业的职业自主性，正是在这种意义上，作者眼中的中国法律职业与其说是一个城邦，毋宁说是一个尚未构建完毕、尚还处于混乱状态的工地。美轮美奂的城邦失落了，但这并不值得可惜，因为这个所谓的城邦并不曾实实在在地存在，它只不过是诸多法律人眼中的海市蜃楼而已。真正的城邦应该是富足的、开放的，它与城邦周围的市民们有机地结合在一起（"城邦下的河流"）。对于当下中国法律人来说，这样的城邦还远未存在。而本书所要做的，是要"掘出一条河流"，去打破虚无飘渺的城邦幻想，将我们带往这片正在处于建设之中的建筑工地，让我们看清我们身处的现实环境，而这些，正是我们去构建真正城邦所需要迈出的第一步。①

图 12 《不和谐与不信任：法律职业中的女性》书影

---

① 吴洪淇：《城邦如何构建：变迁中国的法律职业解说》，载《政法论坛》2008 年第 6 期。

2.6.6　《不和谐与不信任：法律职业中的女性》①

本书是由澳大利亚墨尔本拉卓贝大学法学院教授马格丽特·桑顿撰写的一部以女权主义经验研究为基础的学术著作。桑顿教授透过考察澳大利亚法律职业的女性的切身体会与经验，以及女性长期处于变化中公共领域（包括法律领域）的边缘情境，阐述了女性与法律领域的不和谐现状。书中围绕女性与法律的关系，以女性步入法律界衡量其成功的社会准则，集中表达了女性被"准入"的条件及前提性问题这一主题思想。她经过对法律界 100 多名职业女性的亲自采访和引导性对话，透视了西方大学明显的官僚化倾向所助长的男权主义增殖现象，并分析、介绍了法律实践活动中的女性的职业经验、感受、体会及作用，也挑战了把女性置于男性"他者"法律地位的传统性观点，以此来为广大的女性真正平等进入法律职业而愤声呐喊。同时，全书从整体上也概括出澳大利亚职业女性争取进入"职业"所经历的历史斗争场面。

尽管本书是站在西方社会的角度进行的分析，但是，西方的文化也有值得东方借鉴的地方，特别是迈向法治化大道的中华女性，一定会与之产生共鸣，并从中受到启发。

---

① ［澳］马格丽特·桑顿：《不和谐与不信任：法律职业中的女性》，信春鹰、王莉译，法律出版社 2001 年版。

第3章 研 究

法律看起来就像某种迷宫,委托人要想通过,肯定需要他人引导其通过种种暗礁。

——约翰·莫蒂默

美国人生活中最显著而又有益的事情莫过于对法律的广泛研究了。

——托克维尔

实验项目名称	法律职业道德的理论逻辑:"课题招投标"
实验教学目标	1. 训练学生的理论研究能力,培育其基本的学术规范; 2. 加强对法律职业道德的理论思考,为其实训设定目标; 3. 通过学生的自主性学习,培养其创新思维。
实验教学要求	1. 教师应对招标课题充分阐释,对研究计划书的撰写事先予以示范; 2. 聘请专家予以评议,公布结果,配以经费; 3. 制定科学规范的课题管理规划,明确并落实各方的权利与义务。
实验教学教材	1. 课题申报书文本,课题指南; 2. 研究经费若干; 3. 专家评议书。
实验教学过程	1. 教师宣布课题招标开始,由各级代表宣读研究计划; 2. 专家评委打分、公示、提出修改意见; 3. 修改完善后再评分; 4. 结合两轮分数,确定中标课题组,签署合同。

3.1 法律职业道德的基础理论:模型建构

3.1.1 研究背景

对于法律职业道德(伦理),西方众多思想家有过经典的论述。

韦伯强调法律家的角色作用是形式合理性的法律的重要因素，而形式合理性的法律职业伦理乃是现代资本主义的前提。

帕森斯受韦伯的影响，认为法律职业之所以被认为是一种职业（profession），而不被认为是一种营业（business），其原因就在于它建立在委托制度之上，法律家（lawyer）和当事人之间的关系是"信任"关系，而不是利益上的"竞争"关系；当事人所付的费用是为了得到法律服务，而不是市场上的"讨价还价"；当事人与法律家之间的交流是为了寻求法律保护，而不体现其他利益。

与他们不同，拉森和阿贝尔都在某种意义上强调市场对职业发展的影响性，不同的是拉森从职业能力和思想的独占这一角度，认为职业独占的能力和思想，作为使用价值，只有在市场上出卖才能实现其价值，他珍视的是技术和特长在市场交易中的置换；而阿贝尔则从法律职业家自身供求市场的控制和合格的法律家供求的市场控制来界定法律职业化发展的模式。

尽管存在诸多差异，但他们在法律职业伦理是现代法律制度的重要因素这一点上是有共识的。他们已经注意到了法律职业伦理的形式性、服务性、市场性或者说商业性等具体特征，但是并未将这些特征的冲突予以有效地整合，提出一个完整的法律职业道德的理论解释框架。

3.1.2 核心问题

检讨国内相关文献，我们发现，大多属于从伦理学的角度对法律职业道德加以定位。如何站在法学的立场，结合伦理学的相关成果，建构法律职业道德的理论模型，是本课题的核心问题。

1. 法律家"程序伦理"是法律职业道德的核心。孙笑侠认为，法律家共同体形成的标志有四点：（1）法律职业或法律家的技能以系统的法律学问和专门的思维方式为基础，并不间断地培训学习和进取。（2）法律家共同体内部传承着法律职业伦理，从而维系着这个共同体的成员以及共同体的社会地位和声誉。（3）法律职业或法律家专职从事法律活动，具有相当大的自主性或自治性。（4）加入这个共同体必将受到认真的考查，获得许可证，得到头衔，如律师资格的取得。其中，前两者属于内在的标志，即职业技能与职业伦理。法律家的职业技能表现为许多方面，包括法律推论技能、法律解释技能、法律程序技能等。所有这些技能都是以法律家特有的职业思维方式作为前提和基础的。他认为法律职业伦理绝大部分与法律程序有关，可称之为"法律家在法律程序内的伦理"。法律程序内的伦理并不是要求在法律程序中做合乎伦理道德的事，同时法律职业伦理来源于法律职业的专门逻辑，因而，法律家的伦理与普通的伦理，存在很大的距离。比如，法官对犯罪嫌疑人的暴行不得嫉恶如仇，而应当进行无罪推定；律师为明知有罪的人辩护……这些违反普通道德或伦理要求的内容，却是法律家在法律程序中必须遵循和实践的。法律职业伦理从法律家集团内部维系着这个团体的成员以及团体的社会地位和声誉。法律职业伦理不仅能对法律职业技术的运作、维护提供保障，而且对法律职业专门逻辑中的弊端给予矫正和平衡。比如，律师可为其明知有罪者辩护，但又有依法维护委托人的合法权益，特定情况下允许拒绝辩护等程序伦理作相应的限制等。①

在他看来，德治中的合理的理念只有在职业法律家身上得到贯彻体现——加强法官和律师的职业道德——才是符合现代法治精神的。我们今天重塑法律职业伦理，应当以现代法治精神为指导，以法律职业特性为基准，吸收国外法律家伦理实践的经验，同时，也要发掘中国古典社会司法官伦理的优秀成份。法律家特有的"才"——技术理性，与法律家特有的"德"——程序伦理，是法律家不可或缺的素质。法律家正是这样的德才兼备的人士，他们才有资格肩负起公平正义之职责，人民才会信赖他们，他们在民众心目中才具有真正的威望。法治国家需要的"人"正是这样的治国之才。法官之所以是可靠的、可信赖的，不仅是因为他们有专门化的职业技能，还因为他们具有独特的理性的职业伦理。"法律家之治"正是在这些德才兼备的法律家的努力下实现的。②

2. 法律的实质理性是法律职业道德的根本。许章润认为，法律的实质理性是与法律的形式理性相对应的范畴。作为法律的内在逻辑品质，它以规则性、现实性、时代性、保守性和价值性作为基本内核，并经此逻辑品质上达法律的伦理品质，而构成法律区别于其他社会规范的基本特征，形成了法律从业者区别于其他职业社群的规则意识、现世主义、时代观点、守成态度和世俗信仰。探讨法律的实质理性，旨在揭示法之所以为法的根本禀性和特征，探讨理想的人类法律生活的基本样态，从而，在通过法律而生活的意义上，追问究竟什么是理想而惬意的人世生活与人间秩序。

法律是一种人世生活的规则。就晚近历史来看，所谓人间秩序，在很大意义上，实即法律秩序，亦即经由法律网罗、组织生活而编织起来的人世生活。在此语境下，作为法律公民，法律从业者是规则的寻索者和整合者，是法律

---

① 孙笑侠：《法律家的技能与伦理》，载《法学研究》2001 年第 6 期。

② 孙笑侠：《职业伦理与大众伦理的分野——为什么要重塑我们的法律职业伦理》，载《中外法学》2002 年第 3 期。

"意义"的生产者和阐释者。

法律的产生与人类的生计息息相关,是特定地域居民应对生计的手段之一。围绕着生计打转,使实际生活本身走得通,走得稳妥踏实,而安抚一方水土,是法律的终极理据,也是包括法律在内的一切规则的最为深切而终极的存在原因。实际上,作为一个基本的历史事实,它为我们勾画出了一切典章文物的最为原初的历史发生论图景与合法性源泉。

法律是时代的文化命运的规则写照,一定意义上,可以说法律是对于特定时代的文化命运的悲剧性写照。时代的文化命运,也就是一时期一地域的全体居民的总的生存条件与生计状况。正因为此,法律从业者所思所虑的时代文化命运,亦即此整体命运的地域性生存条件,长程历史中某一时段的生计状况。正常情形下,或多或少,法律从业者总是将对于法律现象的思索,纳入对于自己所处时代的文化命运的整体观照之下,以对这个时代与民族生活的总体语境和根本精神的体察,在事实与规则间恰予措置。

在事实与规则、法意与人心间大刀阔斧、雷厉风行,是改革家革命党街垒战士的作风,是大革命时代的时尚;而小心翼翼、如履薄冰、谨慎护持,才是法律家的本色,是绝大多数乃属平常日子里的常言常行,常规常矩。前者猖狂,后者郑重;前者为人世生活挥洒豪情与热血,展示野心与抱负,后者则为此演出提供舞台,力图将此壮举纳入不致洪流冲毁堤坝、泛滥成灾的地步。它们各守自己的疆域,共同构成了人类生活的多姿多彩。如果彼此越位,结果只能是事实与规则俱焚。

在法律的逻辑品质背后,隐含着的是法律的伦理品质,而逻辑品质之所以能够换形为逻辑力量,正在于其秉有道义力量。换言之,法律的规则性及其本身作为一种规则体系,意味着法律同时必将是一种意义体系。法律的实质理性意义上的"价值性",意即在此。正是在这里,出现了一个对于其所含蕴的逻辑与价值的"信还是不信"的问题。而保有对于法律的"信"即秉持法律信仰,恰恰是法律文明秩序下,法律从业者的基本职业伦理。①

3. 自我认知是法律职业道德的关键。张志铭认为,法律职业道德是法律职业者在自己的职业活动中应该遵循的判断是非善恶的准则。对法律职业道德的认知,为从事法律职业活动所必需,它应该属于法律职业者必须具备的最低限度的能力的要求。法律职业者必须知道自己的责任,知道一个社会的法律事

---

① 许章润:《论法律的实质理性——兼论法律从业者的职业伦理》,载《中国社会科学》2003 年第 1 期。

务应该如何来完成。具体地说，他应该知道道德是关于是非、善恶的判断，它不同于美丑、真假、神圣和世俗、称职和不称职等价值判断；知道决定职业行为对错、好坏的标准，以及证明职业行为和道德主张为正当的适当理由；知道职业上的善为何物，其依据何在；知道在面临道德争议时如何形成自己的立场，将不同的道德理由整合为连贯一致的形态，以及解决道德争议的办法是什么。

（1）对道德评价的认知：善的存在。何为道德评价？这是道德认知中最初始的问题。道德评价是关于是非、善恶的评价；法律职业道德评价则是存在于法律职业者的职业活动中的有关是非、善恶的评价。从道德的观点看问题，不同于从其他的观点看问题；追问道德上的是与非、善与恶，并不是追问认识论上的真与假、审美上的美与丑、经济上的节俭与浪费、政治上的有利与不利以及法律上的合法与非法等，尽管在同样一个事物上可以交叉重叠着不同的评价。道德教育就是要使人们在辨认道德评价的独特性的基础上，认识到自己行为所应该承担的道德责任。这种道德自觉，是要求人们包括职业者负责任地行为的第一步。（2）对道德准则的认知：善的含义。何谓道德上的善？道德上的善具体表现为社会所承认和遵从的一整套道德准则。不了解这些道德准则，就不能把握道德上的善的具体含义，并在道德上判断一个人的品行的好坏。就法律职业而言，由于法律职业道德是其构成要素，并具体表现为各种职业道德准则，因此，法律职业者如果违反了职业道德准则，就会失去同行和他人的尊重，甚至受到职业纪律的惩戒；一旦因为违反职业道德准则而被认为丧失了职业道德性，则会被清除出职业队伍。（3）对道德根据的认知：善的理由。一种行为何以为善？当我们基于一定的道德准则提出某种道德要求时，就需要说明其理由。道德教育在道德根据认知方面的任务，就是要为分析各种道德论点提供工具。在这里，我们会发现一些最基本的逻辑原则和（或）经验原则在起作用，它们构成了社会制度的根基，构成了道德判断的基本理念。正如医生必须知道什么是健康，工程师必须知道什么是安全，法律家则必须知道什么是正义，否则就无法成功地扮演其社会角色。（4）对道德冲突和道德理论的认知：善的实现。如何解决道德冲突？这是道德实现的关键。实际上，道德冲突就是不同道德理由的冲突。要解决道德冲突，就需要将不同的道德理由整合为连贯一致的形态，形成道德理论。道德理论能够帮助我们清楚地认识道德冲突的特性，道德用语的含义以及道德论点的说服力大小，从而使我们有可能选择最为正确的立场解决道德冲突。因此，道德教育在道德冲突认知方面的任务，就是要借助于道德理论为解决道德冲突提供经验和各种可选择的方案。①

3.1.3 理论模型

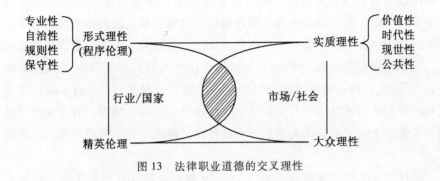

图 13 法律职业道德的交叉理性

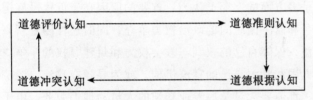

图 14 法律职业道德的认知过程

3.2 西方法律职业道德的历史演进：规律探寻

3.2.1 一般叙述

从历史演进的角度，现有的研究习惯于将西方法律职业发展分为古代、中世纪和现代三个阶段。韦伯认为，西欧社会法律职业的渊源可以追溯到古罗马。在罗马共和国时期，一个具有相对独立性的法律家群体已经产生，其中有一些专门解答法律问题、传授法庭技巧、研究法律原则的人士，被称为法律顾问（jurisconsults）或法学家（jurist）。而他们对法律所作的阐释和研究就形成了一套关于法律的系统知识，他们把这套知识称为"法律科学"（legitima

---

① 张志铭：《法律职业道德的意义》，载《人民法院报》2001 年 12 月 21 日；张志铭：《法律职业道德的认知》，载《人民法院报》2002 年 3 月 15 日。

Scientia) 或 "法学"（jurisprudential）。①

对于中世纪的法律职业，伯尔曼在《法律与革命》一书中有精彩的分析。在他看来，1075 年到 1122 年的教皇革命（格里高利改革）促成了第一个近代法律体系（教会法）的诞生。随之而来的是职业法律家阶层、中世纪大学的法学院、法律专著，以及法律作为自治的、完整的和发展的体系的概念等。更重要的是，教会成为了第一个世俗利益集团，受教会法治理，是现代类型的国家（伯尔曼特别指出教会贬低了王权的作用也为日后的民族国家兴起提供了条件）。并且，教会秉承神法治理，是一个拥有高级法（Higher Law）背景的世俗组织，从而将自然法与实在法、神法与世俗法完美结合。教皇革命因此也整合了希腊文明、希伯来文明和罗马法传统，形成了整个西方大统，并传续千年。②

现代意义上的法律职业产生于 18、19 世纪。具有现代意义的法律职业在近代欧洲的兴起原因是多方面的，郑戈认为，首要的原因在于近代民族国家的产生，不仅伴随着教会和君主国之间的政治权力争夺，同时还伴随着新兴市民阶层为维护自己的利益，保障自己的权利与教会权力和封建君权的斗争。在这个过程中，他们或为巩固和壮大自己的官僚机构，或为寻找在政治、经济和宗教冲突中的利益代表，都需要大量掌握专业知识的人员为他们服务，由于法律是西方传统上最具正当性的统治工具，受过法律教育的专业人员就成为各种不同利益集团的当然人选。其次，贸易和商业的繁荣使得经济关系复杂化，经济交往中的纠纷和冲突日渐增多，为减少交易成本、维持交易秩序，也需要熟悉法律的专业人员加入到经济活动中来。再次，中世纪后期，欧洲社会正处于传统权威的合法性已经严重动摇，新的社会统治力量还没有取得决定性影响地位的社会失序时期，而法律在管理复杂的多元社会方面的特殊优势使它成为社会需要的规范形态，相应地，那些受过法律教育、掌握了法律知识的人士就成为管理社会所必需的专业人员。法律职业也就越来越成为一个专门化的职业了。③

近些年来，随着公益诉讼的不断涌现，公益律师这一群体也逐渐进入了公

---

① 参见郑戈：《韦伯论西方法律的独特性》，载《韦伯：法律与价值》，上海人民出版社 2001 年版，第 4~5 页。

② 刘晗：《西方法律传统的内在张力——重读伯尔曼的〈法律与革命〉》，载《21 世纪经济报道》2009 年 2 月 9 日。

③ 刘治斌：《谨慎地看待法律职业化》，载《法律科学》2003 年第 2 期。

众的视野。在公众眼里，这个群体通过发起具有超越个案意义的公益诉讼和公益上书等法律行动，挑战不合理的法律、法规以及其他规范性法律文件，揭露现实生活中司空见惯、普遍存在的各种歧视行为、乱收费行为、逃避税收行为、政府失职行为，并且试图通过对相关法律程序的运用提高公众的法律意识、促进法制的完善。由于这些法律行动带有鲜明的公益性质，并且在一定程度上表达了社会的声音，因此公益诉讼以及作为发起者主体的公益律师日益受到公众的瞩目乃至媒体的追捧。①

3.2.2　规律总结

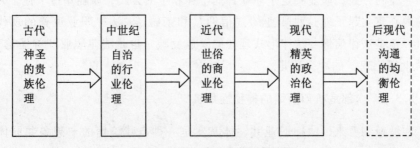

图 15　西方法律职业伦理的演进

3.3　西方法律职业道德的现实危机整体概览

3.3.1　时代危机即所谓的现代性危机

在《新教伦理与资本主义精神》中，人的生活方式或实践行为的伦理理性化就成为韦伯分析的焦点。因为，正是这种伦理理性化的出现，即人们的生活行为的纪律化（disciplinieserung）和条理化（methodisierung）。现代的个性不再是古典主义理想中那种追求完美的个性。不过，它也不是浪漫主义式的总体个性。现代人的个性，不是脱离日常生活，到艺术或某种神秘体验中去寻找个性形塑的空间，而是在日常生活中探索一个人的个性。"天职"就是这种个性的鲜明表现。因此，在韦伯的眼中，现代人的个性并非力图到专门化的工作

① 黄金荣：《公益律师的光环与现实》，http：//finance. people. com. cn/GB/70392/5963097. html，2009 年 4 月 2 日最后访问。

之外，去寻求那种看不见的总体，而是放弃了"普遍个性"（universal personality）的渴望，面对一个"破碎的世界"（world in fragments）和破碎的灵魂（fragmentation of soul），现代人个性的"总体"就体现在他的工作中，在他的工作中寄托了自由的可能性。① 路德教的"天职"思想隐含着世俗社会的个人为某种职业而生，即个人应当永远谨守上帝所赋予的地位和职业，应当把他的尘世活动限制在既定生活地位所界定的范围之内的宿命观，对职业的忠诚就是一种宗教信仰的表达，因而"天职"是宗教式的。但在韦伯的职业思想中，职业人士不是为职业而生，而是靠职业谋生，职业意味着个人对生活于其中的某一领域规范约束的被迫服从，不然他就会被排除在游戏规则之外，丧失其生活和存在的方式。职业决定了职业者的生存和生活方式，职业塑造了他，并在他的内心建立起了对这种职业的"信仰"和荣耀。② 法律职业道德的现代性危机，正是法律信仰与法律形式理性的矛盾反映，也是法律职业"神圣伦理"与"世俗伦理"的冲突征兆。

3.3.2 内部危机即所谓的神秘性危机

在波斯纳看来，法律职业共同体其实是一种自我确信的"想象共同体"。当法律职业的实际知识不能把该职业的知识主张确信正当化时，就不得不使用一系列的技巧来保持它的这种神秘性。这些维护法律职业神秘性的技巧包括：

> 培养出一种风格含混难懂的话语，以便使外人无法了解这一职业的研究和推理过程；规定了进入这一职业的很高的教育资格要求，以使这一职业拥有专门知识的声称更具有说服力；要求经过专门的职业训练，以显示这一职业与其他职业相比所具有的独特的"技艺"；极力塑造职业者的魅力人格，使其外表、个性或个人背景都给人以他有深厚的或者是无法言说的见识和技术的印象；反对职业内部更为细致的分工，以免这一职业的方法被外人看穿；很少等级，因为等级需要有效的监督和协调，这就会导致等级化的结构并使这一职业具有组织化的特点；这种职业都会标榜自己很少利己专门利人，他们宣称自己之所以被吸引到这一职业的原因是一种"天职"的召唤，一种为他人服务或者是为实现正义的一种使命；反对竞

---

① 李猛：《除魔的世界与禁欲者的守护神：韦伯社会理论中的"英国法"问题》，载李猛主编：《韦伯：法律与价值》，上海人民出版社 2001 年版。

② 刘治斌：《谨慎地看待法律职业化》，载《法律科学》2003 年第 2 期。

争，这种职业既抵制来自外部的竞争，也限制内部的竞争，因为这种竞争的成功可能会从根本上摧毁其原本就很不牢靠的知识主张；这种职业会抵制职业知识的系统化以维护其职业的垄断地位。①

安索尼·克罗曼描述了影响美国法律职业的精神危机。他把这种危机归因于其所谓的律师政治家理想的崩溃：这种理想认为良好的判断力优于技术能力并鼓励以公德心为基础的对法律的奉献精神。《迷失的律师》是对美国法律职业某一时期最重要的批判，并且是上述理想的不朽的重述。哈佛大学的玛丽·格兰特认为在 20 世纪 50、60 年代，确实有一个鼎盛的时期，在那个时代，从业律师、法院系统以及法律教授们的运作都很和谐且硕果累累，然后到了 60 年代后期，法律人开始变得浮躁。

在法院，法官也逐步地变成一个毫不自谦和刻意追求权力的扩张中心，这主要是一种带着虚荣与自私的司法能动主义。比如，法官开始喜欢和记者相"勾结"，以获取好名声。这对司法的中立产生了非常可怕的影响。格兰特举例了双亲诉凯西案中华而不实的判决意见，诸如"作为一个渴望依据法治生活的民族"等。此外，法官们还很不自谦，声称自己拥有宪法的超感知觉。甚至有些法官面对记者，会毫不知耻地把自己比喻成破釜沉舟跨过卢比康河的恺撒大帝。

在律师界，律师则是惟利是图且肆无忌惮。诉讼者的掠夺伦理支配了律师的交易伦理。这种变化主要发生在 60 年代前后开始的"诉讼爆炸"。由于对律师广告的解禁，使得律师的广告越来越无耻。格兰特摘录了一群芝加哥律师发给他们客户的广告："我们很高兴地宣布，我们为客户打赢了有关截臂的最大裁定，780 万美元！"她认为，这种将别人的痛苦视为自身的成就，这是非常卑鄙的。

在法学界，则开始分裂成相互竞争的、其学说深奥难懂的学术流派，而这些学术与法律实务往往没有什么关系。法律专著被这些学者们嘲笑为"战舰"，当年还有用，如今都已经过时了。格兰特摘录了一位哈佛老教授的话，认为法学界人士如今宁愿写写毛毛虫的性生活，也不愿意写那些会影响法律的专著。由于如今的年轻人都不愿意遵从传统法学的教诲，所以，无论是从事律

---

① ［美］波斯纳：《超越法律》，苏力译，中国政法大学出版社 2001 年版，第 216 ~ 220 页。

师业务，还是做法官，今天的法学院毕业生都准备不足。①

3.3.3 外部危机即所谓的社会性危机

眼下这场席卷全球的经济危机对法律职业产生了巨大冲击。在饭碗难保的情况下，法律职业道德似乎成了一个"伪问题"，甚至是一个带有很大反讽意义的不合时宜的话题。美国劳工部劳工统计局的数据显示，自 2008 年 2 月开始的一年时间以来，美国大约有 2.1 万名法律从业者失去工作。其中，仅今年 2 月份美国就有 4200 名法律从业者成为失业大军中的一员。该局专员凯斯·霍尔称，2 月份美国劳动力市场继续全面萎缩，各行业中共有 651000 人失去工作，全美失业率飙升至 8.1%，这创下了美国自 1983 年 12 月以来失业率的最高值。受高失业率影响，美国法律从业者如今也面临着艰难的处境。

美国《国家法律杂志》2009 年 3 月 9 日一篇以"失业律师正在随波逐流"为题发表的文章中，作者以这样的语句描述了目前美国法律从业者面临的就业和生存状态：业务素质高、就业期望高，但众多人的期望最终却以失望告终；在法律服务需求锐减的时刻，法律毕业生却面临着偿还学业贷款的压力；被律师事务所解雇的律师们面临自我尊严和自我身份的迷失……

美国 Hildebrandt 法律咨询公司的分析师拉利·理查德认为，被解雇对于许多律师来说非常难以接受，一部分是因为他们具有律师的典型特质：厌恶风险、对事物持习惯性的怀疑态度，还有一部分原因是他们都属于"顺利的一代人"，一直以来获得的都是肯定和赞赏。对于他们来说，即使律师事务所给出的解雇原因是由于经济危机而不是他们本身的表现，但收到解雇通知书还是令他们非常难以接受。理查德说，"这一点很容易使他们对自信心产生怀疑"。

不论是刚刚踏入社会的法律新人，还是已经工作数年、深具经验的律师；不论是已经失业的法律人，还是虽然暂时保住工作岗位，但害怕陷入失业深渊的法律从业者，都感受到了目前美国法律就业市场因经济危机影响而愈加紧张的大环境。在这样的大环境中，法律从业者的态度也各有不同，有的人随波逐流，有的人仍然努力挣扎向上；有的人感到迷失不知所措，有的人目标始终坚

---

① Mary Ann Glendon, A Nation under Lawyers: How the Crisis in the Legal Profession Is Transforming American Society, New York: Farrar, Straus and Giroux, 1994。李学尧：《法律职业危机如何影响美国社会——读格兰特〈法律人统治下的国度〉》，http://xinhuo1.fyfz.cn/blog/xinhuo1/index.aspx? blogid=46323，2009 年 3 月 25 日最后访问。

定如一。①

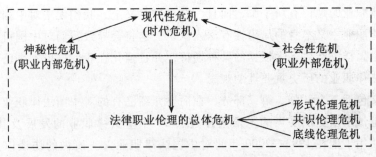

图 16　法律职业道德的多重危机

3.4　法律职业道德的中国语境：认知当下

3.4.1　问题意识

中国法律职业道德问题的独特性追问，通常在西方法律职业背景下展开。这种展开必然包括对西方法律职业伦理的反思，必然要求我们充分了解中国法律职业的现实。美国著名汉学家安守廉教授新作《失而复得的法律人：探寻中国的法律职业主义》可以为我们进入这个问题提供指引。②

安守廉教授指出，关心中国法律进步的美国学者和决策者们内心深处相信，若中国发展出一个与美国同出一辙的法律职业，一定是有意义的。这个想法异常深入人心，以至人们确实很少对此加以审视。发展法律职业被美国学者和决策者看做是毋庸置疑的好事，它的实现也只是时间问题而已。你可以在美国的学术著作、策论文章里读到这些关于中国法律职业看法的隐藏假设。对这些假设，美国和海外的法学界未来需要详加审视。在这些假设给出的描述背

---

① 顾晗:《美权威法律杂志:法律业现裁员潮 数千律师丢工作》，http://news. china. com. cn/chinanet/07news/china. cgi? docid = 14512067074246853535，17489377336156864462，30918573329457596949，17489377336156864462，0&server = 202. 108. 4. 70&port = 5269，2009 年 3 月 28 日最后访问。

② Alford, William P. , Of Lawyers Lost and Found: Searching for Legal Professionalism in the People's Republic of China, 全文 PDF 下载：http://www. wcfia. harvard. edu/sites/default/files/680—LawyersLost. pdf.

后，其更深的假设是世界不可避免地走向同一——特别是（很奇怪的是）和美国现状相似的同一。如随随便便接受这些假设，我们不仅不能对正在兴起的中国法律职业的地位有所了解，而且，在更广意义上，我们无法对中国法律发展及法律职业主义本身的局限性有深入认识。这将会导致我们对中国可能的变革方式是怎样的产生毫无根据的某种期待，并且强化在我们这里本来已经过分膨胀的法律职业的历史重要性的观念。

该文包括三个部分。第一部分，在简要介绍已有的对中国法律职业的描述之后，他试图以更加妥当的术语描述过去20年里法律职业的发展及其现状。这部分使用了他在1993—2000年间对中国法律职业人士所做的访谈以及更传统的文献资料。第二部分，他重在解释为什么学者和决策者们，特别是美国的学者和决策者们，对中国法律职业有如此重大的误解。他以为，问题不仅在于对中国法律职业的不当理解，更在于他们对本国的法律职业的错误认识。最后一个部分，他提出了针对认识中国法律发展和律师地位问题所面临的困难更多的想法。

3.4.2 历史脉络①

在传统的中国社会，法庭是一个令人望而生畏的、应予以避开的场所。即使在现代中国，由于许多反社会行为的活动经由同等地位的公民集团或经由行政命令的解决，这也使法院的活动受到牵制。在20世纪20年代初期，国民党政府为使中国法律"现代化"，开始研究西方的法律，出版了许多西方法学著作，派员到日本、德国等研习法律，并在国内建立了法律院校，培养了一批法律家充实到依照德国的模式建立的法律机构。但是这种西方法律的移植，一方面是出于现代的法律制度将导向传统中国社会向现代化发展的考虑，另一方面也出于对西方人"传统中国的法律是落后的"训诫的回应。因而，这种基础上的法律移植带有显见的西化色彩，经由日本而模仿德国法典颁布的若干法典，在公众看来只是外国的法律，与自己并不相干，如此冲突使这种努力注定是没有出路的。

新中国成立后，我国社会固有的那种不强调法律和法律家重要性的文化偏见又被我们自己解放前的经验强化了。新中国成立后在我们许多法律机构（如检察院）的设置上遇到了两大难题：其一，由于我们自己没有专门法律

---

① 李清伟：《法律职业化发展的法社会学思考》，载《法制与社会发展》1999年第5期。

家，不得不在某种程度上依赖旧司法工作人员；其二，进行法律制度改革，必须改变人民对待法律和法律实践的态度。

1952 年开始的司法改革对法律职业在当代中国的非职业化发展具有重要的影响。两年多的事实证明，有相当部分的旧司法人员无论在政治倾向还是法律观念上，都与新的法律制度难以融合。对待他们的政策，已不能再沿用"包下来"的路子，而是使他们转业，同时开辟新的司法干部来源。

伴随着司法队伍在政治上、组织上和思想上的净化，法律职业构成中的新干部垄断了几乎所有的法律部门。但这些新干部，虽经培训，仍然是缺乏法律技术和知识的，主要是因为当时政法干部学校的教员，多缺乏法律专门知识，加之没有更多的教材可资援引。更为重要的是，在这些新干部看来，中国并不需要现代的法律制度、完备的法典和法律专门家，他们主张法律不是什么神秘的东西，它不是一门学问，法律应摆脱技巧以便于人们理解和使用，因而法律制度应是简单和直截了当的，离开法律家的职业救济，甚至离开法律机构，法律照样可以运作。

在当代中国，随着经济市场化和政治民主化进程的拓展，由于法在经济社会中重要性的增强，如何提高法律职业化的程度就成了法制现代化进程中一个现实的不容回避的课题。

3.4.3 现实状况

表9　　　　　　　　中国的法律工作者的数量（1981—2004）①

年份	法官	检察官	律师	人民调解员	公证员	基层法律服务人员	劳动仲裁员	贸易仲裁员	海事仲裁员
1981	60 439		8 571	5 750 000					
1982	76 906		11 389	5 339 498					
1983	83 688		14 544	5 557 721					
1984	88 135		20 090	4 576 335					
1985	95 247		31 629	4 738 738					

---

① 朱景文主编：《中国法律发展报告》，中国人民大学出版社 2007 年版，第 30 ~ 31 页。

续表

年份	法官	检察官	律师	人民调解员	公证员	基层法律服务人员	劳动仲裁员	贸易仲裁员	海事仲裁员
1986	99 820	97 330	21 546	6 087 349	7 549			80	67
1987	117 647		27 280	6 205 813	8 852	61 823		86	65
1988	119 529		31 410	6 370 396	11 365	81 520		35	25
1989		119 973	43 715	5 937 110	11 923	90 333		108	67
1990	131 460	126 334	34 379	6 256 191	11 809	98 292		108	67
1991	138 459	130 885	30 581	9 914 135	11 822	98 905		108	70
1992		135 754	34 515	10 179 201	11 966	103 848		108	70
1993		141 497	47 194	9 766 519	12 710			118	70
1994		147 102	60 901	9 997 616	12 797	110 770		375	70
1995		156 469	63 088	10 258 684	12 884	111 295		375	70
1996		156 901	68 122	10 354 176	13 247	113 612		435	70
1997		156 924	66 269	10 273 940	13 490	191 550		440	107
1998	170 000	168 780	68 966	9 175 300	14 434	118 359		418	105
1999		156 924	78 843	8 802 500	14 667	119 000		492	117
2000		171 189	84 756	8 445 000	14 952	121 904		492	117
2001		152 514	90 257	7 793 000	14 926	107 985		526	159
2002	210 000	133 570	102 198	7 161 600	14 801	98 500		526	158
2003	194 622	129 230	106 643	6 692 000	15 111	93 970		510	158
2004	190 961	126 246	107 841				20 330	738	158

3.4.4　分析框架

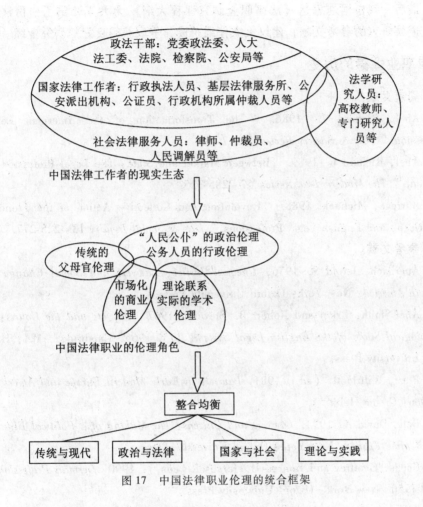

图 17　中国法律职业伦理的统合框架

3.5　招标结果与研究书目

经过严格的评审，上述四项课题中标。在专家意见的指导下，各组分别对研究计划做了完善修改。

在上述四个课题中，专家认为，第四项可以作为重大课题，给予最高资助。第一项可作为重点予以资助。第二、三两项作为一般课题立项。

全班同学可选择加入课题组，根据期末课题评估的情况，分别予以创新学分的奖励。

最后，我根据刘思达《法律职业研究课程大纲》为大家开出了一份法律职业道德研究的参考文献，建议大家仔细研读，争取获得良好的研究业绩。①

法律职业道德的历史

阅读文献：

Abel, Richard L. 1986. "The Transformation of the American Legal Profession." *Law & Society Review* 20：7-18.

Abel, Richard L. 1989. "Between Market and State：The Legal Profession in Turmoil." *The Modern Law Review* 52：285-325.

Burrage, Michael. 1988. "Revolution and Collective Action of the French, American, and English Legal Professions." *Law & Social Inquiry* 13：225-277.

参考文献：

Auerbach, Jerold S. 1976. *Unequal Justice：Lawyers and Social Change in Modern America.* New York：Oxford University Press.

Abel Smith, Brian and Robert B. Stevens. 1967. *Lawyers and the Courts：A Sociological Study of the English Legal System：1750-1965.* Cambridge, MA：Harvard University Press.

Prest, Wilfrid R. (ed.) 1981. *Lawyers in Early Modern Europe and America.* London：Croom Helm.

Bell, David A. 1994. *Lawyers and Citizens：The Making of a Political Elite in Old Regime France.* New York：Oxford University Press.

Cocks, Geoffrey and Konrad H. Jarausch (eds.). 1990. *German Professions, 1800-1950.* New York：Oxford University Press.

Jarausch, Konrad H. 1990. *The Unfree Professions：German Lawyers, Teachers, and Engineers, 1900-1950.* New York：Oxford University Press.

Rabinowitz, Richard W. 1956. "The Historical Development of the Japanese Bar." *Harvard Law Review* 70：61-81.

Miyazawa, Setsuo. 2001. "The Politics of Judicial Reform in Japan：The Rule

---

① http：//home. uchicago. edu/ ~ sidaliu/CUPL_ teaching. htm, 2009 年 4 月 1 日最后访问。

of Law at Last?" *Asian Pacific Law & Policy Journal* 2：89-121.

Macauley, Melissa. 1998. *Social Power and Legal Culture：Litigation Masters in Late Imperial China*. Stanford：Stanford University Press.

党江舟：《中国讼师文化——古代律师现象解读》，北京大学出版社 2005 年版。

徐家力：《中华民国律师制度史》，中国政法大学出版社 1998 年版。

法律职业道德的社会结构

阅读文献：

Heinz, John P. and Edward O. Laumann. 1978. "The Legal Profession：Client Interests, Professional Roles, and Social Hierarchies." *Michigan Law Review* 76：1111-1142.

Laumann, Edward O. and John P. Heinz. 1979. "The Organization of Lawyers' Work：Size, Intensity, and Co-Practice of the Fields of Law." *American Bar Foundation Research Journal* 4：217-246.

Heinz, John P. , Edward O. Laumann, Robert L. Nelson, and Ethan Michelson. 1998. "The Changing Characters of Lawyers' Work：Chicago in 1975 and 1995." *Law & Society Review* 32：751-776. （中文版：第一部分；第二部分；第三部分）

参考文献：

Johnson, Terence J. 1972. *Professions and Power*. London：MacMillan.

Larson, Magali S. 1977. *The Rise of Professionalism：A Sociological Analysis*. Berkeley：University of California Press.

Abbott, Andrew. 1988. *The System of Professions：An Essay on the Division of Expert Labor*. Chicago：University of Chicago Press.

Heinz, John P. and Edward O. Laumann. 1982. *Chicago Lawyers：The Social Structure of the Bar*. New York and Chicago：Russell Sage Foundation and American Bar Foundation.

Heinz, John P. , Robert L. Nelson, Rebecca L. Sandefur, and Edward O. Laumann. 2005. *Urban Lawyers：The New Social Structure of the Bar*. Chicago：University of Chicago Press.

Hagan, John, and Fiona Kay. 1995. *Gender in Practice, A Study of Lawyers' Lives*. New York：Oxford University Press.

Abel, Richard L. 1988. *The Legal Profession in England and Wales*. Oxford and New York: Blackwell.

Abel, Richard L. 1989. *American Lawyers*. New York and Oxford: Oxford University Press.

Michelson, Ethan. 2003. "Unhooking from the State: Chinese Lawyers in Transition." Ph. D. diss. Department of Sociology, University of Chicago. Chicago, IL.

刘思达：《分化的律师业与职业主义的建构》，载《中外法学》2005 年第 4 期。

律师职业主义

阅读文献：

Abbott, Andrew. 1986. "Jurisdictional Conflicts: A New Approach to the Development of the Legal Professions." *American Bar Foundation Research Journal* 11: 187-224.

Kritzer, Herbert M. 1999. "The Professions Are Dead, Long Live the Professions: Legal Practice in a Postprofessional World." *Law & Society Review* 33: 713-759.

参考文献：

Hughes, Everett C. 1994. *On Work, Race, and the Sociological Imagination*, ed. L. A. Coser. Chicago: University of Chicago Press. Part I.

Freidson, Eliot. 1970. *Profession of Medicine: A Study of the Sociology of Applied Knowledge*. New York: Dodd Mead.

Freidson, Eliot. 1986. *Professional Powers: A Study of the Institutionalization of Formal Knowledge*. Chicago: University of Chicago Press.

Abbott, Andrew. 1981. "Status and Status Strain in the Professions." *American Journal of Sociology* 86: 819-835.

Michelson, Ethan. 2006. "The Practice of Law as an Obstacle to Justice: Chinese Lawyers at Work." *Law & Society Review* 40: 1-38.

刘思达：《职业自主性与国家干预：西方职业社会学研究述评》，载《社会学研究》2006 年第 1 期。

李学尧：《这是一个"职业危机"的时代吗？——"后职业时期"美国律师研究的述评》，载《中外法学》2004 年第 5 期。

李学尧：《法律职业主义》，载《法学研究》2005 年第 6 期。

律师与客户的关系伦理

阅读文献：

Sarat, Austin, and William L. F. Felstiner. 1986. "Law and Strategy in the Divorce Lawyer's Office. " *Law & Society Review* 20：93-134.

Sarat, Austin, and William L. F. Felstiner. 1989. "Lawyers and Legal Consciousness：Law Talk in the Divorce Lawyer' s Office. " *The Yale Law Journal* 98：1663-1688.

参考文献：

Carlin, Jerome E. 1962. *Lawyers on Their Own：A Study of Individual Practitioners in Chicago.* New Brunswick, NJ：Rutgers University Press.

Kritzer, Herbert M. 1990. *The Justice Broker：Lawyers and Ordinary Litigation.* New York and Oxford：Oxford University Press.

Sarat, Austin, and William L. F. Felstiner. 1995. *Divorce Lawyers and Their Clients：Power and Meaning in the Legal Process.* New York：Oxford University Press.

Seron, Carroll. 1996. *The Business of Practicing Law：The Work Lives of Solo and Small - Firm Attorneys.* Philadelphia：Temple University Press.

Mather, Lynn, Craig A. McEwen, and Richard J. Maiman. 2001. *Divorce Lawyers at Work：Varieties of Professionalism in Practice.* Oxford and New York：Oxford University Press.

Liu, Sida. 2006. "Client Influence and the Contingency of Professionalism：The Work of Elite Corporate Lawyers in China. " *Law & Society Review* 40：751-781.

法律职业的市场竞争伦理

阅读文献：

Hanlon, Gerard. 1997. "A Profession in Transition? Lawyers, the Market, and Significant Others. " *The Modern Law Review* 60：798-822.

参考文献：

Larson, Magali S. 1977. *The Rise of Professionalism：A Sociological Analysis.* Berkeley：University of California Press.

Abbott, Andrew. 1988. *The System of Professions: An Essay on the Division of Expert Labor*. Chicago: University of Chicago Press.

Hanlon, Gerard. 1999. *Lawyers, the State, and the Market: Professionalism Revisited*. London: MacMillan Business.

Dezalay, Yves and Bryant G. Garth. 2002. *The Internationalization of Palace Wars: Lawyers, Economists, and the Contest to Transform Latin American States*. Chicago: University of Chicago Press.

Abel, Richard L. 2003. *English Lawyers between Market and State: The Politics of Professionalism*. New York: Oxford University Press.

Liu, Sida. 2005. "State, Professions, and Jurisdictional Conflicts: Competition and Regulation in the Market for Legal Services." diss. proposal, May 27, 2005. Chicago, IL.

Liu, Sida, and Ethan Michelson. 2006. "Relocating and Decomposing Boundary Work: Lawyers and Non-Lawyers in China's Market for Legal Services." Presented at the American Bar Foundation Research Seminar. February 1, 2006. Chicago, IL.

刘思达:《江湖、衙门与砍柴刀:浅谈中国法律服务市场的竞争与规范》,载《视角》2005 年第 3 期。

法律职业的政治伦理和国家对法律职业道德的规范

阅读文献:

Rueschemeyer, Dietrich. 1986. "Comparing Legal Professions Cross-Nationally: From a Profession-Centered to a State-Centered Approach." *American Bar Foundation Research Journal* 11: 415-446.

Karpik, Lucien. 1988. "Lawyers and Politics in France, 1814-1950: the State, the Market, and the Public." *Law & Social Inquiry* 13: 707-736.

Halliday, Terence C. 1999. "Politics and Civic Professionalism: Legal Elites and Cause Lawyers." *Law & Social Inquiry* 24: 1013-1060.

参考文献:

Halliday, Terence C. 1987. *Beyond Monopoly: Lawyers, State Crises, and Professional Empowerment*. Chicago: University of Chicago Press.

Karpik, Lucien. 1999. *French Lawyers: A Study in Collective Action*, 1274 *to* 1994, trans. N. Scott. Oxford: Clarendon Press.

Halliday, Terence C. , and Lucien Karpik (eds.). 1997. *Lawyers and the Rise of Western Political Liberalism*: *Europe and North America from the Eighteenth to Twentieth Centuries*. Oxford: Clarendon Press.

Shamir, Ronen. 1995. *Managing Legal Uncertainty*: *Elite Lawyers in the New Deal*. Durham, NC: Duke University Press.

Sarat, Austin, and Stuart Scheingold (eds.). 1998. *Cause Lawyering*: *Political Commitments and Professional Responsibilities*. New York: Oxford University Press.

Rueschemeyer, Dietrich. 1973. *Lawyers and Their Society*: *A Comparative Study of the Legal Profession in Germany and in the United States*. Cambridge, MA: Harvard University Press.

Johnson, Terence J. 1982. "The State and the Professions: Peculiarities of the British. " In *Social Class and the Division of Labour*, eds. A. Giddens and G. Mc Kenzie. Cambridge: Cambridge University Press.

Abel, Richard L. , and Philip S. C. Lewis (eds.). 1989. *Lawyers in Society*, vol. 3, *Comparative Theories*. Berkeley, CA: University of California Press.

Torstendahl, Rolf and Michael Burrage (eds.). 1990. *The Formation of Professions*: *Knowledge, State and Strategy*. London: Sage.

强世功:《法律共同体宣言》, 载《中外法学》2001 年第 3 期。

第4章 角 色

法官是法律世界的国王,除了法律就没有别的上司。

——马克思

我永远忘不了那一双为夏洛克而流泪的大黑眼睛!我一忆起那些眼泪,我就要把《威尼斯商人》列在悲剧一类里去。……夏洛克虽然有他的丑态,而诗人却由着夏洛克的角色中拥护了一个被压迫的民族。

——海涅

实验项目名称	法律职业道德的角色演练:"法理戏剧"
实验教学目标	1. 结合案件,模拟场景,明确角色,进入情境; 2. 培养学生特定的道德感,深化其理论认知; 3. 在交流互动、共同表演中"感染式"、"传导式"学习。
实验教学要求	1. 角色设置应体现法律职业的全面性和学生的充分参与性; 2. 剧本剧情概要与案件背景应阐释清晰; 3. 剧本编写既要符合常识,也需适度的艺术夸张,增加观赏性; 4. 表演要把握角色的职业道德伦理,做到张弛有度。
实验教学材料	1. 案件背景资料; 2. 集体创作的剧本; 3. 表演道具若干; 4. 容纳30人左右的活动室(表演间); 5. DV等摄影器材。
实验教学过程	1. 研析案件,创作剧本; 2. 角色扮演,排练预备; 3. 正式上演,表现记录。

4.1　意　念　萌　生

作为生活在当下的世俗之人，我对那些拥有超级体验的"智人"由衷敬佩。其实，每个人都渴望用无形的思想改变有形的现实。在一个个清冷孤独的寒夜，多少思想者都在为国家的前途命运奋笔疾书，试图用文字改变思想，以思想变革现实。最终大家都不得不承认，文字是有局限的思想表达工具，相比于活生生的表演，它的确太沉闷了。戏剧正是打破文字沉闷，但又继承文字思想性的艺术形式。为什么在法律职业道德教学中，不能通过这种形式让学生获得自己的角色定位？感知自己的角色伦理？实践自己的角色义务呢？

上一学期，我曾吩咐学生利用"研究性学习"的契机，用当代人的目光重新审视一些重要的法理学戏剧，比如《安提戈涅》、《威尼斯商人》、《包公断案》、《窦娥冤》等。大伙儿热情地做了回应，他们的表演充满了新新人类的创意和搞怪，缺乏伦理反思的意识，更谈不上角色伦理的养成。吸取得与失的经验教训，我决定，法理戏剧这种新的教学形式，在目标设定、内容安排和程序操作上增强指导性、法律性和参与性，让每个学生都能感知法律职业道德的实在威力。

4.2　剧　本　原　型①

洞穴奇案（The Case of the Speluncean Explorers）是著名法学家富勒提出的法律虚拟案例，是一宗同类相食案，并牵涉陷入绝境、抽签、公众同情、政治因素、紧急避险抗辩及赦免等事实，他以五位法官的判词反映五种不同的法哲学流派（下称洞穴奇案一）。其后萨伯（Peter Suber）再次引用此案，以九个法官提出九种额外的法哲学观点（下称洞穴奇案二）②，此案曾被达玛窦（Anthony D'Amato）称为法理学经典。

4.2.1　洞穴奇案一

【案情】
● 五位探险队员在洞穴探险中发生山崩被困

---

① 主要内容根据维科百科"洞穴奇案"词条，部分内容为补充添加。
② The Case of the Speluncean Explorers: Nine New Opinions. Routledge, 1998. Reprinted, 2002.

- 由于没有按时回家，故营救几乎是立即展开
- 营救途中有十个营救人员死亡
- 探险者只带有勉强够的食物
- 在营救的第二十天，营救人员与他们取得无线电联络，被困者知道尚有最少十天方得被救
- 专家告诉他们在没有食物的情况下再活十天是不可能的
- 八个小时后，被困者再问专家如果他们吃掉其中一个人是否可再活十天，得到的答案是肯定的
- 被困者以抽签的形式决定谁该死亡是否可行，包括医学家、法官、政府官员、神学家在内的人都保持缄默
- 之后他们自愿关上了无线电
- 在第二十三天，其中一名同伴被杀死吃掉
- 被杀害的人是最先提出吃人及最先提出抽签的人
- 大家曾反复讨论抽签的公平性
- 在掷骰子前，最先提出抽签的人（即之后的被害者）撤出约定，期望再等一星期
- 其他同伴只询问他是否认为掷骰是公平，受害者并无异议，其他人替他掷骰，结果是对被害者不利
- 法院陪审团作特别裁决，只证明事实，有罪与否留给法官断定
- 初审法院已判处被告有罪并处死刑，案件已去到最高法院的上诉审
- 在此案中，法官不允许自由裁量

表 10 富勒洞穴奇案中的法官意见

法官	论点	阐释
特鲁派尼 （Truepenny）	法官应该遵照法律条文宣判	法典规定任何人"故意剥夺了他人的生命"都必须被判处死刑，法律条文不允许例外
		有罪，但寻求行政长官的特赦
福斯特 （Foster）	法律应正确传达众议院的意志，而不是照字面解释(回应特鲁派尼)	法令或司法先例里，应该根据它显而易见的目的来合理解释，从自我防卫得知，刑事法主要目的在阻止人们犯案，法律应正确传达众议院的意志，故需期望裁判官具有同样的智商，纠正明显的立法错误及疏漏

法官	论点	阐释
	联邦所颁布的法律（包括所有的法令和先例）都不适用于本案，能代替实定法裁决此案的是"自然法"	案件发生在联邦领土外，没有人会认为我国的法律适用于他们，因为领土原则是假定人们在同一个群体内共存，而实定法也是建基于人们可共存的可能性之上，故此案在道德上也可如地理上脱离法律约束，案发时他们非存在文明社会的状态，而是处于自然状态
		无罪
唐丁（Tatting）	质疑洞穴中的人何时成为自然法的管辖范围*(响应福斯特)*	如果有人在洞穴里度过生日，他是在生日那天还是被救那天才是真正满岁？
	没有资格选用自然法*(回应福斯特)*	身为执行联邦法的法官，也未曾处于自然状态中，并无权解释和选用自然法
	刑法尚有其他目的*(响应福斯特)*	除了阻止人们犯案之外，刑法仍有"令犯人改过"及"替冤冤相报找一个出口"两种功能，况且案件仍有威慑作用，如果洞穴中人知道这犯了谋杀罪，很可能会将杀人延后一点，以致在被救前不必吃人
	饥饿不是杀人的理由，更不是杀人充饥的理由	正如饥饿不是盗窃之借口
	判决是一种两难	以十个人的性命去拯救他们之后又判他们死刑显得荒谬，支持他们无罪的决定却又不健全，只仅仅是推理方式合理，任何一个考虑皆被另一考虑制约
		退出判决
基恩（Keen）	是否履行特赦非法官所考虑*(响应特鲁派尼)*	法官不是向最高决策人发指示，也不是考虑他做或不做什么，是应受联邦法所控制
	制定谋杀案的人可能并非有一个目的*(响应福斯特)*	威慑、改过等字眼可能非存在于制法人之脑中，可能只是立者认为谋杀是错误，应该惩罚犯事人，可能仅仅是令人没有暴力威胁生活开心一些，也有可能是古代存在人吃人的诱惑，故祖先特别禁止，总而言之，我们不知制定谋杀案的目的，因此更说不上漏洞

法官	论点	阐释
	尊重自己的岗位	洞穴中的人道德上的对错问题非法官所讨论,法官遵从法律而非个人道德观念,而被告的确是违反了谋杀法,我们不应自行揣测造法者之意,甚至创新法,这是极度危险的
	此案不属于自我防卫	自我防卫是当事人抵抗威胁自己生命时作出攻击,明显地受害者并没有威胁被告的生命
		有罪
汉迪 (Handy)	特赦不一定会发生 *(回应特鲁派尼)*	这种一厢情愿真的发生会令法官陷入更窘困的局面
	应考虑民意	90%以上之大众认为被告无罪,如果此案交由陪审团仲裁,极有可能会连有罪判决的论点也被忽略。其实无论是不起诉、陪审团作出无罪判决抑或是死刑特赦都是充满个人情感因素,政府是被民众,而非舆论或抽象理论统治,统治者、被统治者及法官应情感一致,才可保持弹性
		无罪

结局:由于法官意见不一,初审法院最终维持有罪判决和量刑,所有被告将被处死刑。

表 11 　　　　　　　　　　富勒洞穴奇案中的法官观点

法官	判案原则	法学与道德取舍
基恩	法律实证主义(Positivism)	法律与道德是独立的
特鲁派尼	墨守原文(Textualism)	法律应考虑道德
唐丁	理性判决与道德出现冲突(Doctrinal reasoning/ conflict with morality)	法律与道德出现衡突,无法解决
福斯特	自然法(Natural Law)	法律与道德是纠结在一起
汉迪	法律现实主义(Legal Realism / Instrumentalism)	法律即道德

4.2.2　洞穴奇案二

【案情】

- 一位独居老人在洞穴奇案一审结之五十年后被警方拘捕，他承认当时也是洞中其中一员，尽管洞穴奇案一中的四名被告未曾透露第六者的存在
- 由于他在拘捕前从营地逃脱，故免予被控脱逃罪
- 洞穴奇案一由于未获大多数法官意见一致通过，故是未决裁决，不足成为有罪先例
- 在这五十年间，法律有两项比较大的变动，一为详细规定什么构成故意，二为允许法官自由裁量（法官享有自主判决的能力）

表 12　　　　　　　　萨伯洞穴奇案中的法官意见

法官	论点	阐释
伯纳姆 （Burnham）	紧急避险抗辩不成立（一）：不合理的确信	受害者欲再等一个星期，表明杀人非十万火急，一个可捱饿多一星期的人去盗窃是不合理的
	紧急避险抗辩不成立（二）：饥饿非借口	正如饥饿不是盗窃的理由
	紧急避险抗辩不成立（三）：杀人非唯一选择	至少他们有四种方法替代杀人：等最弱的人先死、吃自己的身体、再次取得无线电通讯、再等几天
	紧急避险抗辩不成立（四）：制造危害者不可受惠于紧急避险	从有带无线电得知他们有曾设想有山崩的危险，山洞探险是他们的自由选择，正如不可把自己故意与精神病患者困在一起而杀人做紧急避险抗辩
	紧急避险抗辩不成立（五）：危机准备不足	就算没有预见山崩，他们也疏忽大意没带足够的食物
	紧急避险抗辩不成立（六）：选择被害人有欠公平	受害者撤出掷骰方案（就算撤出是不理性）也削弱选择程序的公平性，就如以肤色决定受害者一样，不公平性令紧急避险抗辩失败

续表

法官	论点	阐释
	考虑道德是立法机关而非司法机关义务	法官不向人民负责，因此不应将决定建立于诸如道德及其他类似的替代品上，法官的角色是守护法律，尽管道德上他们做了大多数良善之人也会做的事，但无罪只源于同情及个人道德观，被告是有预谋有意图故意杀人
	力图解释谋杀制定法的精神是一种僭越	我们只需遵从如"故意的"这些字眼的一般含义，而非用最前沿最精妙的理论去解释，因为制法者不可能考虑到每一种可能
	多元化社会没有一种道德观被官方视为最优	多元化社会没有一种道德观被官方视为最优，施行个人道德观是压迫与我们观念不同之人，这会把正义丢于一旁，因为人民是作为整体通过法律来表达意志，只有守护法律才是尊重人民，在法律之外寻找正义皆非尊重人民，属于不正义
		有罪
斯普林汉姆（Springham）	法官的职责就是解释立法机关所设定的概念(响应伯纳姆)	法官不是解释自己的偏好或以自己概念取代立法机关概念，但法官的职责就是解释立法机关所设定的概念
	前提：紧急避险就是指没有犯罪意图	杀人意图意味存在一些合理选择，法律要求他们做其他的选择而不是杀人，紧急避险就是指没有其他选择，因此是没有犯罪意图的，当时被告是在行紧急避险，因为杀人的替代就是死亡，这是最强烈的紧急避险
	紧急避险抗辩成立（一）：合理的确信(响应伯纳姆)	被困了二十多天的被告已得到各专家的意见，没可能受害者再等一周的提议比专家的更好，而且这样质疑被告无疑是一种事后孔明的行为
	紧急避险抗辩成立（二）：饥饿是一种紧急避险抗辩(响应伯纳姆)	与盗窃案相提并论是多余的，与此案不同的是，我们不知他的饥饿程度，他没有专家的意见，他有其他更好的选择（如行乞）

法官	论点	阐释
	紧急避险抗辩成立（三）：杀人是生存的唯一选择(回应伯纳姆)	很难令人相信在得知尚有十天才获救的情况下靠吃自己身体末梢是一种合理的选择
	紧急避险抗辩成立（四）：身处危险非被困者之过错(回应伯纳姆)	就是因为探险者知道这是一场危险的运动，故带了无线电并告诉归期，故救援几乎是立即展开，然而自由选择活动与紧急避险无关，如木屋发生火警逃生时破坏了房东的窗，是不能以住木屋的风险令紧急避险抗辩的资格丧失，除非探险队员视山崩中逃生为一种乐趣而故意令自己暴露于风险下，否则罕见的风险不可算被困者之错
	紧急避险抗辩成立（五）：食物缺乏非疏忽造成(响应伯纳姆)	他们带的食物已令他们比预定多生存二十三天，事实上也不会有人在行山时多带六个月的粮食，如果说他们应带更多粮食，却又会被说是明知有山崩的危险而继续去参与（见上一论点），这种两面不讨好的论点只是一种陷阱
	紧急避险抗辩成立（六）：受害人的同意无关重要(响应伯纳姆)	在谋杀案中被害人同意与否是无关重要的，杀人者的心理是决定因素，一般案件下就算受害人邀请被告杀自己也是一起谋杀，可见此与紧急避险抗辩无关
	惩罚有违法律目的	如果这是一种紧急避险就无须作出一种威慑，他们没有邪恶意图也无需改造他们，而这案也没有一种必要的报复需求，拘泥于形式化的惩罚只代表取了一种抽象形式而舍法律与刑罚的实质意义
	法律存在的理由停止时，法律也随之停止	我们的法律目的建立在为特定目的而加入的契约基础上，当因悲剧令人与人之间的契约不可能实现时，服从契约（法律）的义务也不存在，这观点与自然法相似
		无罪

续表

法官	论点	阐释
塔利（Tally）	等待最虚弱者死亡不是上策*（回应伯纳姆）*	这可能令大家处于濒死边缘，而且锁定在最虚弱的人身上无疑比抽签更残忍，极有可能受害者是最虚弱者，当他想到这个问题时就最先提出抽签
	受害人的同意无关重要，重要的是共同承担死亡的风险*（响应伯纳姆）*	自我防卫中杀人的正当理由是自我防卫本身，而非同意，就算同意以肤色定夺受害者也是不对的。另外，如果受害者真的撤出，其他人立即意会到自己被抽中的机会增加而导致另一人的退出，这样演变下去，只会令抽签计划告吹，令最虚弱的人再次被锁定为目标，因此退出只增加其他人退出的压力，令大家不能共同承担死亡的风险，故退出不是一个正当的做法
	他们有犯罪意图，不过是在没选择下行较小的恶*（回应斯普林汉姆）*	如果没有邪恶意图就可免责，会令宗教狂热者受妄想者摆布。事实是，他们是有犯罪意图，但行为是合理的，他们是在为较小的恶，杀人是故意的，不过他们是在故意行紧急避险（如下点所述之预防性杀人）
	这宗案件是一宗划算的交易	大家都珍惜生命，故我们认为更少的人死总比更多的人死好，如果是一死换一百万人的生命，任何自愿者将被毫不犹豫被送死。但如果不得不诉诸抽签，那无疑还是划算的，问题是既然接受一百万比一，那为什么不接受五对一？重要的是，比例是无关重要的，有更多的人获救才是重要的。故这是一宗"预防性杀人"，它符合了预防性杀人的两个要旨之一（甲活着比乙好、多数者活着比少数者好）
	被告需要的是无罪，而非特赦	判被告无罪是在法院的范围内，而行政赦免只是随意的、是一种宽容，被告需要的并不是宽恕而是公义
		无罪

法官	论点	阐释
海伦 （Hellen）	自我防卫也不一定出于本能、冲动（回应伯纳姆）	受害妇女可利用长期受虐而自卫杀人（非立时性生命受威胁），故没必要探讨被告是否已在最后一刻
	不能因受害者无辜就推翻紧急避险（响应伯纳姆）	如果在自我防卫中误杀另一无辜人，仍可以紧急抗辩宣告无罪
	在法律之外可寻找到正义（响应伯纳姆）	立法时并非所有公民的意见都被聆听，因为金钱及特权会阻碍立法及选举，多元化声音从未达成高度一致，所以才有公民不服从
	惩罚只是对规则遵从的迷信，而忘了前提之所在（回应斯普林汉姆）	被告没有对社会构成威胁，不用防止他们杀害公民；而且报应对没有邪恶意图的人来说也是不恰当；这亦没法阻止同类事件不发生，即使品德最高尚的人也是要吃饭，探险者要么被饿死，要么被处死，他们宁愿杀人后再想一种新辩解，又或者瑟缩一角，当他无法忍受时，就举起刀子在一个同伴身上连刺 114 下寻求发泄
	将紧急避险抗辩规定在一个技术性原则下是不妥的（响应伯纳姆及斯普林汉姆）	要求按法律字面上解释紧急避险是不妥的，因为按法律解释只会出现不正义及造成伤害，紧急避险本身是为法律的不正义找一个出口，我们需用公正、勇气、常识判断断定这是紧急避险
	这不是自我防卫，但这是紧急避险	这案非自我防卫，因为被害者未曾伤害被告，考虑火场逃生时住客破坏房东的窗子，是火灾这个客观因素而非房东令住客的破坏行为成为必要，在此案中，是饥饿非受害者的错令杀人成为必要，受害者的死全源于饥饿及他运气太坏，但必须强调这是一宗紧急避险，自我防卫只是其中一种紧急避险，但尚有其他类型的紧急避险（如此案）
	饥饿是最重要的一种紧急避险	如自我防卫的求生意愿一样，求生意愿是先于法律存在的

续表

法官	论点	阐释
	因为受到死亡胁迫，在没选择下，被告行为虽有意却属"非自愿"	强奸案的受害者有意识做某种行为（顺从），却非自愿（非故意），受害者并未因顺从而失去紧急避险抗辩的理由，被告只是受死亡所逼迫又只有限定的选择，罪行本质是要一个无法自主的受害人作出抉择，故被告同样可利用紧急避险抗辩
	无法估量被告的心理状态	虚弱、饥饿、恐惧却远超其他案中要求可免责的最低限度，虽然他们花了很多时间讨论掷骰子的数学问题，但不代表他们一定在理性的状态下，当骰子是现成时，一次公正抽签的讨论变得相对容易
	存在合理怀疑	从法律上来看，一个观点存在分歧的陪审团并没有作出无罪判决，但确切通过"无效审理"阻止了有罪判决，在最高法院里，有超过四位法官表明存在合理怀疑，在没有一致意见时应该偏向被告，因此必须作出无罪判决
	无罪	
特朗帕特（Trumpet）	生命的绝对价值	一条生命就是一条生命，怎么能只当做一个统计数字，随时都可牺牲？
戈德（Goad）	契约与认可	跟强奸案一样，开始时同意后来改变主意，始终也是变为了不同意
弗兰克（Frank）	法官惩罚不比自己坏的人是一种法律的耻辱	换了自己是被告时，我也会杀了被害者以求生存，因此有必要抛弃司法客观性的面具，而依靠无任何矫饰的自我意见来判案
	无罪	
雷肯（Reckon）	判决的经济学分析	严惩犯罪是预防犯罪的最佳手段
邦德（Bond）	因利益关联弃权	我四五年前曾替通话器的电池生产商打过官司，为了避嫌，唯有弃权

4.2.3　女王诉达德利和斯蒂芬斯案 The Queen V. Dudley and Stephens L. R. 14Q. B. D. 273 （1884）①

被控谋杀理查德·帕克（Richard Parker）；在公海上；海事法院有管辖权

理财法院法官赫德莱斯顿（Huddleston）主审，……在这位精通法律的法官建议下，陪审团在一项特别裁决中认定以下案件事实："在押人（prisoners）托马斯·达德利、爱德华·斯蒂芬斯和布鲁克斯（Brooks），他们都是健壮的英国海员。被害的男孩也是英国人，十七八岁，在一艘英国游船上做事。该游船在英国注册。1884 年 7 月 5 日，在离好望角 1600 英里的公海上，游船因风暴而失事，他们 4 人被迫爬上游船所携带的一只无篷小船。小船上除了一磅萝卜以外没有淡水和食物，因而 3 天时间里他们没有其他任何可以维系生命的东西。第四日，他们捉到一只小海龟，靠了它又坚持了许多天，直到第 20 日即案发日，这只小海龟是他们仅有的食物。第 12 日，海龟的残余被彻底吃光了，以后的 8 天他们没有任何东西可吃了。他们没有淡水，只是偶尔用油布斗篷接一点儿雨水。小船在海上漂流，离海岸大约 1000 多英里。第 18 日，他们已经 7 天没有进食，5 天没有喝水。在押人对布鲁克斯谈及如果救援未到该如何是好，并建议某个人应当作出牺牲以拯救其他人，但是布鲁克斯不同意；那个男孩——大家心照不宣地知道要牺牲的是他——没有被征求意见。7 月 24 日，案发的前一天，在押人达德利向斯蒂芬斯和布鲁克斯提议，抽签决定谁将被处死，以挽救其他人的生命，但布鲁克斯仍不同意，男孩也没有被告知，事实上也没有进行抽签。那一天，在押人说他们都是有家口的人，建议说最好还是杀了男孩以保全他们自己的性命。达德利提议说，如果到次日早上仍看不到船只，就杀死男孩。次日，7 月 25 日，没有船只出现。达德利告诉布鲁克斯最好走开去睡一觉，并对斯蒂芬斯和布鲁克斯示意还是杀死男孩为好。在押人斯蒂芬斯同意下手而布鲁克斯仍然反对。当时男孩无助地躺在船尾，因饥饿和饮用海水而极度虚弱，无法作出任何反抗，也从没有同意被杀。在押人达德利做了一次祈祷，祈求他们中的某个人在被诱惑实施这一鲁莽行为时，他们的灵魂能够得到拯救。达德利在取得斯蒂芬斯同意后，走向男孩，告诉他死期到了，将匕首插入他喉部，当即杀死了他。他们靠男孩的血和肉生存了 4 天，在案发后的第 4 日，这条小船被一艘经过的船发现，在押人获救，但身体已极度衰

---

① ［美］博西格诺等：《法律之门》，邓子滨译，华夏出版社 2002 年版，第 22～24 页。

竭。他们被运送到福尔茅思（Falmouth）港，并在艾格斯特（Exert）受审。如果这些人没有吃男孩的话，他们可能活不到被救的时候，而是将在4天之内死于饥饿。那个男孩，因为更为虚弱，非常可能死在他们面前。案发当时看不到任何船只，也没有任何获救的合理展望。在此情境下，对在押人而言，似乎除了当即吃掉或尽快吃掉男孩或他们中的某个人而外，他们将死于饥饿。除非杀死某人以供其他人食用，否则没有可知的挽救生命的机会。假定具备任何杀人的紧急避险状态（necessity），则杀死男孩并不比杀死其他3个男人要求更紧急的状态。"但是，综合全部事实……陪审员们并不知晓达德利和斯蒂芬斯杀死理查德·帕克是否构成重罪和谋杀，因此，需要法庭的建议；而如果根据全部事实，法庭的意见是杀死理查德·帕克构成重罪和谋杀，则陪审团成员们一致认为，达德利和斯蒂芬斯都构成被指控的重罪和谋杀……

4.3　集 体 创 作

4.3.1　故事梗概

四三零零年，纽卡斯国发生了一起惊天动地的吃人案：五名探险者遭遇山崩，困于洞穴之中。为求自保，其中一位少年被同伴杀死并吃掉。消息传来，举国震惊。新即位的雷克斯二世汲取其父教训，将上诉到王廷的案件交给最高法院审理。最高法院五位法官最后未能达成一致意见。该案横生枝节，被吃掉的少年探险前为了一笔遗产谋杀了他的祖父。围绕遗产继承、杀人、刑罚、民事赔偿等问题，法官、律师、公证人、仲裁员、法学教授……众多法律人粉墨登场，展出了各自的道德表演……五十年后，卡多佐大法官突然复活，提出了他的判决意见——这个判决与五十年后的九位大法官的意见都有不同。他的意见究竟能否成立？吃人案能否顺利判决？

4.3.2　角色设置

立法者：雷克斯二世

法官：分别代表不同法学派别的十四位法官

执法者：警察、救援人员

检察官：公诉人

律师：代表原被告各方

公证人：为登山俱乐部的内部免责协议公证

仲裁员：登山俱乐部协议设置的纠纷仲裁

法学教授：在课堂上讲解洞穴奇案的前因后果，并为该案提供法律咨询

4.3.3　情节安排

第一幕

案件现场，救援人员

警察抓捕漏网之鱼

消息传回京城

第二幕

雷克斯二世忆父——雷克斯国王：一个心力交瘁的治国者

国王与大法官的冲突

第三幕

法院：法律帝国的首都

围绕洞穴奇案及少年谋杀祖父是否丧失遗嘱继承权案，法官登场，各陈己见。围绕法律疑难，展开法理思辨

检察官的控诉

律师的无罪辩护

第四幕

法学家的意见

公证员对登山俱乐部章程与免责条款的公证

仲裁员根据章程协约的仲裁

第五幕

卡多佐大法官复活，作出他的判决

4.4　精 彩 剪 影

4.4.1　雷克斯二世微服出访时对农人讲述他父亲的故事：①

　　从前，在一个王国里，有一位不快乐但曾经很有改革热忱的国王名叫雷克斯（Rex）。雷克斯认为，前任国王最大的败笔在于法律工作毫无成

---

① 故事系美国法学家富勒在《法律的道德性》中虚构的一则名为"心力交瘁的治国者"寓言。周天玮：《法治理想国》，商务印书馆 1999 年版，第 108～114 页。

效。国家的法制陈旧，已经几十年没有修补，法律的语言有如古董，司法程序臃肿，法官行事草率、腐化，并且老百姓打官司花费惊人。

雷克斯在登基之初原打算大张旗鼓地做一番整顿，他想要青史留名，做一个伟大的立法者。遗憾的是，他失败得很惨。他不但没有改好旧法，也没能制定新法。

他登基后颁布的第一道命令，非常戏剧化。他思索唯有推陈才能出新，因此废止了当时所有的法律，然后着手制定新法。

遗憾的是，王储教育并没有考虑到雷克斯有一天会草撰法条，因此，他完全不具备将事物一般化的能力。雷克斯自信能够对个别争议作出适当裁决，但实在没办法对每一项裁决作清楚的说明。

雷克斯了解自己的局限，于是放弃了立法计划。他向臣民宣布，从此以后他只担任法官的角色，裁决百姓的纠纷。

他猜想，做法官可以处理许多案件，在处理过各式各样的案件以后，把现象一般化的能力应该会成熟；然后，随着案子一件件地增加，判决的积累会形成规则，这些规则便可纳为法条。

很不幸，王储教育仍然不足以让雷克斯应付这个他以为比较简单的工作。换句话说，这个计划又失败了。他亲自审理了几百件案子，可是他本人和他的臣子都无法看出他的判决书反映了什么规则模式。

他在审理个别案件的时候，做一些初步的一般化尝试，以为随着判例的增加，一般化会自然呈现。然而由于能力不足，他的尝试只使得百姓坠入云里雾中，无所适从。他的新判例往往只能使原来就立足不稳的先例完全跌倒。

两次失败之后，雷克斯再接再厉。他修了几门课，学习归纳法。他的技巧提升了，信心恢复了，于是又拾起了制定法律的工作。他集中精力、全力以赴，终于做成一卷厚重的法规。

可是因对法规的素质还不十分有把握，他于是先向臣民宣布：律法已经完成，从此将依此律断案，但是在一段不确定多久的时间内，律法暂时列为国家机密，只有他和他的书记官知道内容。

这道命令下达以后，雷克斯很惊讶地发现，他费尽苦心所得到的竟然是百姓的冷漠。百姓们不喜欢让他们的案件由不可知的法规操持生杀大权。

雷克斯陷入自省。人生经验明白地教导他一件事，那就是由事后回头看问题总比由事前看容易得多，应为不仅事后容易审案，同时对雷克斯而言更重要的是，事后容易提出理由。雷克斯决心要善用这个经验，他展开了一个新计划。

每年之初，雷克斯审理前一年所有的案件。他对每一个案子都做成详尽的判决。当然，判决书所陈述的判决理由不会作为将来审案的依据，否则这不啻破坏了他整个由事后回头看问题的不二心法。

雷克斯满怀信心地向民众宣布了这个构想，特别强调他这么做是为了要纠正以前将法律列为国家机密的错误——他的判决书会向大家公开。

百姓沉默不语，隔了一段时间，才悄悄委婉地提出他们的看法：他们需要知道法规，系指需要"事前"知道，好预先依法而行。雷克斯心里不大痛快，喃喃自语，埋怨为什么他们不说得更清楚一点。不过他还是答应想想办法。

雷克斯现在已经完全明白，他必须事前就把法律公布出来。他继续钻研归纳的技巧，并且很勤快地修订法规，在他宣布新律即将出炉的时候，百姓充满了喜悦，对新律充满了期待。

新律公布了，百姓却陷入了更大的失望，因为新律的条文十分晦涩难懂。法学专家忍不住指出，新律之中没有一句话是普通百姓或经验丰富的律师能读通的。不久，王宫前有人举牌示威，牌子上写着："看不懂，怎么遵守？"

新律撤销了。雷克斯终于认识到他需要助手，他于是请了一批专家协助他修改条文。他规定以前草拟的实质内容不做改动，只把文字改动通顺。改好的法规现在变得清晰易读，可是正因为易读易解，本身的前后矛盾和相互冲突之处也完全暴露在大家的面前。

据可靠分析，这部新法规没有一条不与另一条相抵触。于是王宫前又有人示威，这回标语上反讽地写着："我们明白国王的意思，他可能要这样，也可能要那样！"

新法规又撤回重修。这时的雷克斯已经失去了耐心，他很不痛快，为什么人民对他们所做的一切，总是持负面的看法。他决心给人民一点教训，让他们不再吹毛求疵，他指示专家把法规里矛盾的条款理顺，同时，把所有的规定都大幅度地加严，并增列了一长串新的罪名。

这样一来，凡以前规定 10 天之内必须到庭向国王面奏，现缩短为 10 秒钟之内；凡在国王面前咳嗽、打喷嚏、打嗝、昏厥或跌倒，都得判处 10 年有期徒刑；最后，凡不愿理解、相信和公开信奉进化论的人，都以叛国罪论处。

新法公布之日，群情激动，意见领袖拒绝接受这些条款。有人在古代学者的文章里看到一句颇为切题的话："不可行之令，非法也，实毁法也。盖令而不能从，必无所措手足。"这段话很快就在给国王的 100 个请愿中被引用。社会动荡不安，老百姓想造反。

旧戏码再度上演，国王交待专家抚顺舆情，把法案撤回重修。他指示，修改的时候注意凡是不切实际的条款务必废弃，改为切合实际的条款。专家依命着手修改，发现按照这个要求去做，事实上每一则条款都得大幅修正。

这件大事终于完成了，新的稿子出炉，它的文字明确、前后一贯，对百姓的规范都是百姓力所能及、很容易做到的。国王将稿子复印，并且命令在每一个街口向民众免费散发。

好事多磨。就在新律即将正式生效的时候，大家发现新律的内容有许多已经不合时宜。这是因为从国王撰写第一稿之后，已经浪费太多时间在修订工作上。这段时间里，由于国王曾宣布暂停日常法律运作，国家经济与制度已出现重大转变，因此，新律势必得配合做许多相应的改变。

结果，新律虽已生效，细部的修订在所难免，国家社会又必须经历繁复的法律修订工作，民众对此自然心生不满了。不久，不具名的政治漫画和讥讽时政的文字在街头流传，一篇文章的题目是："朝令夕改，不如无令。"

随着法律的修订工作逐渐完成，人们的不满情绪慢慢降低。此时，雷克斯做了一个重大决定。他回顾登基以来诸事不顺，多由于听取了一些无益的专家意见，现在他决心要亲自直接控制新律的执行，以防人民不满情绪再度扩大。他重新拿起司法权，几乎把所有的工作时间都用在审理司法案件上。

他的工作进行得出奇顺利，他所拥有的潜在归纳分析能力如今一举被激发出来，他的判决书表现出信心和精湛的技巧，他明快地类比和区别过去他所做的判决，阐释他所坚持的原则，并且对于未来可能出现的争论做成处分指引。一个新时代——人民知所进退的新规范时代——露出了曙光。

可是好景不长，当雷克斯国王的判决书结集成册的时候，人们惊讶地发现，他的判决和他所立的新律之间并无清楚的联系。尽管判决书一再宣称新律是王国的基本法，然而在处分个别纠纷的时候，大家发现，新律等于是完全不存在的。

　　各阶层的领导人窃窃私语，设想如何婉转地让国王离开法庭重回国王宝座。议论未定，消息传来，雷克斯国王骤然驾崩，临终前他心力交瘁，留下对臣民的极端失望。

　　国家不可一日无主，雷克斯二世继位为王。他登基后发布的第一道命令就是将政府从法律专家的手中，交给心理学家和公共关系专家。他的看法是，人民可以没有法律，但不可以不快乐。

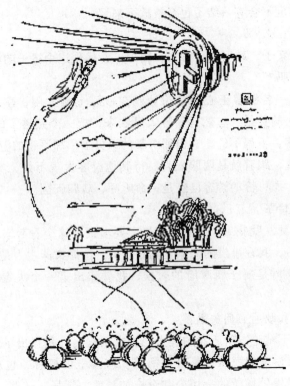

图 18　夏威夷的椰子案

4.4.2　律师查尔斯与委托人的对话①

"您去过夏威夷度假吗？"

"没有。但是我的父亲去过，据说很美，美女很多。男人的天堂。"

---

① 　根据余定宇《寻找法律的印记》一书的相关内容改写。

"哈哈，您应该去一下。您父亲有没有跟您讲过夏威夷还有另外一奇？"

"不知道。"

"我告诉您吧。如果您去夏威夷，那里有美丽的椰林，真是让人流连忘返。"

"那又如何？"

"可是，您仔细观察会发现，这些椰子树上都没有结椰子。"

"这有什么好奇怪的？没有到结椰子的时节吧？"

"到了时节也不会有，结了也会被砍下来。"

"这又是为什么？"

"因为一个案子，政府吃了官司，输掉了。代理这个案子的就是我。"

"您能讲讲吗？"

"有一天，一名游客正心旷神怡地躺在沙滩上晒太阳，享受着清凉的海风，欣赏着怡人的美景。忽然，一阵大风吹来，把一个熟透了的椰子从20多米高的树上吹落，不偏不倚，直击那游客的天灵盖。那不幸的游客当场就被椰子砸得眼冒金星，跟着就是两眼发直。待其他游客发现不妙，叫来护滩使者、救护车的时候，那可怜的游客已经是一命呜呼，魂归天国。"

"真是太可怜了。"

"谁说不是呢？我找到了死者的家属，要求代理这个看起来无头无尾的案件。得到授权后，我在事发的海滩上到处打听：这椰树的主人是谁？当许多人告诉我，这片椰树是属于州政府的时候，我就作出了一个决定——控告州政府！"

"天啊，这和政府有何关系？"

"您先别急下结论，听听我的理由吧！在法庭上，我提出了起诉州政府的理由：夏威夷旅游度假海滩，是公共海滩。海滩上的椰林，也就属公共的物业。对这个公共娱乐场所的一切公共设施如沙滩、泳场、道路、沟渠、路灯、厕所、篱笆以及椰子树等一切花草树木，负直接管理责任的，是夏威夷州政府。凡因这些公共设施的失修、失管而导致游客的人身伤亡事故的，夏威夷州政府都有不可推卸的管理失职责任，都要承担对死伤者进行经济赔偿的义务。而生命何价？生命本来是极宝贵的、无价的，况且死者本是个成功的商界人士，生前经营着一项很大的生意，所以，要求州政府向死者家属赔偿——1亿美元。"

"老天！我没有听错吧？您真是会开玩笑，这样的官司怎可能会赢？"

"当然，为州政府辩护的律师也不是省油的灯。他认为，第一，州政府在处处椰林都竖立有警告牌，警告游客要小心椰子，对游客已经仁至义尽。第二，此次事故纯属偶然，某时某地某人，躺在某个熟透了的椰子底下，刚刚好又有某阵海风吹来，种种自然现象综合作用下，产生了一种无法预见的"不可抗力"。按惯例，从来没有任何人要为"不可抗力"造成的伤害承担责任，因此，州政府一分钱也无须对死者赔偿，要怨，便只有怨天。

"那您是如何反驳的呢？"

"我立刻表示：州政府单方面竖立的警告牌，完全是侵犯公民的权利和自由。游客花钱来旅游，这里不准靠近，那里不准游玩，这消费者的权益何在？游客的自由何在？至于'不可抗力'之说则更荒谬。所谓'不可抗力'，是指无法预见或即使预见了也无法对抗的自然力量，如火山、地震、飓风等，而椰子由高空坠落的力绝对不属于'不可抗力'。夏威夷遍地是椰林，遍地是游客，日日有海风，日日有椰子坠下，时时刻刻都有搞出人命的危险。州政府竖立警告牌，这就证明他们已经预见到了这种危险，并非什么'无法预见'。问题就在于，州政府虽已预见到了危险，但并没有尽职尽责地积极去清除这个危险，而是采取限制游客自由的消极方式去敷衍塞责。花大量广告费招徕大批游客，而又任由千千万万个'椰子炸弹'悬挂在他们头上，出了伤亡事故，就以'早已警告'4 个字而将责任一推六二五。这不是玩忽职守，漠视公民的生命、权利、自由，又是什么？"

"您说的也很有道理。最后判决结果呢？"

"我那可爱可敬的法官大人是这样说的，现在我还记得他的原话：自由至上，是美国立国的根本！是美利坚民族自开天辟地以来一贯珍视的民族传统，它代表了美国文化一贯的精神，而由美国宪法明文加以确认。夏威夷州政府因管理失职而侵犯公民的人身自由权利，使宪法精神蒙垢，致游客死亡，理应判罚，对死难者家属作一个合理赔偿。这对所有政府官员来说，都是一次深刻的'小惩大诫'。而死难者家属索赔 1 亿元，则属过分要求。最后他宣判：判罚夏威夷州政府赔偿原告人——1000 万美元。"

"您真是了不起。请原谅我以前对您的粗鲁和不周。我们能否讨论一下眼下这个案子……"

4.4.3 律师的无罪辩护①

本案的"杀人"行为，并不构成"杀人罪"。

———————————

① 摘引自台湾东吴大学学生论文：《应用法理学初探：以洞穴奇案为例》。

其一，一个人是否构成杀人罪，必须建立在许多假设下，譬如：

a. 精神正常状况下为之；

b. 必须采取客观上可能杀人的方法（非迷信犯）；

c. 必须杀的是"活人"；

d. 必须是非法的（执行死刑的人员不算）；

e. 必须非在正当防卫、紧急避难等情况下为之；

f. 其他条件相同。

值得注意的是，本案是否出现了不符合过去杀人罪的前提假设？有人以"法律条文"、"杀人是不道德的"、"生命神圣原则"这几项理由，坚持必须让这些"杀人者"负上刑责。但是，本案的情况是极其特殊的，众多探险队员被困在密闭的、类似密室的空间内，设若让他们负上杀人罪的刑责，是否符合杀人罪的"原本设计"，值得探究。

其二，杀人是否即须负杀人罪的刑责？

首先，这里提出第一个问题——是否"杀人即须负上杀人罪的刑责"？设若站在"严格依据法律条文"的观点，未必能解决各种杀人的情况。于战争中的杀人行为，多数人不会面临杀人罪的追诉；于精神极度不正常状态下所为的杀人行为，法律上可能认为并不属于犯罪，只是需要进行一定程度的治疗。就后者而言，可能有明文规定，但是，就前者而言则非如此，多数于战争中的杀人行为，并不会面临杀人罪的追诉，但是法律也未必明文规定，排除战争中的杀人行为。

另外，此种观点并未解决"法律漏洞"的问题，设若法律规定有所疏漏或是不完备，则坚持严格依据法律条文则可能有问题。守护法律是法官的天职，但是，让法律能够更为符合现实，依据法律公正地解决社会争端，亦是法官不可懈怠的责任。

其三，道德是否为构成杀人罪的依据？

部分观点强烈主张杀人是不道德的，可是，讨论杀人是否符合道德之前，应先回答我们，什么叫做道德？我们无法否定道德，但是由于道德内涵的歧异性，将道德纳入个案判断变得并不容易。即便将杀人行为认定为不道德的，是否表示，将所有的杀人犯皆判处死刑，是符合道德的？如果我们无法得到统一、一致的、没有争议的观点，则将道德纳入法律可能会出现许多的纷争。

综合上述，我坚持认为，当事人无罪，应当庭释放。

4.4.4　卡多佐大法官的判决意见

50 年后的纽卡斯国，美国著名法学家卡多佐大法官某日突然复活，并被任命为该国最高法院的大法官，他的司法意见直接关系到此案的最终判决。

卡多佐首先列举、回顾了大陆法系国家有关司法者必须合乎宪法和制定法意图的主张，指出，由于法律条文含义经常模糊不清或深藏不露，它需要法官加以解释，以阐清立法者的原意。对于法条的空白和漏洞，法官也要在司法过程中加以补充和填实。随后，他话锋一转，谈及普通法系国家之情形，指出，"活跃在我们自己国土上和法律中的问题同样是这些方法的问题，这些方法论问题同样源自法律文字与法律精神的不一致与反差"①。基于这样一种共通的司法情形，卡多佐认为，必须有效搁置法律本体论的诸多无谓争执，将案件研判的焦点转移到司法方法的探究上来。

卡多佐认为，真正严肃的法官工作开始于没有决定性先例可以遵循的时刻。他引用门罗·史密斯《法理学》中的段落，将法院比喻成一个"司法实验室"，在一场场"案件实验"中，法官不断检测判例法中既有规则与原则的合宜性。"如果一个规则不断造成不正义的结果，它最终将被重新塑造。"②当法官抽象出了判决理由与一般原则，随后的工作才是至为繁复且至关紧要的。因为，司法过程至此，摆在法官面前的大致有四种不同的司法路线与方法选择：（1）逻辑方法。在卡多佐眼中，逻辑类推的司法方法是哲学观念的推衍，无论大陆法系国家还是普通法系国家，在这一点都没有什么明显的不同。逻辑方法的运用，最终是为了满足法律一致性的需要。（2）历史方法。逻辑方法的限度首先体现在法律自身的历史进化上，"某些法律概念之所以呈现既有性状，这几乎完全要归因于历史"。（3）习惯方法。"如果历史和哲学尚不能为原则的发展方向确定路标，习惯也许就会乘机介入。"③（4）社会学方法，尤其是社会正义的利益均衡法。这种方法是卡多佐花费最长篇幅、耗费最

---

① Benjamin N. Cardozo, The Nature of The Judicial Process, The Yale University Press, 1921, p. 17.

② Benjamin N. Cardozo, The Nature of The Judicial Process, The Yale University Press, 1921, p. 23.

③ Benjamin N. Cardozo, The Nature of The Judicial Process, The Yale University Press, 1921, p. 58.

多心智、竭力论述的"所有力量中最大的力量"。① 卡多佐说，"即便貌似补充，它也总能留作备用。它是其他方法的仲裁者，越到最后，就越需要它还对相互竞争的方法主张进行衡平和估量"②。

在卡多佐看来，社会正义的利益均衡法是司法方法中的兜底之物，也是确保司法正义的至尊王牌。卡多佐明确指出："这些原则中有一条是至高无上的，有一条原则总是优越于其他原则；逻辑因素必须永远服从历史因素，或历史因素永远服从习惯因素；或一切事情都要服从作为社会福利组成要素的正义或功利。"③ 他自称对司法过程分析的唯一结论便是，逻辑、历史、习惯、效用以及人们接受的正确行为标准这些独自或联合起来共同影响法律的力量，在具体案件中，谁将起支配作用，这在很大程度上取决于因此得以推进或损害的社会利益的均衡评判。④ 为了掌握这种均衡评判方法的精要，法官应当像立法者那样从生活实事本身获取司法知识，久而久之，尚有可能形成一种何为"得体"、何为"比例匀称"的艺术感觉。这样的司法者，才不是法律的工匠，这样的司法，才称得上是艺术化的司法。卡多佐认为，司法过程的最高境界是在一些特殊案件中创造法律。这些案件数量不是很多，但也不在少数；这些案件的决定对未来大有裨益，会极大影响法律的生长。法官在处理这些案件过程中，必须善于将各种因素均衡为一个富有创造性的"司法整体"。

然而，面对洞穴奇案，一向自信的卡多佐显出了曾经的胆怯。他说，对社会功利加以正义的评估和均衡，非常困难，"任何法学理论大师都未曾细致地做过这种演算"。⑤ 庞德尽管对此进行过富有成效的深入透析，但也只能被认为是暂时的和试探性的。"它就像一团乱麻，梭子在无数的阴影和色彩间穿梭，线束大小不一，零碎散乱。许多线索表面看很简单，一经分析，即可发现它们是一种复杂的、不确定的混合物。我们惯于作为试金石、作为理想求助的

---

① Benjamin N. Cardozo, The Nature of The Judicial Process, The Yale University Press, 1921, pp. 66-67.

② Benjamin N. Cardozo, The Nature of The Judicial Process, The Yale University Press, 1921, p. 98.

③ ［美］本杰明·内森·卡多佐：《法律的生长》，刘培峰、刘骁军译，贵州人民出版社 2003 年版，第 42 页。

④ Benjamin N. Cardozo, The Nature of The Judicial Process, The Yale University Press, 1921, p. 112.

⑤ Benjamin N. Cardozo, The Nature of The Judicial Process, The Yale University Press, 1921, p. 47.

正义本身，对于不同的头脑和不同的时代，可能意味着不同的东西。企图将它的标准客观化甚至描述它们，从未获得完全的成功。""正义是一个比任何仅仅通过遵守规则而产生的概念都要微妙和含糊得多的概念。无论说了多少或做了多少，它在某种程度上依然只是一种鼓舞、一种昂扬的情绪、一种美好向上的渴望。"①

带着这种充满睿智的清醒胆怯，卡多佐大法官用略带颤抖的手写出了自己的最终判词：

"法律一如人类，要想延续生命，必须找到某种妥协之道。""法典要辅之以敕令；法律要辅之以衡平；习惯要辅之以条律；规则要辅之以自由裁量权。"② 在本案中，正义的法律适用无疑恰似"一件线条错综复杂、纵横交叉、从中心向四周散开的精致饰品。我们会陷在这张网的细节中不能自拔，除非高瞻远瞩的智者揭示出结构的秘密，将我们提升到能够俯视整体的高度。"③ 我在考察先例的过程中发现，英国早有类似在紧急情况下吃人自保的案例，最终被判谋杀罪名成立，但由女王特赦，免予刑罚。但是这些案例与本案存在很大不同，本案中的受害者维特莫尔不是一个弱势无援的儿童或妇女，他是一系列行动的倡导者和规则的制定者。他的命运，在很大程度上，是他自己的行为造成的。他的过错和责任不能因为他是受害者而一笔抹消。当然，从我们珍爱生命的历史传统与习惯来看，受害者的过错也不能成为加害人获得宽宥的理由。鉴于本案的繁复程度，我愿意将社会利益的均衡作为正义的尺度。毕竟，民意调查和一系列社会代价的既成事实都清楚不过地显示，四位获救者的生命应当得到法律的保有。既然珍爱生命是我们共享的历史传统与普遍的习惯规范，那么，为什么必须继续用生命的剥夺来祭奠已逝的灵魂？我的最终意见是：被告谋杀罪名成立，但死刑可暂缓执行。建议被告人在缓刑期配合公诉方积极对被害人利益相关者展开赔偿，征求宽宥。并建议立法机构召开会议重审法案，根据民众最新的真实意愿决定该条的修改与完善。附带说明的是，在

① Benjamin N. Cardozo, The Nature of The Judicial Process, The Yale University Press, 1921, p. 48.
② ［美］本杰明·内森·卡多佐：《法律的生长》，刘培峰、刘骁军译，贵州人民出版社2003年版，第3页。
③ ［美］本杰明·内森·卡多佐：《法律的生长》，刘培峰、刘骁军译，贵州人民出版社2003年版，第5页。

必要的时刻，本庭将对该条立法展开专门的司法审查。

4.5 教师点评

整场戏剧以法律职业伦理为中心，围绕一起山崩引发的"吃人"案，展开冲突，揭示了现代社会法律职业道德的基本准则。概其大要如下：立法者应尊重法律的一般性、可预见性、明晰性、公开性等本质性要素，不能超越法律之上妄自"立法"。立法并非制造法律，而是表述法律。司法者与立法者同样肩负发现法律的重负，只不过他们是通过个案发现法律，而立法者则是归纳特殊，形成一般性规则。法官伦理的基本点包括：中立无偏私、超然冷静、亲历效能等。这和执法者的主动、积极、热情、周全形成了鲜明的对比。检察官身兼司法官与执法者的双重色调，既应有抗拒特权的独立刚正，又有积极高效的铁腕风骨。律师则须在"党派忠诚"的伦理下工作，各为其主，在不违反法律的前提下揭示"片面"，逼近"真理"与"正义"。公证员代表社会公义，信用为本；仲裁员调处双方争议，捷达为先。遗憾在于，在戏剧的情节安排上，缺少富有悲剧精神的情节冲突，整体不够紧凑。但演员们的投入，使这一缺陷不甚突显。在各自的角色体验中，此次实验教学的目标顺利实现。毕竟，这里并非专业的戏剧课堂，能有如此精彩的效果，已属不易。

第5章 体 验

世界上唯有两样东西能让我们的内心受到深深的震撼,一是我们头顶上灿烂的星空,一是我们内心崇高的道德法则。

——康德

惩其未犯,防其未然。

——《唐律疏议》

法律是一门艺术,在一个人能够获得对它的认识之前,需要长期的学习和实践。

——柯克

实验项目名称	法律职业道德的人物体验:"颁奖典礼"
实验教学目标	1. 激发学生探寻真实法律人心路历程之兴趣,确立其道德楷模; 2. 锻炼学生伦理叙事与辨识、评价能力; 3. 为学生走入现实生活,体验法律职业道德奠定基础。
实验教学要求	1. 事先制订评奖章程,充分吸纳学生意见; 2. 组成评奖委员会,公正评选; 3. 由学生撰写的提名人物介绍辞必须突出职业道德; 4. 教师应总体调控,避免"行业失衡"。
实验教学材料	1. 候选人物的事迹材料; 2. 简易典礼的布置材料; 3. 多媒体放映设备。
实验教学过程	1. 订立规程,发动提名; 2. 撰写材料,公开宣讲; 3. 评委打分,确定人选; 4. 总结特点,归纳范式。

5.1 模范法官奖（个人）：宋鱼水①

图19 宋鱼水

　　独立办案十多年，宋鱼水执著地守护着公正：审案1200余件，其中300余件属疑案难案，没有一件因裁判不公被投诉被举报，连败诉方也诚心送上锦旗"辩法析理，胜败皆服"。一位老作家在庭审中"妙语连珠"，却游离于法律之外。旁听席上，有人打起瞌睡；审判台上，坐在宋鱼水身边的马秀荣法官也差点听不下去了："但宋鱼水神情专注，始终没有打断这位老人陈述。""这事出来以后，你是头一个完完整整听完我讲话的人。"面对宋法官的尊重，一直不同意调解的老人来了个180度的大转弯："你的话，我信！我同意被告提出的方案。""让当事人把话讲完。"话虽简单，做起来却不易。对一个案子有耐心，容易；对所有案子有耐心，需要长期培养。耐心、尊重，让宋鱼水走近当事人，彼此多了份信任。随手翻开一份，苦涩的法律条文，都被精心转化成生活规则，通俗易懂。宋鱼水说："既要回答当事人最关心的问题，还要让他

---

　　① 吴兢、刘维涛：《公正的力量——记模范法官宋鱼水》，载《人民日报》2005年1月13日。

们看明白。"曾经恨过她的当事人，专门写来贺年卡："是您启发了我怎样做人。"从当法官第一天起，宋鱼水给自己定下"约法三章"：不轻视小额案件，不轻视困难群体，不轻视当事人的任何权利。11 年来，无论案件大小，无论外地人本地人，无论掏不起诉讼费的贫困群众、腰缠百万的富翁，宋法官一视同仁。这些年，教过她的老师、共患难的同学，都做过她的当事人。发现需要回避的，她主动申请；经手的案件，她也"不近人情"，也有朋友怨过她。"人们更敬佩按照法律原则判案的法官。"宋鱼水相信正义的力量。有人疑惑：十几年时间，上千件案件，就没有一次推不掉的人情？"只要心不贪，没有推不了的人情。"宋鱼水做得义无反顾。除了审判，调解也是宋鱼水的"绝活"。家长里短的小额纠纷；公司企业之间的大额纠纷；侵犯商业秘密之类，被同事们认为非判不可的知识产权案件……服了宋法官这剂调解"特效药"，当事人常以最小的代价、和平的方式，化干戈为玉帛。十几年间，宋鱼水审案 1200余件，其中调解结案达 70% 以上，还有一些当事人高兴地撤诉。

5.2 模范法官奖（集体）：里心法庭[①]

里心法庭就坐落在里心镇的一条街道上，但它实际管辖范围不只里心镇，还包括黄埠乡、客坊乡，共有 33 个行政村、5 万人口，大多分布在面积 600多平方公里的山区。里心法庭是一个毗邻民居的地上 3 层小楼，坐东朝西，门口挂着的小黑板上列着几件近期要开庭审理的案子。据说 20 世纪 90 年代初法庭刚落成的时候，福建高院曾在这里开过"两庭"建设的现场会，但现在小楼已显得有些落伍。

拾级而上，直接进入的是一间十五六平米左右的办公室，里面两张办公桌，靠墙两排沙发，这沙发因为刚刚包过皮，表面看起来倒还新颖。对面墙上是"监督台"和"法院工作人员禁止性规定"，左面墙上是"民商事案件审理程序图解"，右面墙上则是"诉讼收费标准"、"当事人诉讼举证须知"、"司法救助规定"、"便民诉讼承诺制度"、"当事人参阅诉状"等。回过头来，在刚进门的左手墙角的小桌上，放着两把暖水瓶、几个茶碗和一罐茶叶，旁边的

① 吕坤良、梅贤明、杨怀荣、修晓贞：《地偏法不远——福建建宁法院里心法庭调查》，载《人民法院报》2004 年 6 月 10 日。对于这篇优秀司法调查报告的学理分析，可参见喻中：《乡土中国的司法图景》，中国法制出版社 2007 年版，第二章"里心审判方式：马锡五审判方式在当代的延伸"。

图 20　里心法庭外景

电插座上方则贴着一张纸条："同志请喝茶！"

从这间办公室向左拐，又进入一间差不多大小的办公室，里面又是两张办公桌，一台电脑和一台打印机，靠墙放着的则是档案柜。在这里外两间办公室的背面就是审判庭，面积有 40 平米左右，24 张木椅表明能容纳 24 人坐下旁听，人再多的时候就只好站在过道上了。

这第一层就是里心法庭工作人员的办公环境，上面的两层则是他们临时或常住的宿舍。地下一层则是一个仓库，里面的两部二轮摩托车是 5 年前配备的，现在仍然是法官们的主要办案工具。

里心法庭的全部家当也就这些了。靠着这些家当，里心法庭一年办案 90 多件，诉讼费约有四五万，办案数量和诉讼费大约是建宁法院的 10%。

庭长孔新光，一位 40 出头的中年汉子，说起话来像打机关枪，以至于不得不时常打断一下才能弄清他所表达的意思。他原先是建宁县均口乡的团委书记、办公室主任，1992 年里心法庭从当地招干部，他便从此成了一名法官，直到现在成为里心法庭的第五代"掌门人"。

孔新光的妻子在均口镇计生办工作。同孔新光一样，她距在县城的家也将近 30 公里。女儿在县城读书，从上小学一年级始就一个人住家，没人给她煮饭就长期吃快餐，如今已读到高三。一家三口就这样分居三处，周末才能合家团聚一次。妻子曾动员孔新光："你能不能找找院长调到城里工作？我们苦点算不了什么，可别误了孩子！"孔新光感到很为难："法庭也很需要人来工作。

我对法庭工作已很熟悉了，再说我本身也喜欢到处跑。孩子学习的事还是靠她自己吧。"于是，他就一直在家和法庭之间来回跑，一跑就跑了十几年。

副庭长潘华东，33 岁，1993 年从福建省司法学校毕业后，先在业务庭实习一年，继而就来到距农村老家 16 公里的里心法庭。可能出身农村的缘故，他对这里办公、住宿的艰苦条件倒也能够接受适应。接受适应的明证，就是他干脆在里心镇娶妻成家了。他的妻子没有正式工作，就在法庭旁边租房开了间面包店，每月有几百元的进项。因为常年工作吃住在法庭，潘华东理所当然地成了法庭的义务值班员。潘华东已从厦门大学自考大专毕业，目前正在读本科，很快也就要毕业。

法官应清和，50 多岁，里心法庭的"五朝元老"，1985 年 4 月里心法庭成立的时候便成了这里的法官，算起来在这里已接近 20 年了。老应办案严谨认真，经验丰富，近几年经他审理的 200 多件案件没有一件错案。除了办案，老应"打（下）象棋"在当地也小有名气，又嗜烟，常常一边打象棋一边接二连三地抽烟，"猛"的时候一天能抽到四五包。老应有个正在读大学的女儿，老应每月千元的工资有一半要给女儿付学费。

书记员谢建军，今年 28 岁，1998 年福建师大法律大专毕业，考到建宁法院，1999 年 10 月来里心法庭任书记员，正在读的远程教育本科很快也就要毕业。说起来，小谢颇有些"家学渊源"。他的父亲谢朝仁是建宁法院的法官，曾经当过行政庭长、政工科长和黄坊法庭的庭长。谈起自己最小的孩子到派出法庭工作，老谢很表支持："法庭是法院工作的重要组成部分，总得有人服从需要到这种艰苦的地方工作。孩子从小生长在城里，从校门到校门，出校门进机关，对群众生活了解得少，缺乏吃苦耐劳的精神，到农村地区工作是一种很好的锻炼，也是人生难得的机遇。"看得出，对孩子这几年的成熟和进步，老谢颇为自豪。

里心法庭管辖的 3 个乡镇的 33 个行政村，分布在 600 余平方公里的土地上，最远的行政村距法庭 60 多公里，且山高路弯、交通不便，有的偏远山区的当事人到法庭要转两次车。为方便群众诉讼，里心法庭从 1998 年起开展定期、不定期的巡回办案。法官们每次下乡办案都要骑车跑上百公里，有时还没到目的地，老式摩托车就开始发烫，于是只好就地休息，啃点饼干、喝点矿泉水，再继续赶路。如果遇到雨天，摩托车抛锚也是常事，法官只好在泥巴地里推着车走。

许多农民打官司还是姑娘坐轿头一遭，书写诉状和收集证据都有困难。里心法庭收集、编写了八大类、三十余种常见民商事纠纷的起诉状、答辩状的范本，以及申请诉讼保全、调查取证、强制执行等申请书的范文，装订成册，并付目录索引，供当事人参阅。别小看这些范本、范文，在里心法庭，约有 1/3 的当事人就是参阅它而自书诉状，降低诉讼成本的。

同绝大多数管辖区域是农村地区的派出法庭一样，调解工作这枝"东方之花"在这里的司法实践中占有重要地位。近 3 年来，里心法庭审结的民商事案件，调解率都在 80% 以上。调解有利于止纷息争，也有利于事后执行，但调解本身也是件艰苦细致的工作。4 月 23 日上午，我们亲历了孔新光调解的一起案子，才体会到什么是"耐心细致的说服工作"。

这是一起承包合同纠纷案。里心镇靖安村将部分山林的间伐工作承包给原告，后因政策规定必须整体承包，该村又经过投标将山林承包给了本村村民。原告诉靖安村村委会违约，要求赔偿，但原来双方签订的合同却并没有规定违约责任。

从上午 9 点孔新光就开始调解。在陈述理由的时候，双方口气都带有很浓的火药味，大有不达目的誓不罢休的劲头。孔新光把原告与村委会成员分做两处，分头做双方的工作。他拿着一个计算器，先是调解赔偿数额，好不容易在这方面达成一致，又在赔款期限上发生了争执。他来来回回跑了七八趟，甚至利用私人关系把原告的哥哥也请来做工作。到 11 点半的时候，调解已粗略达成一致，还剩下在调解书中附加约束条款的问题。因为不时按下葫芦起来瓢，孔新光无奈地笑笑说："调解工作就这样，总是婆婆妈妈的！"

调解虽说婆婆妈妈，但调解成功的喜悦又让法官们充满成就感。2001 年 3 月 26 日，里心镇芦田村的 20 余名群众曾自发来到该村的山路口，点燃了挂在树梢上的长长鞭炮，迎接里心法庭法官们的到来。

话说 3 年前，该村的小伙夏某与同乡姑娘甘某喜结良缘。然而好景不长，由于缺乏技术和资金，小两口不但经济上没有发展起来，夏某还迷恋起了麻将，把家里仅有的购买化肥、种子的钱也输了个精光。甘某不止一次地规劝丈夫改掉恶习，夏某不但听不进去，反而拳脚相加。甘某想到了轻生，她为此买来农药，幸亏被乡亲们及时发现才没有酿成大祸。为了解决家庭困难，甘某随人外出打工，但挣回来的钱一次又一次被丈夫输在麻将桌上。甘某彻底失望了，她一纸诉状将夏某告上法庭，要求离婚。

里心法庭受理此案后，老应和其他几位法官从甘某的言谈中感到她只是恨铁不成钢，这对夫妻仍有和好的希望。为了这一线希望，他们 6 次来到距法庭 15 多公里的夏家，对夏某进行帮教。夏某被法官不厌其烦的帮教感动了，他泪流满面地当着妻子和法官的面写下保证书，表示要痛改前非。甘某最终原谅了丈夫，并在法官的劝说下回到了阔别一年的家。如今夏某已是村里的致富能手，他的父母每逢赶圩碰到里心法庭的法官，都要再三表示他们的感激之情。

通过类似这样的调解工作，里心法庭 2003 年就促使 13 对夫妻破镜重圆。

里心法庭管辖的里心、黄埠、客坊是建宁县的重要边贸乡镇，每年贸易额在 5 亿元以上，边贸经济活跃，边贸纠纷自然也不少，里心法庭每年受理的边贸纠纷案件均占商事案件的 50% 以上。对于这些涉及当事人是江西人，或交易行为或交易标的发生在边贸市场上的民商事纠纷案件，里心法庭做到当天起诉、当天立案，当天向被告送达起诉材料，有条件的当天组织双方当事人进行庭前调解。

2001 年，里心法庭受理的一桩买卖合同纠纷案，原告邱某是经营废纸生意的江西广昌县人，被告则是建宁一家小有名气的纸业公司。邱某将其收购的 7 吨多废纸卖给被告，被告却迟迟不肯付款。邱某起诉的当天里心法庭就予以立案，当天就组织双方调解。经过一番耐心细致的工作，被告当庭给付邱某 2000 元欠款，余下的 2300 元也达成了还款协议。邱某对里心法庭这种高效快捷的审判方式很是满意，说"福建的法官没有地方保护主义"，事后还送来了一面"人民法庭为人民"的锦旗。

里心法庭所在的里心镇三天一圩。里心法庭针对农民趁赶圩来说事、赶完圩才来说事的特点，推出圩日加班制：凡节假日、双休日逢圩的，法庭照常上班；工作日逢圩的，中午安排审判人员值班，负责接待来访来诉。不要小看这种圩日加班，毕竟他们只有 4 个人，毕竟这是需要天长日久坚持的事情。

里心法庭物质装备落后，是三明市 14 个派出法庭中唯一没有汽车装备的法庭。事实上即使买得起汽车也养不起。建宁法院正投资 600 万元兴建的审判大楼，一半资金靠国债建设项目，一半靠出售原来的办公楼抵债，目前还没有能力援助里心法庭。里心法庭本身可以说就是需要"司法救助"的对象，却对经济有困难的当事人，积极主动地予以司法救助，仅 2003 年一年就减缓免诉讼费达 2 万余元。

5.3　模范检察官奖：喻中升[①]

矿难、火灾、爆炸、火车脱轨、隧道垮塌……在每个重大事故的现场，几

---

① 于呐洋：《检察官喻中升：重大事故现场不"缺席"》，载《法制日报》2009 年 2 月 18 日。

乎都有他忙碌的身影.29 年来，这些是他工作中经常亲临的场面。

图 21　喻中升

　　大山深处、乡村阡陌、矿场隧道……他停留在每个事故现场，少则一个月，多则半年，调查取证、查处案情，直至水落石出。

　　他就是喻中升——最高人民检察院的一名"老"检察官。自从 1979 年走进高检院大门，喻中升就一直工作在反渎职侵权的岗位。

　　29 年的蹉跎岁月，他从青春少年迈向了老年的行列。直至 2008 年 7 月在查处广西百色那读煤矿瓦斯爆炸造成 35 人死亡重大事故期间，喻中升感到身体不适，后经诊断为肝癌。然而，从那时至今，他最牵挂的仍是深深挚爱的检察事业。

　　29 年的光阴流转，他常年战斗在查办事故背后渎职犯罪案件的第一线，查办了一大批在全国有重大影响的案件。他默默地以一颗质朴的心，用法律的天平，使一大批严重失职渎职的犯罪分子受到追究，为无数的弱者维护了公平正义。

　　然而，他却说："我只是一个平凡的人。"

　　但是，同事们说："他是一个高尚的人！"

　　最高人民检察院渎职侵权检察厅负责调查渎职犯罪工作的检察官，这是一个大权在握、令人羡慕，又颇具神秘感的职业，但是却被喻中升做得如此的艰辛和让人感动。循着这份感动，我们触摸到的不只是他精湛的职业技巧与杰出的能力，而是他倾倒世人的职业品格与风范。

毫无疑问，检察官是一项需要拥有高超的法律技巧与能力的工作，在我们强调司法职业化的今天这是必备的基本条件，在这点上喻中升作为一名20世纪60年代就投身于检察事业的资深检察官，并不输于任何人。然而，仅凭这一点并不能真正达到一个人民满意的优秀检察官的高度，决定喻中升高度的是从他经手的每一份工作，办的每一个案子中体现出来的丰富的精神世界。

高度的职业责任感与荣誉感，无私的奉献精神与自律精神，忘我的工作热情与踏实的工作作风，以及深植于内心深处的检察官的职业理想与信念成就了喻中升完美的职业人生。真正感动人的永远是人类自身的品格，也惟有品格才能使一个人，进而使一个职业变得高贵。因此，我们说，做好一个职业并不难，难的是做好一个人。所以在我们决定投身于某项职业之前，如何做人的问题永远无法回避。

5.4　模范城市律师奖：翟建[①]

就事论事，以辩护律师身份思考，翟建做了一个推论，"假如说警方说没有打杨佳，他既然把事情闹到这个份上，那除了用精神病来解释，还可以用什么来解释呢？"第二次见完杨佳，翟建想好了以"有精神病"为庭辩切入口。事实上，通过观察和分析，翟建认为杨佳的行为几乎完全符合"偏执性人格障碍"等数种人格障碍的表现。有人曾提出，在辩护律师质问下证人出现冒汗、颤抖等躯体语言，虽然口头上不承认，但这些信息如果通过媒体传递出来，形成强大舆论压力或许会迫使证人翻供。翟建则说："那种效果，是搞政治，不是搞专业。对，可以将你一军，出你的丑，但我没做这个选择。"

"再退一步说，就算是警察腿在抖，脸在红，每个人知道他们确实打过了，反过来说，你杨佳就能跑到公安局把另外6个和你无关的警察杀了吗？就能成为改变这种判决的理由吗？尽管你有令人同情的一面，你也没有理由去杀这些无关的警察。"翟建坚持就案论案，就事论事，全部的出发点和归宿都是当事人切身和切实的利益，一切工作的重点和核心围绕犯罪构成和证据问题展开。翟建知道，公众在等待一个合理解释：杨佳为何如此杀戮？翟建不愿意杨佳的行为被解释为激进的社会情绪，而应该解释为一个有精神病的个案的病态行为，这并不妨碍翟建的另一个愿望——警察机关应从这个个案中吸取教训，追求善治和善政，从人民爱戴中重拾警察威望。翟建特别提到，杨佳本就希望

① 陈统奎：《杨佳案的"技术型"辩护》，载《南风窗》2008年第23期。

图 22　翟建

一死而痛快，至今并未有忏悔之意，而对他进行终身监禁并不比立即执行死刑来得轻，并且随着时间的推移，杨佳会意识到这种惩罚的长期性和痛苦性，会对自己的行为有一个忏悔，如是这样，可以抚慰 6 个逝去的警察在天之灵。更能抚慰社会不满情绪，让杨佳用一生来向社会忏悔。

此外，"我非常希望我们的国家有一天能走上废除死刑的道路。"翟建说。

5.5　模范乡村律师奖：高彩波①

邛崃市油榨乡新桥村一组的高彩波是一个地地道道的农民，从 28 岁开始考施工员，再到考乡电影放映员、乡文化站长、乡小学教师、电大专科文凭，直至在今年 1 月考取法律工作者执业证。如今年近六旬的高彩波，又正在为其下一个目标而努力，那就是参加司法考试，成为一名真正的律师。由于常常用平生所学帮助周围群众排忧解难，高彩波被乡亲们亲切地称为"赤脚律师"。

---

① 杜卫平、袁国川、汪光辉：《喜欢帮人"吵架"的赤脚律师》，载《成都日报》2008 年 5 月 7 日。

图 23　赤脚律师产生地

几十年农村生活的切身体验，以及放电影走村串户时的耳闻目睹，让高彩波逐渐意识到法律对于广大农村的重要性。"看到农村有的人因为不懂法律而违法，还有许多闹得不可开交的邻里纠纷均因小事而起，就想学法律去帮助父老乡亲。"三思之后，他决定自学法律。

20 世纪 90 年代，为了集中精力自学，高彩波辞去教师之职自学法律，争取当一名法律工作者。当他把这一想法告诉当时邛崃司法局一位负责人时，该负责人十分支持，建议他先系统学习法律知识再考试，并当即送了一套电大教材给他。2000 年至 2003 年，高彩波已经 50 多岁了，他将全家承包的田地分给两个儿子耕种，家务事由妻子包干，自己"脱产"一头扎进学习中。尽管家人有抱怨，但高彩波闭门读书，用三年时间自学完了全套法律专科教材，写了 10 多本厚厚的笔记。

掌握了一定的法律知识后，高彩波就经常为乡亲处理一些法律事务，宣传法律，解决邻里纠纷。1995 年，村民杨某不供养父亲，其父将他告上法庭，父子反目成仇。高彩波了解后，亲自到杨家做父子俩的工作，并运用自身所学的知识，耐心劝解杨某，让杨某从心底认识到自己的错误。随后，杨某将自己收获的部分黄谷给了父亲，并承认错误，其父撤回了诉讼，一家人和好如初。此事被当地群众广为称赞，也使大家在无形中受到教育。

高彩波在村里的名声响了，找他请教、咨询法律知识的人多了。2002年，村民杨某与唐某为在田边栽种土耳瓜打架，杨某被打伤致残，便将唐某起诉至火井法庭，要求唐某赔偿损失。由于杨某不懂法，在法庭上蛮不讲理，导致案件无法审理。杨某找到高彩波帮忙代理诉讼。第一次代理诉讼的高彩波，认真收集组织证据，研究书写诉讼状。在法庭上，高彩波引导杨某严格按照程序诉讼，法院依法作出了公正判决，杨某得到了赔偿。高彩波的名声也因此传开了。

经过3年的苦心耕耘，他终于通过了电大法律专科12门课程的考试，如愿以偿拿到了电大法律专科文凭。在邛崃党校学习期间，高彩波还帮助老师主办了一期模拟法庭课，受到党校老师和学员们的赞誉，被评为"优秀学员"。2008年1月，高彩波又顺利通过了四川省基层法律服务工作者考试，获得了期盼已久的法律服务工作者执业证。

"很快就到花甲之年了，我想再学习法律专业本科，通过司法考试，能在晚年圆我的律师梦。"高彩波又有了新的目标——参加司法考试取得律师资格证。

5.6 模范执法集体奖：民警忠告（1999）[①]

各位居民：

您好！

春节即将来临，为了保护好您及家人的人身财产安全，使您全家能平平安安的（地）欢度节日，请您配合公安机关做好家庭安全防范和自我保护工作，以防止被盗、被抢、被骗案件及火灾等灾害事故的发生。

1. 近来下陆地区入室盗窃案主要作案手段为插门入室或踢门入室，作案目标一般为现金及金首饰，作案时间一般为上午9～11点，下午3～5点，这两个居民上班、家中无人的时间。请您不要在家中存放大量现金，最好用密码活期存折保管现金；金首饰不要放在容易找到的地方；外出时关好门窗，对老式木门予以加固或安装防盗门。对敲门的陌生人应问清其来历再开门，对自称是找人的青年更应多加注意；犯罪分子常借口找人敲门，看清屋内情况及人员后再找无人在家的居户下手盗窃。

2. 近期下陆街头行骗主要有以下几种形式：以换美元行骗；以变魔术或自称有法术能让钱生钱的形式行骗；以猜瓜子、玩三八形式行骗；以卖灵丹妙药形式行骗等。以上几种行骗方式一般均有成员三五人以上，年龄、身份、性别均不相同，互相装作不认识状，一呼几应争相掏钱引人上当。他们主要行骗目标为中老年人，抓住人想赚钱的心理行骗，只要您冷静地观察就会看出哪些

---

① 资料提供者：骈拇，载《天涯》1999年第2期。

人是一伙的托儿。卖灵丹妙药的骗子也是抓住老年人体弱多病的心理，几个人一呼一应，说这药怎么灵，包治万病，还争着买；只要您认真想一下，天下哪有这样的神药，那还要医院做什么？曾发生有老年人用两千元钱买回两颗神药给老伴治病，后来发现不过是两粒普通中药大活络丸的案例。不管骗子的手段如何变化，只要您不贪便宜，不迷信，不凑热闹就不会上当。每一份收获都要靠自己的劳动和努力，天上没有掉金元宝的好事。

3. 家中成年人外出后，不要让未成年小孩独自在家，以防止使用煤气、电器不当或其他原因对孩子造成意外伤害。全家外出时注意关好室内煤气、电热毯、电烤炉等取暖设备。1999 年 1 月夏家㙁某居民就因外出后电热毯未关酿成火灾，请您引以为戒，注意防火安全。

4. 燃放烟花爆竹浪费钱财，污染空气，容易造成对儿童身体上的伤害（如烟花灼伤眼睛，爆竹炸伤手等）及引发火灾；将买烟花爆竹的钱用来购置学习书籍赠送孩子为新年礼物，应是每个家长更明智的选择。目前黄石市禁鞭令仍在实施，对每个违法燃放烟花爆竹的居民，公安机关将会依法处以五千元以下的罚款。提心吊胆放鞭炮，不如安安静静过新年。

5. 注意平时礼貌待人，与邻居同事及他人互敬互谅，不要因琐事与他人口角，导致斗殴等不愉快的事情发生。近期管区内有几起打架均因双方口角所致，俗话说一个巴掌拍不响，有一方稍能退让，许多争吵就能化干戈为玉帛，何必要打得头破血流找到派出所呢？做一个胸怀宽阔的人，这样才能在新年里笑口常开，和气生财。

6. 如发生治安情况请迅速打 110，火警打 119，民警 24 小时为您提供服务。维护社会治安，人人有责，只有警民合作，才能创造安全文明的社区环境。谢谢合作！祝您及家人新年愉快！

下陆公安分局老下陆派出所

值班电话：××××××× 责任区民警 BP 机：×××××××

1999.2

5.7　模范法学家奖：韩德培[①]

韩德培，著名法学家，法学教育家。1911 年 2 月生于江苏如皋。1934 年

---

① 韩铁：《风雨伴鸡鸣：我的父亲韩德培传记》，中国方正出版社 2002 年版。

图 24　韩德培传记书影

毕业于中央大学法律系，获法学学士学位。1939 年考取中英庚款出国研究，在加拿大多伦多大学研究国际私法，获硕士学位。1942 年转入美国哈佛大学法学院，继续研究国际私法、国际公法、法理学等。①

　　1945 年，受时任武汉大学校长的著名国际法学家周鲠生之聘，回国任武大法律系教授兼系主任。新中国成立后，他在武汉大学历任校务委员会常委兼秘书长、副教务长、法律系主任、国际法研究所所长、环境法研究所所长，还兼任国务院学位委员会法学评议组第一、二届成员，第三届特约成员，中国社会科学院政治学、法学规划领导小组成员，国务院经济法规研究中心顾问，第六、七届全国政协委员。曾任中国国际私法学会会长、中国环境资源法学会会长、中国国际法学会名誉会长、国际自然资源保护同盟理事、环境政策与环境法研究中心理事等。

　　早在哈佛大学求学期间，韩德培就撰写了颇有影响的评价庞德的社会法学

---

　　①　2009 年 5 月 29 日，韩先生因病逝世，享年 99 岁。作为进校即聆听韩老教诲的年轻后辈，惊闻噩耗，难信其真。韩老音容，宛在眼前。借此部分，缅怀韩老，纪念他那不朽的法学家人格与道德风骨！

派学说和凯尔森的纯粹法学派学说的文章，回国后，在 20 世纪 40 年代针对当时黑暗的社会，韩德培在当时著名的《观察》杂志上发表了"我们所需要的法治"一文，提出我们所需要的法治应该是建立在民主政治上的法治。解放后，韩德培将俄文《苏联的法院和资本主义国家的法院》一书翻译出版，并发表了《要为法学上的争鸣创造条件》等论文，这些著作对于新中国的法制建设和法学发展起到了推动作用。1957 年，韩德培蒙受不白之冤，被错划为"右派分子"离开法学领域达 20 年之久。

在党的十一届三中全会后，韩德培才重新回到法学研究和法学教育阵地，更加关注我国的法制建设。1980 年赴荷兰参加了国际法律科学大会，在会上宣读了题为"中华人民共和国正在加强社会主义法制建设"的论文，向外国学者们介绍中国政府在社会主义法制建设和法学发展方面所作的努力及取得的成绩，增进了国外对我们推行改革开放后的法制发展的了解。随后，他与几位学者合作完成的《关于终止若干合同所涉及的一些法律问题》的咨询报告，使国家避免了重大的经济损失。韩德培还发表了"运用法律手段管理经济"等论文，起到了重要的指导作用。

韩德培被公认为是新中国国际私法的一代宗师。20 世纪 80 年代，他主持编写了高等院校统编教材《国际私法》，并获国家级优秀教材奖和第一届全国优秀图书提名奖；1999 年他主编的《国际私法新论》创立了现代国际私法学新体系；之后又发表了《应该重视冲突法的研究》"国际私法的最近发展趋势"等论文，颇受学者关注。1993 年他在《市场经济的建立与中国国际私法的立法重构》一文中，提出了重构我国国际私法的基本思路。他对《示范法》的起草、定稿、译本等事项倾注了大量的心血。

韩德培还在环境法学教育和研究方面贡献甚多。他主编了我国环境法领域最早的较为全面系统的教材《环境保护法教程》，是我国迄今为止的唯一的全国高等院校环境法通用教材，1990 年他又主编了《中国环境法的理论与实践》，该书被誉为"开拓性的理论著作"，为此 1998 年他荣获了"地球奖"。1999 年，他被推选为中国法学会环境资源法学研究会首任会长。

韩德培是一位诲人不倦的法学教育家，可谓桃李满天下，武汉大学法学院能成为当今全国最著名的法学院之一，尤其是已成为全国性"国际法"及"环境法"的重点基地，韩德培功不可没。韩德培是武汉大学法学院的一面旗帜，也是中国法学界的一面旗帜。

附评：法学家的品格①

要成为杰出的法律学家、法理学家，成为国家和民族的脊梁，非常不易。许多大人物穷其一生也未能成为杰出法学家——这可不是不愿和不屑，很大程度上确实是"不能"。繁复的法学关涉法律之外的多重视界，牵联亿万民生的柴米油盐，一般人很难同时具备那般的宏远视野与精细眼光。真正的法学家不仅是卓尔不群、以自身法理为准据的学术人，还应是关注高端、体恤民生的治国精英。法学家的法理视野必须集纳政治家法理的优点，才能真正贡献出符合法理本质要求的优良学说与优质学问。

法律研究有三种理论视角：自治型、历史型与精英主导型。自治型的法律研究强调法律自身的体系自洽，虽然不拒绝与外部因素的交流，但也无需依赖他者解释自身。这是一片"就法论法"的学术流域，任何外来的水源，哪怕来自巨川大洋都只能算做偶注的溪涓。与之相反，历史型的法律研究注重法律形成的整体背景，主张从远距离的角度反思法的内在机理，这种对法律外部本原的探求构成了一股生生不息的理论创造力，鼓舞、激励并指引着一代又一代思想者去探究法律的根谛与基本。第三种法理研究视角，亦即精英主导型的法律理论，在方法上倾向于将前述两种视角兼合，既不放弃对法律自治性的论证，也不割舍对法律本原物的探求。可以说，这是一种历时与共时、自治与他治、内因与外因均衡性的分析进路与思想方法。奉行此种理路的学者们相信，法律的生长历史实质上正是"精英主导"的历史，法律究竟由何种类型的精英主导，这一客观事实直接决定了法律的性质。这种理论有效揭示了政治家法理在法律运行中的重要作用。

英人白芝浩对英国宪法的研究正是精英主导型的法律理论之初期典范。在《英国宪法》再版导言中，白芝浩将英国宪法的决定性因素归结为政治家的换代和他们对民众的有效引导。换句话言，白氏眼中的英国宪法史实质上是一部政治家的更替史及其对民众生活的主导史。他说："一个政治国家恰如一片美洲森林：只需砍倒老树，新树就会立即长出来取而代之；种子在地下蓄势待发，并随着老树被清除后阳光和空气的进入而开

---

① 廖奕：《深刻理解法理就是深刻理解世界》，载《法制现代化研究》2007 年卷，南京师范大学出版社。

始破土成长。这些新问题会营造一种新的氛围、新的政党和新的论辩。"①
在他看来，政治家的更替是社会自然进化的必然现象，而政治家更替所造
成的法律变动却是能够强效作用于社会进一步发展的关键因素。因此，强
调政治家精英对民众的引导就非常重要了。白氏以英国改革法颁行后的政
治发展为例，审视依法获得选举权的多数民众与主导改革的少数精英之间
的关联，坦率表明了自己的立场："极其害怕新选民中的那个无知的大多
数。"② 他认为："新获得选举权的阶层并不比旧有的阶层更少需要贤达
者引导的。相反，新阶层更需要引导。"③ 相比与一般的民众判断，作为
精英的政治家判断具有特别的优势，并担当着非同一般的责任。政治家
不同于政客的关键也在于，他们的判断与论题契合国家整体的需要及利
益。

　　法学家精神的塑造离不开政治情怀的内在支撑。政治情怀包括"政
情"与"治怀"两大方面。所谓"政情"是指对众人之事的关切之情；
所谓"治怀"是指对公共问题的主动关怀。法学家关心"政情"为的是
锤铸"治怀"，彰扬"治怀"是为了疏通"政情"——两者兼具才算有
了基本的政治情怀。没有政治情怀的内在支撑，法学家就容易在纷繁的故
纸堆中迷失自我。寻章雕句沉思苦吟，慢慢地，一门公共学问就会蜕变为
私人学说，追捧者日众，但智识性日减。一旦追捧者发现所谓的学术明星
不过是徒有外皮的话语游戏大师，这种难得的"学术追星"也会如经济
泡沫一样崩裂，绽放一片狼藉。真正的法学家一般是主流的产物。对于那
些以边缘另类自居的法学话语，我们最好怀三分敬意和七分警惕。说不
定，新潮画皮后冷不防就冒出一个血淋淋的骷髅头。任何一种话语体系背
后都矗立着某种利益机制，或显明或隐缩，刺动着言说主体和倾听主体的
间性勾连，使他们不经意间就成为一种新意识形态的共同制造者和受害
人。

　　现在就有这样一种流行的"新意识形态"，把政治等同于罪恶。④ 什

---

① ［英］沃尔特·白芝浩：《英国宪法》，夏彦才译，商务印书馆 2005 年版，第 8~9
页。

② ［英］沃尔特·白芝浩：《英国宪法》，夏彦才译，商务印书馆 2005 年版，第 22
页。

③ ［英］沃尔特·白芝浩：《英国宪法》，夏彦才译，商务印书馆 2005 年版，第 11
页。

④ 参见 ［法］路易斯·博洛尔：《政治的罪恶》，蒋庆等译，改革出版社 1999 年版。

么是政治？施密特的答案是"所有政治活动和政治动机所能归结成的具体政治性划分便是朋友和敌人的划分"①。在反人治的口号声中，很多人认为"区分敌友"最终还是为了贯行天才人物的主观意志，从本质上属于人治的范畴，与现今的"依法治国"、"法治国家"不相投契云云。其实，真正的政治家眼中虽然有可能没有法律，但他们绝对不可能不信奉更高级的法理。政治家眼中的"法治"或许不同于学术家构想的法治，他们推行的是以他们自身的独立法理为本位的"战略型法治"。公允地讲，有些曾经被我们钉在"人治耻辱柱"上的暴君，从某种意义上讲，都是真诚的法理统治论者，只不过，他们的法理不易为凡俗理察，很难被常识融通，带着相当的神魅，飘游无形、天马行空，荡迹于民众的想象空间，毁坏了学术家苦心孤诣的法治乌托邦，同时也建构了另一种以战争混乱形式出现的法治理想国。他们往往为历史铭记，无论是赞讼还是批判，他们都没成为历史弃儿。不要成为历史的弃儿，这是我所理解的法学家最应铭记的行为信条。不要太注重一时的喧嚣、片刻的欢愉而忘却了长久恢宏、万世不朽的伟业。我们的法学家应当诚挚地与政治家合作，安定全局，注目细微，不要在"具体法治"的短平快呼吁中阉割了建构热忱，也不要在"法的自然精神"畅想中丧失了程序理性。

杰出法学家从本质上讲应当首先是法理学家。他们讲求的是法理而非法律，他们看重的是说服而非镇压。他们是法理话语的生产者、修补匠，拥有知识制造、道德裁判的权能。他们不大瞧得起庸常的法官，后者仅仅是法律机械的发动者，无心也无力规划法的过去、现在和未来，对法律的原理相当生疏，对法律的精神相当漠然，对法律的解释也相当粗糙。从理论上完美诠释法律的阴阳双面，使之呈现完美的法理轮廓，是法学家的必备素质。但要在理论上完美，就必须首先于实践中会通。法学家的知识必须随时更新，话语也应不断转变，不然就无法维持他们在一般人心中的神圣和崇高。谁都不想让相信自己的人失望，法学家们也不例外。总之，他们需要一种沟通法的应然与实然的均衡解释论来应对与时俱变的法理现实。

与政治家法理不同，法学家法理强调学术探究，看重理性超越，摒弃机缘巧合，反对委曲求全。法学家的立场是批判的，话语是辛辣的。他们

---

① ［德］卡尔·施密特：《政治的概念》，刘宗坤等译，世纪出版集团、上海人民出版社 2004 年版，第 106 页。

不像政治家那样圆滑周到。他们喜欢先寻找法理依据，为一些本质、本原、起源、发生、发展、变异、衰亡等形而上的问题大伤脑筋。对这些难破之题的求解有利于让世人看清法律背后的理性根据即"法理据"，同时有利于法学家树立"宏整而独立的承担感"①。除了追问理据，法学家的法理流程还包括法理想的构建。法理想即法律所要实现的功能、作用，所要达致的地位、高度，所要拥有的价值、内涵。可以说，法理想是法理据的展开，或者说具体化。法学家构建的法律理想国可谓模式繁多五花八门，但归根结底都脱离不了权利、义务、责任这样一些基本范畴和问题。在法学家的视野里，法理念也是一个重要论域。法理念是一种过渡机制，就像一座桥梁，法理据及其具体化之法理想在这头，现实生活的法运行在那头，要从这头到那头就得靠法理念的牵引。现在，我们特别强调提高公民的法治意识，实质上就是要明确、强化、塑造他们的法理念。法理念同现实生活的"法伦理——法推理——法情理"运行有着先导性和牵引型的密切关联。

5.8　学术总结：我们要做怎样的法律人？

人的问题向来被哲学家视为最神奇的领域，在科学主义甚嚣尘上的今天，对人的分离性宰制已让人的形象支离破碎。在消解本质生存设问的日常生活中，人的问题已成为不必要的追寻。有关人之本质的探寻也被视为装点性哲学必要的思想浪费，它提供给受众的无非是日复一日大同小异的论调与聒噪。

研究人的问题，目的何在？方法何在？对象何在？评价何在？这一系列的前提发问都迫使"人学"的研究走向一种"非人"的路径。人的本质不是人自身，而是外在于人但也内在塑构人的神奥力量，它来自于朦胧的民族精神也好，归属于现实的权力意志也罢，都不能摆脱"非人"化的论说。那些本是基于人而模拟、虚构的制度、国家、社会反倒置于人之上，成了其本质。那些本是无关于人的正常生存之精神与意志，也摇身变作了人的始点。在马克思看来，人本学的研究都有一个共同弊病，那就是不从人自身的

---

① Jeffrey C. Isaac. Social Science and Liberal Values in a Time of War. Perspectives on Politics (American Political Science Association), 2004, vol. 3.

过程来看待人的本质。

人与物的区别，在于其独特的生命过程，这种过程是历史文化意义上的过程，广而论之，是人为法理构造的过程，而非简单的自然规律支配的实体。

5.8.1 睿智的理性人

人对己身的思考，永远不会有完美的答案。人论的本质，自身便能折射人性的本质。人思考世界的向度有两个侧面：向内和向外。内在的沉思，被柏拉图赋予了先验主义哲学的光辉，外在的探索，则被亚里士多德打上了知识合法性的路戳。而关注人的哲学转向，发生在苏格拉底身上。他把人定义为：是一个对理性总是能给予理性回答的存在物。人的知识和道德都包含在这种循环的问答中。正是依靠这样一种对自己和他人作出回答（response）的能力，人才能成为"有责任的"（responsible）存在，成为一个法理上的合格主体。基于人的理性回答权能，人的向内思考与向外探索才能聚合为完整的知识体系。可以说，人的知识论核心正是在于对己身的前提思考，人文学是伦理（社会）科学与自然科学的契合点，也是人类知识的中枢神经。

人的理性回应权能，集中体现在人在自我质询中的判断力上。在斯多葛主义眼中，人一旦确信自我在整个宇宙秩序中的真实存在，这就是不可改变并不可扰乱的神圣秩序，同时也就意味着人固有的判断力、辨别力和判断力的不可侵犯。"在人那里，判断力是主要的力量，是真理和道德的共同源泉。因为只有在判断力上，人才是整个地依赖于他自己的，判断力乃是自由、自主、自足的。"① 在马可·奥勒留看来，人的焦虑不安，奴役受制，很多时候就因为注意力分散，判断力消泯。变动不居的宇宙，只有在明确而理智的生活判断下，方可成为人诗意栖居的场所。人与宇宙的和谐及均衡，也根系于这种人特有的理性判断权能。

5.8.2 神秘的宗教人

古典哲学中人的形象往往呈现某种原初的纯朴，如同深处的山泉，甘冽之余还能引发诸多观照现实的批判之思。睿智的理性人，苏格拉底就是一个经典形象。然而，苏格拉底面对审判的困惑，让他的睿智与理性回应显得不那么完美。当睿智的个体面对非理的大众，理性对话如何可能？人的标准形象并非现实的描述，确系哲学上的前设与虚构。而当一种哲学放弃了这个前提，其结论

---

① [德] 恩斯特·卡西尔：《人论》，甘阳译，上海译文出版社 1985 年版，第 11 页。

自然大相径庭。

中世纪最伟大的教父奥古斯丁的人的理论正是基于尘世中非理大众的客观现实。根据奥古斯丁的看法，在耶稣基督降生以前的所有哲学，都有一个根本的错误倾向，那就是将理性的力量追捧为人的最高力量。然而，理性本身是世界上最含混不清、最成问题的东西之一。理性不可能为普在的，为我们提供通向真正澄明、真理与正义的道路。只有靠基督的神启，我们才能破除理性的蒙蔽，回返真正的理性本原。在他看来，人的理性是分裂为两部分的矛盾体：一部分是神赐的，另一部分则是堕落之后自身获救的已遭扭曲的理性。神的力量是人的理性重返自身本源的唯一希望，人永远不可能靠自身的力量找到救赎的方法。

在宗教思维中，人永远是被神秘化的对象。这种神秘化，或许是人本质认识史上的必要之惑。用巴斯噶在《沉思》中的话就是"再没有什么能比这种学说更猛烈地打击我们了。然而，如果没有这种一切神秘中最不可理解的神秘，我们就不可能理解我们自己。关于我们人的状况这个难题在这种神秘的深渊中结成了难解之结，以致与其说这种神秘是人所不可思议的，倒不如说没有这种神秘，人就是不可思议的"①。

5.8.3 自负的科学人

古典哲学与基督教哲学尽管对待人的具体方式有别，但把人看做宇宙之目的，这一点上是共通的。"两种学说都深信，存在着一个普遍的天道，它统治着世界和人的命运。这种概念是斯多葛思想和基督教思想的基本假定之一。"②这个假定，在科学思维中，被首先推翻。新的宇宙观降低了人的地位，人要求成为宇宙中心的权利失去了基础，人被置于一个广阔无垠的空间，在这种无声的包围中，人失去了反思自身的兴趣与动能，开始将外在知识的探寻作为内省观照的基础。

自卑的转化，即是自负。人类面对宇宙时感到的渺小与惊恐，一旦渗入理性权能观念的复兴，便会意外发酵出新的人之本体：自负的科学人。

蒙田曾宣称，只有人才能根据诸事物的真实价值和宏伟外观评价大自然与人类自身的各个族类，因为人具有理性的力量。布鲁诺以近乎诗一般的语言，

---

① ［德］恩斯特·卡西尔：《人论》，甘阳译，上海译文出版社1985年版，第17~18页。

② ［德］恩斯特·卡西尔：《人论》，甘阳译，上海译文出版社1985年版，第18页。

宣扬了无限的宇宙，它意味着广大无边和不可穷尽的丰富性，也意味着人类理性不受任何限制的力量。伽利略主张，人在数学中可达到同上帝一样的广知博识。笛卡尔认为，"我思"的怀疑是"我在"的证明。莱布尼茨主张用微积分式的数理工具看待世界及人类心智。斯宾诺莎干脆创立一种有关伦理世界的数学理论，以描绘新的人之本质与理想。狄德罗断言数学将是人类理性的终点。达尔文主张对"变异"微观研究也是构造理论大厦的重要技巧。丹纳甚至觉得艺术哲学也是一个力学的问题，他还在《现代法国的起源》一书序言中明确声称，要像研究"一只昆虫的变化"那样去研究法国大革命。

5.8.4 迷惘的现代人

自康德开启了对科学理性的哲学清算，非理性主义的潘多拉魔盒便不断爆发出有关焦虑、迷惘、死亡的奇异精灵。叔本华宣称"世界是我的表象"，这是一个真理，是对于任何一个生活着和认识着的生物都有效的真理，不过只有人能够将它纳入反省的、抽象的意识罢了。① 人对纷乱现实的内省，在现代生活中，集中体现为一系列现代性意识的产生与滋长。迷惘，正是现代人的突出意识表征，也是非理性主义对科学人形象的彻底颠覆。

叔本华说："欲求和挣扎是人的全部本质，完全可以和不能解除的口渴相比拟。但是，一切欲求的基地却是需要、缺陷，也就是痛苦，所以，人从来就是痛苦的，他的本质就是落在痛苦的手心里的。"② 痛苦的现代人只有在神秘的直觉或权力的意志中获得解放。如果说叔本华塑造了一个消极、悲观、沉思、静默的迷惘现代人形象，尼采则以其狂放不羁的酒神精神，释放了现代人非理性情绪的极限。尼采构思的"超人"，是被超越了的人，是理想化的人，完全的人。超人是"非人"，是"金发野兽"。在叔本华和尼采生活的时代中，还有一个不为世人所知的基督徒，他叫索伦·克尔凯郭尔。他是一个生性忧郁、孤僻的人，在他看来，只有人的存在才是真正的存在，哲学的任务就在于研究人。而"人"首先意味着"个体的存在"，人的本质是非理性的孤独个体，必经审美、道德和宗教三个思想阶段。人的终点是对理性的否定，信仰之光只有在理性死后方能点亮。

法国存在主义大师萨特更是直接将人的存在定性为"荒谬"。在萨特小说主人公眼里，周围一切和他本人一样都属于同一类的丑恶和痛苦，"存在的关

① ［德］叔本华：《作为意志和表象的世界》，商务印书馆1982年版，第25页。
② ［德］叔本华：《作为意志和表象的世界》，商务印书馆1982年版，第427页。

键"、"生命的关键"、"厌恶的关键",就是荒谬。一切都是荒谬,"我们的出生是荒谬,我们的死亡也是荒谬",存在即是荒谬。

现代人的迷惘,可以用加缪《薛西弗斯神话》中的隐喻表达。薛西弗斯是希腊神话中的一个人物,因为得罪了天神,被打入地狱,罚做苦役。每天都得把巨大的山石从山脚推到山顶,每到山顶,巨石又会重新滚到山脚。他又得再次奋力推巨石上山。如此循环,经年累月,永无休止。然而,薛西弗斯并不感到厌倦,人生的荒谬性决定了现代人的"焦虑"和"迷惘"永无终点。

5.8.5 均衡的法理人

剥离"均衡"添附的技术性征,将其原本意义提纯,并运用于抽象的哲学思辨层次,我们不难发现,均衡应当是人之生活的基本主旨与样式。均衡的人性,意味着"善"、"恶"的先定立场在具体生活中的失效,检测人性的标尺不再掌握在真理制造者的手中,因为均衡必须从生活过程本身体验和把握。均衡的人生,同样意味着"成"、"败"的功利主义标准不再放之四海而皆准,评价人的价值理应从不同主体的不同境遇出发,结合实际的欲求及对欲求正当化满足的不同程度确认。均衡的人权,也不带有权利本位或权利中心的话语强势,以某种体悟式、参与式、广延式的方法确立人在社会、群体中的正当位置,再来议论权利的类型与界限。均衡生存的人,不再是先在、超验的睿智理性主体,也不再是逻辑、经验的几何科学构造,更不会是神秘、虚无的上帝肖像与荒谬存在。均衡的人因为内具了法理层面的敏锐判断力、正义感与法律推理技术,而能有效地安顿身体与内心、群体与个我、实存与意识之矛盾与乖张,并巧妙利用悖论后的动能,在正义化生活目的引领下,合乎法意地正义栖居。

均衡的法理人通过"法"的辅助、导引,谋求人的"在场"。无论"法"是先验的神光还是理智的造物,它都是因人而生为人而存的文化符号。法的生命,因人的形象而激活,也因人的变化而折转。人的"在场",本质在于,人不是作为手段和工具认识论或方法论的对象而存在,人的"在"是本体性地存在,具有"亲在"的意蕴。人,首先作为"自在"主体而降临世间,没有任何理性化的演算与推断,也不带有明确的功利主义意图,人来到世间这个"场",任何规范、约束对人的初生都是陌生而外在的,人的自在状态决定了他不可能立即承担法律上的责任或义务,此时的人,不算是"完人"。自在的人,是人之在场过程的第一个阶段。接下来,人要进入"定在"状态。对人性、人情、人权等人之基本存在要素的确定，是一切外部规范的共同任务。在诸多规范中，法律规范是具有权威性和确定性的，是对诸多定在规范的兼摄与综合，因而，人的"定在"过程就是人与法的亲密接触过程。此中，有的人是严格的守法主义者，有的人则是狡猾的避法主义者，还有的人则是公然的犯法主义者。通过法的定在，人实现了分化，也塑型了不同的人生、人心与人格。并非所有的人都能走到人的终极阶段。虽然在生理上，所有的人都走向共同的终点——死亡；但在法理上，并非所有的人都能获得超越"定在"而奔向"亲在"（实在）的结果。人的自由，仿佛一夜间全然回复，人心仿佛回到婴孩般无知和纯洁，人的行为又是那么从心所欲不逾矩，这大概就是儒家的"仁人"境界，这种境界，也是法理人的均衡图景。

第6章 实　　践

倘若世上没有坏人，也就不会有好的律师。

——狄更斯

法不阿贵，绳不绕曲。

——韩非子

人们通常会发现，法律就是这样一种的网，触犯法律的人，小的可以穿网而过，大的可以破网而出，只有中等的才会坠入网中。

——申斯通

实验项目名称	法律职业道德的实践理性："法律救济合作社"
实验教学目标	1. 在现实的纠纷解决过程中，确立法律职业道德； 2. 理解并培育学生的法律职业道德的实践逻辑与理性，增强其法律操作技能； 3. 通过自主、实践、合作的新型学习方式，巩固理论研习成果，升华职业道德修养。
实验教学要求	1. 教师须事先充分阐明"法律救济合作社"的组织宗旨、原则、规程； 2. 学生加入合作社后享受权利、履行义务； 3. 法律救济合作社采取多元设立、充分竞争的方针； 4. 法律救济合作社应解决实际的纠纷，并提交季度报告。
实验教学材料	1. 法律救济合作社的基本办公设备； 2. 实际的纠纷、若干法律援助案件； 3. 必要的经费保障。
实验教学过程	1. 阐释法律救济合作社的理念； 2. 成立 3~5 个法律救济合作社，成员登记签约； 3. 选择案件，解决纠纷； 4. 总结经验，进行法律职业道德反思。

6.1 "法律救济合作社"：布莱克法社会学的启示

6.1.1 《法律的运作行为》：法律运行的宏观公理

从《法律的运作行为》开始，美国法学家布莱克便坚持不懈地追求着一个可望而不可及的目标——像研究自然现象那样研究法律现象，提供一整套用以分析、解释和预测法律变化的客观普遍的方法和理论。在《法律的运作行为》这本书中，布莱克试图建立一个超越时空、"放之四海而皆准"的理论体系，用定量分析的方法上说明贯穿于"社会宇宙"（social space）之中的法律运行轨迹。他在 1972 年发表的一篇论文中曾明确指出："我们需要这样一种理论，它不仅适用于美国法，也适用于纳粹法，不仅适用于颇费猜详的传统的中国法，也适用于殖民地法和革命法。"布莱克认为，对法律的真正科学的研究必须恪守三条基本原理：（1）科学只分析现象而不探究本质；（2）科学的观念应该是具体的、可以与经验相参照的；（3）价值判断不能求诸于经验世界。必须指出，布莱克的法行为学与行为法学（behavioral jurisprudence）以及计量法学（jurimetrics）是有所区别的，特别是在研究对象上差异很大，布莱克理论着力于宏观；而行为法学和计量法学着力于微观，即应用心理学和统计学的原理和技术来分析个人的守法行为和司法行为，根据经验资料预测法律实施的效果和审判结果。基于这样的理论关切，布莱克试图通过对诉讼的社会结构的分析把他的抽象思维体系与司法实践结合起来，开辟了所谓"判例社会学"的新领域。据说这门学说所提供的社会地位、关系距离、权威性、组织与案件、诉讼当事人以及权利主张之间的函数关系的客观知识，将有助于律师和当事人进行正确的预测和选择。①

布莱克在《法律的运作行为》一书中有关法律运行的量化公理可总结如下：

1. 法律运行的分层（社会生活的纵向方面）公理——基于财富不平等（资本差异，包括经济资本、文化资本、社会资本等）的司法权。

公理一：法律运行需求与社会分层数量成正比。"如果产生争议，不同等级的人们更可能将问题提交法庭或其他司法机构。例如，在土耳其农村，几乎

---

① 季卫东：《法律变化的定量分析和预测（代译序）》，载〔美〕布莱克：《法律的运作行为》，唐越、苏力译，中国政法大学出版社 2004 年修订版。

所有由警察或其他官员处理的案件都是涉及不同等级的人们的案件，而相互平等的人们则自行解决他们的问题，这种情况可见于每一个社会。"①

公理二：法律运行需求与等级地位成正比。"不论是什么样的问题，比较富有的人之间总是更爱打官司。他们更可能就任何问题相互提起诉讼，不论是欺诈、过失、诽谤或是离婚。"② 法律与群体的等级变化成正比，这种等级不仅存在于群体之间，而且存在于群体与个人的关系中。甚至可以在各个社会之间列出每个社会之等级，列出社会中区域、社区和邻里之等级。这可以根据居民的财富分配状况来划分，也可以按照社会或地区的财富来划分。

公理三：向下运行的法律总量多于向上运行的法律。法律从较高向较低等级移动，叫向下运行，反之，从较低等级向较高等级移动，叫向上运行。"对于民事或刑事案件，在司法过程的每个阶段，在不同等级之间的法律运行都是纵向移动。"③ "从长期看，一旦指控转向较高等级的人，法律甚至可能会自动缩小其先前的管辖权。因此在马萨诸塞海湾殖民地，当巫术指控转向上层时，巫术审判就陷入停顿。指控之网开始遍及各地，不仅覆盖了这个国家的表层，还触及社会上流，于是一些颇有影响力的人们也被投入了人满为患的监狱……。在这种形势下，怀疑主义的苗头逐渐地然而是确定地出现了……被折磨的女孩们……开始显露出远远超过了她们信用程度的勃勃野心。当她们指控诸如 John Alden 和 Nathanial Cary 时已经够糟糕了，而当她们提出兼有波士顿第一教堂主教和哈佛学院院长双重身份的 Samuel Willard 的名字时，地方法官直截了当地告诉她们，她们搞错了。④ "即使法院受理一个低等级的原告提出的指控，并且原告已保证了他的对手出席法庭，原告对于审理的结果也没有多少信心。因为有势力的人，即使不使用贿赂或胁迫，获得胜诉的可能性也很大。法官和陪审团（如果有的话）很容易为被告的社会地位、财富和优良品性等特点所影响，而这种影响又被认为是完全正当的。"⑤

公理四：向下的法律运行比向上的法律运行更具有刑事性。向上的法律运行比向下的法律运行更具有赔偿性、治疗性与恢复性。"当富人拿了穷人的财

---

① Donald J. Black, The Behavior of Law, Academic Press, Inc. 1976, p. 17.

② Donald J. Black, The Behavior of Law, Academic Press, Inc. 1976, p. 20.

③ Donald J. Black, The Behavior of Law, Academic Press, Inc. 1976, p. 24.

④ Erikson, Kai T, Wayward Puritans: A study in the sociology of Deviance, New York: John Wiley, 1966, pp. 148-149.

⑤ Garnsey, Peter, Legal Privilege in the Roman Empire, A Journal of Historical Studies 41 (December), 1968, p. 9.

产，对他的要求是返还财产或进行精神治疗；而穷人拿了富人的财产则更多被作为罪犯来处罚。"①

公理五：同一等级的人们更适于和解性法律运行。"和解性法律的变化与分层成反比，这意味着，同一等级的人之间无论是高等或低等都要比不同等级人之间更易于达成妥协。等级相等越远，和解的可能性越小。随着一个社区或社会的分层增加，和解就会减少，而更多地为刑罚、赔偿和治疗所替代。"②

2. 法律运行的关系公理——基于形态—社会生活的横向方面，即人们相互关系的分配，包括分工、结合和亲近的法律。

公理一：社会分化程度与法律运行需求的关系呈曲线型。法律的变化与分化成正比，达到某一点之后，则成反比变化。具体地讲，法律随分化而增加，一直到分化到相互依赖的某个程度，然后随共生（Symbiosis）的出现而式微。当人们在功能上没有分化、相互之间很少或根本没有交换时，法律很少；而在另一极端，当每个人都完全依赖于他人时，法律也很少。③

公理二：法律运行需求与亲近程度（关系距离）的关系呈曲线型。在关系密切的人们中，法律是不活跃的；法律运行需求随人们之间距离的增大而增多，而当增加到人们生活世界完全相互隔绝的状态时，法律需求开始减少。在陌生者之间，法律需求达到最高值。

公理三：法律运行总量与社会一体化程度成正比。居于社会生活中心，社会一体化程度高的人所需法律运行多于处于社会边缘的人们。换句话说，处于社会边缘的人们之间的违法要轻于与社会生活更加一体化的人们之间的违法。"大量法律所调整的也总是与一体化程度高的人们相关的事情，如就业、交换、组织行为、管理和婚姻等。"④ "一个社会化一体化的人对社会边缘化的人提出控诉的可能性随他们的社会一体化程度的差异的增大而增大，控诉成功的可能性也随之增大。"⑤ "未婚者、离婚者或失业者、逃学者、流民、缺乏友谊的人以及破裂家庭中的孩子——所有这些人，按照边缘性理论，都更有可能进行不轨行为。"⑥ "在法律过程的每个阶段，社会边缘化的人都更容易受

---

① Donald J. Black, The Behavior of Law, Academic Press, Inc. 1976, pp. 33-34.
② Donald J. Black, The Behavior of Law, Academic Press, Inc. 1976, p. 34.
③ Donald J. Black, The Behavior of Law, Academic Press, Inc. 1976, p. 45.
④ Donald J. Black, The Behavior of Law, Academic Press, Inc. 1976, p. 58.
⑤ Donald J. Black, The Behavior of Law, Academic Press, Inc. 1976, p. 60.
⑥ Donald J. Black, The Behavior of Law, Academic Press, Inc. 1976, p. 65.

到法律的威胁。"①

3. 法律运行的文化公理——基于社会生活符号的法律——法律运行总量与文化总量成正比。"文化的量因社会环境不同而变化。在某些地方，文化非常多，以致初来乍到者需要花费数月乃至数年的时间来熟悉它的许多特性，否则就无从知晓，而在有的地方，只有很少的文化，并且早已众所周知。""在文化稀少之处，法律亦少；而在文化丰富之处，法律亦繁荣。"② "在创造性活动或其他文化活动繁荣之时，立法和诉讼也随之增加。例如，在欧洲文艺复兴时期，18 世纪末 19 世纪初以及 19 世纪末 20 世纪初，法律的发展尤为迅速。"③ "在一个社会或社区内，法律在文化空间中的分布是不均衡的。"④ "个人的文化取决于他有多少思想，取决于他的穿着、饮食、行为、观察和娱乐。个人生活中的文化的量预示了其生活中的法律的量。"⑤

4. 法律运行的组织性公理——基于社会生活的组合方面，即采取集体行动能力的法律——法律运行总量与组织性程度成正比。⑥ 即使如今组织在许多方面增加了，它的范围却在向相反方向发展。越来越多的人从一个组织流向另一个组织。这些组织继续存在，而其成员的成员身份的寿命却越来越短。⑦ 未来的组织将是长久的，但却很软弱。这涉及法律运行量质的组织化均衡问题：从总量上看，我们必须采取有效手段控制司法组织的构建总量，但在质上，我们应当明确司法组织的独特性。控其量而隆其质也可以称为一种特殊的均衡要求：量与质的均衡。

5. 法律运行的社会控制公理——基于社会生活规范方面的法律——法律运行总量与其他社会控制力量成反比。社会控制规定了不轨行为并对这种行为作出反应，它规定了什么是应出的，什么是对或错，什么是违反、责任、反常或扰乱。⑧ 社会控制可以解释处于组织内、邻里间、公共场合中和面对面偶然相遇中人们的行为。⑨ 社会控制的量根据不同场合而变化。例如，私人场合中

---

① Donald J. Black, The Behavior of Law, Academic Press, Inc. 1976, p. 65.
② Donald J. Black, The Behavior of Law, Academic Press, Inc. 1976, p. 75.
③ Donald J. Black, The Behavior of Law, Academic Press, Inc. 1976, p. 76.
④ Donald J. Black, The Behavior of Law, Academic Press, Inc. 1976, p. 76.
⑤ Donald J. Black, The Behavior of Law, Academic Press, Inc. 1976, p. 77.
⑥ Donald J. Black, The Behavior of Law, Academic Press, Inc. 1976, p. 100.
⑦ Donald J. Black, The Behavior of Law, Academic Press, Inc. 1976, p. 160.
⑧ Donald J. Black, The Behavior of Law, Academic Press, Inc. 1976, p. 123.
⑨ Donald J. Black, The Behavior of Law, Academic Press, Inc. 1976, p. 124.

的社会控制多于公共场合，而法律则少于公共场合。有自己的保卫系统的组织，法律也较少。朋友间的法律也少于一般关系。法律甚至在同一天的不同时刻也不同。例如，当人们入睡时，大多数社会控制也就松懈了，而法律却增加了。① "夜晚是警察活动最频繁的时刻……睡觉期间的公共控制的加强可能是与非正式控制的瓦解相联系的。当人们之间的交往停止时，除了官方的威胁或身体的制约外就没有其他制裁了。在夜晚，社会的法律结构变得赤裸裸，白天里那些如同血肉一样附在法律骨架上的非正式社会控制的复杂系统在黑夜里都剥落了。"② 在布莱克看来，如果现代社会的这些趋势继续下去，很可能在几个世纪内或迟或早，将出现一个新的社会。这将是一个平等的社会，人们专业化了，但又是可互换的；这是个游牧者的社会，人们既亲密又有距离，既同质又多样化，既是有组织的又是自治的，名誉和其他地位每天都会变化。昔日将在一定程度上回归，但社会却是不同的社会。它将同时是公社型的和情势型的，是一个对立统一的均衡社会。

6.1.2 《社会学视野中的司法》：法律运行的微观定理

在《法律的运作行为》之后的《社会学视野中的司法》一书中，布莱克致力于微观法社会学的研究，试图揭示那些法律上相同的案件常常得到不同处理的内在原因。他认为，案件的社会结构是司法过程中隐蔽的关键所在。在他看来，法律规则、原则无非是法律表层的一些"技术性特征"，除了法律的技术性特征——法律准则具体应用于实际案件中的过程之外，每一案件还有其社会特征：谁控告谁？谁处理这一案件？还有谁与案件有关？每一案件至少包括对立的双方（原告或受害人，以及被告），并且可能还包括一方或双方的支持者（如律师和友好的证人）及第三方（如法官或陪审团）。这些人的社会性质构成了案件的社会结构。③ 这些社会结构的内在差异决定了法律量的不同。易言之，法律量的变化与案件社会结构的差异性是紧密关联、结为一体的。具体而言，包括下述几种"效应"：

1. 对手效应，即"谁告"的问题。对立双方不同的社会地位会带来不同

---

① Donald J. Black, The Behavior of Law, Academic Press, Inc. 1976, p. 129.

② Aubert, Vilhelm & Harrison White, "Sleep: a sociological interpretation", in The Hidden Society, by v. Aubert Totowa: Bedminster Press, 1965, pp. 129-130.

③ 参见［美］唐·布莱克：《社会学视野中的司法》，郭星华等译，法律出版社2002年版，第5页。

的司法效应。布莱克以美国社会为例，在美国，当一个黑人被认定杀死了一个白人时，被判极刑的危险要远大于任何种族组合的情况。在俄亥俄州，它比黑人被认定杀死黑人而判极刑的可能性高出近 15 倍；在佐治亚州高出 30 倍；在佛罗里达州高出近 40 倍；在德克萨斯州高出近 90 倍。①

	原告的社会地位	
高	1	2
低	3	4

原告的社会地位

图 25　社会地位结构与法律量的相对关系（1 = 最多；4 = 最少）

此外，关系距离、文化距离也构成对案件司法处理的实质性影响。

2. 律师效应，即"谁辩"的问题。布莱克发现，"律师的社会地位越高，其当事人获得的利益越多"，"律师还可能显著地改变案件的关系结构"。②

3. 第三方效应，即"谁审"的问题。"谁是法官？谁是检察官？谁是警官？谁是陪审员？他们是男人还是女人、老人还是年轻人、已婚还是未婚、富有还是贫穷、白人还是黑人、是英格兰人、爱尔兰人、犹太人还是西班牙裔或葡萄牙裔？法官在此案之前是否认识当事人或律师？"③ 这些在布莱克看来，也是案件社会结构的一个重要组成部分。布莱克发现，第三方权威性高低程度直接影响司法案件的处理，并且第三方权威性程度往往与其自身相对的社会地位成正比。"与对立双方和他们的支持者的社会地位相比，第三方的社会地位越高，其行为越容易表现出更大的权威性。"④ 权威性程度高的法官往往倾向于依据法律条文作出明确的判决，而权威性低的法官及陪审员往往倾向于折中处理，一般不会作出完全有利于某一方的判决。不尽相同的第三方与对立双方的亲密程度、关系距离也是造成司法处理不同的一大原因。对此，布莱克也用了专门的图式阐析：

---

① 参见［美］唐·布莱克：《社会学视野中的司法》，郭星华等译，法律出版社 2002 年版，第 8 页。

② ［美］唐·布莱克：《社会学视野中的司法》，郭星华等译，法律出版社 2002 年版，第 11 页。

③ ［美］唐·布莱克：《社会学视野中的司法》，郭星华等译，法律出版社 2002 年版，第 12 页。

④ ［美］唐·布莱克：《社会学视野中的司法》，郭星华等译，法律出版社 2002 年版，第 12 页。

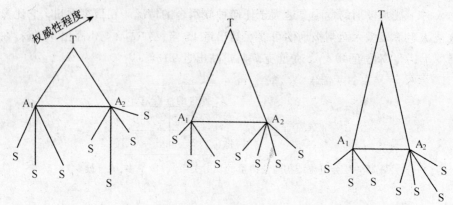

T—第三方　A—对立双方　S—支持者　L(线的长度)—关系距离

图 26　第三方的关系结构及其权威性

布莱克指出，这种关系距离与权威性程度的关联模式同样适用于文化距离，例如种族、职业、性别、代际之间的文化距离。总之，对立双方与第三方（法官或陪审团）的社会文化距离越远，判决的结果往往越具有权威性和决定性。

4. 言谈效应，即"谁说"的问题。布莱克引用最新的实验结论并指出，如果人们以一种社会地位高的人的方式作证，可以提高他们在法庭上的可信度。①

布莱克认为，差别待遇在司法生活中是稀松平常的，但传统法理学观念却视社会差别为异常。② 所以，他倡导与传统法理学注重逻辑分析截然不同的法律社会学视野中的司法分析方法——注重对案件的社会结构加以科学描述与揭示，侧重于对法律变量的解读，以更合理地阐释不断变动、随时有异的司法过程。

他从律师视角具体解说了这种"法律实践中的社会学"。它们包括，从专业角度筛选案件；设计费用支出；选择参与案件人员；决定是否要求庭外调解；审判前的准备工作，选择法官、陪审员、审判地点；设计审判中的策略；

---

① 参见［美］唐·布莱克：《社会学视野中的司法》，郭星华等译，法律出版社2002年版，第15页。

② 参见［美］唐·布莱克：《社会学视野中的司法》，郭星华等译，法律出版社2002年版，第18页。

当败诉后决定是认罪还是继续上诉。① 如何减少法律上的歧视与差异实现司法的均衡理想？布莱克也从方法论的角度开出了自己的药方。

1. 建立法律合作社团。这种法律联合体具有类似于索马里传统社会中"通赔团体"的特征，这是因为现代法的发展很多情况下都是对传统法的超越性复原。在布莱克看来，法律合作社团有利于增加个人的法律权能力量，使"法律事务中的势力均衡状况发生戏剧性变化"。② 法律合作社团既可以解决内部纠纷，同时也处理涉外冲突，既可以介入民事案件，也可以介入刑事案件，特别是在对刑事案件的介入中，法律合作社团有利于现今"恢复型司法"的勃兴，避免刑罚手段过多被采用，"法律合作社团为现代生活中调解及谈判方式的发展注入了新的内容。"③ "法律合作社团不但有那些以家庭或其他原始群体为单位的个人参加，而且面向所有个人敞开。它将法律带入社会发展的主流，向那些现代社会中没有组织身份的个人在遇到法律问题时提供组织的帮助。"④ "法律合作社团不仅减轻了个人相对于组织的懦弱性，而且使案件在很大程度上均质化了。因此，组织及其他方面的歧视能够得到缓解与中和。"⑤

2. 减少司法过程中社会信息量。布莱克发现，如果在司法过程中没有社会信息的渗入，无论案件本身有多大的不同，只要其性质一样，严格来说其处理结果应该相同，只有当事人的社会特征为司法者所知晓，社会特征才会对司法过程产生影响。所以，从理论讲，减少司法过程中的社会信息量，有效控制社会特征对司法处理的不良影响，是实现司法价值的重要途径。"案件社会信息的减少——法的非社会特征化将彻底消除法律歧视。"⑥ 对此，布莱克论述了三种情形：第一种是法庭审理的部分非社会特征化，比如某些特定社会信息不允许作为证词，禁止盘问过细等司法规定。第二种是所谓的激进的非社会特

---

① 参见［美］唐·布莱克：《社会学视野中的司法》，郭星华等译，法律出版社 2002 年版，第 29 页。

② ［美］唐·布莱克：《社会学视野中的司法》，郭星华等译，法律出版社 2002 年版，第 48 页。

③ ［美］唐·布莱克：《社会学视野中的司法》，郭星华等译，法律出版社 2002 年版，第 53 页。

④ ［美］唐·布莱克：《社会学视野中的司法》，郭星华等译，法律出版社 2002 年版，第 56 页。

⑤ ［美］唐·布莱克：《社会学视野中的司法》，郭星华等译，法律出版社 2002 年版，第 63 页。

⑥ ［美］唐·布莱克：《社会学视野中的司法》，郭星华等译，法律出版社 2002 年版，第 72 页。

征化。比如，禁止当事人、证人当庭陈述因为这有可能暴露相关社会信息、法官和陪审团主要依据规范化、统一化格式编辑而成的手写陈述与证词。甚至，律师也要排除在法庭审理之外，因为律师本身也能透露案件有关的社会信息。第三种是最为彻底的非社会化特征司法，布莱克名之为"电子司法"，用电脑处理案件，将法官和陪审团逐出法庭，这样所有案件处理都会彻底的非社会特征化和标准化。最后分析的结论，布莱克承认，或许"这种歧视是法律与生俱来的"①。

3. 社会的非法律化。布莱克批评了霍布斯式的国家法律至上主义，认为，"大量的人类学证据表明：许多处于无政府、无法律状态的社会，不仅普遍地存在于现实中，而且运行良好"。② 相对于正式的法律救济，自助、逃避、协商、第三方调解、忍让都可能是"法律的替代物"③ 相反，对法律的过度依赖和沉湎往往是极权主义的结果和体现。"极权主义社会对法律的依赖似乎达到了登峰造极的程度，如斯大林时期的苏联和希特勒时期的德国"，"这种社会制度之所以能够实现全方位的社会控制，是通过鼓励人民把所有的纠纷交由官方处理而实现的，不管所涉及的纠纷多么微小"④。布莱克用"基蒂·吉诺维斯综合症"这一术语描述过于倚赖国家正式法律救济的恶性处境。⑤ 布莱克对于日本当局有意识寻求法律最小化的政策非常欣赏，他认为，"日本的社会控制体系似乎并未引起反社会的行为，相反，它比当今世界上任何法律体系都更为有效"。⑥

---

① 参见［美］唐·布莱克：《社会学视野中的司法》，郭星华等译，法律出版社2002年版，第72~76页。

② ［美］唐·布莱克：《社会学视野中的司法》，郭星华等译，法律出版社2002年版，第81页。

③ 参见［美］唐·布莱克：《社会学视野中的司法》，郭星华等译，法律出版社2002年版，第81~84页。

④ ［美］唐·布莱克：《社会学视野中的司法》，郭星华等译，法律出版社2002年版，第85页。

⑤ 1964年，基蒂·吉诺维斯（Kitty Genovese）小姐被一名歹徒强奸并杀死。在她受害的过程中，38位邻居都听到了其呼喊，却无一人采取任何救援行动。事后这些邻居解释说，他们都认为当时已有人报了警，或者干脆认为这种事情就不是自己应该理睬的，警察才是唯一合法处置的主体。参见［美］唐·布莱克：《社会学视野中的司法》，郭星华等译，法律出版社2002年版，第87页。

⑥ ［美］唐·布莱克：《社会学视野中的司法》，郭星华等译，法律出版社2002年版，第93页。

6.1.3　小结

透过布莱克的法律社会学理论，我们不难发现，实践中的"法"与纸面上的"法"存在多么悬殊的差异！法律运行过程中的纠纷解决，从本质上是法律职业人运用自身特有的权力、文化资源及技能、修辞手法，达成社会利益均衡的格局。各种法律职业在社会利益均衡过程中具有不同的使命与伦理，从总体而言，他们都应忠诚于法律的"原旨"，追求正义的实现。这决定了他们必须在法律救济过程中有效合作，特别是要注重于非法律人的沟通。寻求精英伦理与大众伦理的契合，通过个案推进正义。

正视现实，不等于我们无视法律的弊漏；

呼唤理想，不意味我们放弃眼前的利益。

6.2　法律救济的理念阐释

在讲述这个问题之前，先看几则新闻报道：

（1）一辆"流浪儿童救助车"近日驶上石家庄街头，寻找流浪孩子，对他们实施救助。工作人员说，这几天来他们每天都要救助十来个流浪儿童。救助车将以春节为起跑常年开下去。

（2）春节"送温暖"是极富中国特色的社会救助活动。在过去的一年，中国不少地方开始反思"送温暖"的形式与效果。重庆市沙坪坝区政府将送物品改为送"就业机会"。……在寒冬里痛快洗个热水澡，曾经是上海卢湾区生活困难老人曹老伯的奢望。但有一年春节前，曹老伯一天之内被六批上门"送温暖"的人士请去洗了六次澡，当晚就感冒卧床了。今年春节，当地政府将为各区老人发放 18 万张洗澡票，老人们可以凭票在自己喜欢的时间去遍布全市的 1200 多家大众浴池里免费洗澡。

（3）新加坡最高法院 2006 年 1 月 25 日驳回了谋杀中国女孩黄娜的马来西亚籍凶手卓良豪的上诉，维持死刑原判。卓良豪的父母已经表示，他们将通过律师，要求新加坡总统特赦其儿子。

（4）中国法律援助基金会与中华全国律师协会 2006 年 1 月 19 日正式签订关于建立"农民工法律援助专项基金"的合作协议书，标志着用于为农民工维权及提供法律援助的 100 万元专项基金正式启动。

（5）一般的乳腺病被误诊为"乳腺癌"，武女士被切除右侧乳房，造成八级伤残。11 年后武女士才发现医院涉嫌医疗过失并将其告上法庭，经过一审、二审、再审，目前这起医疗损害纠纷案件由河南省漯河市中级人民法院宣判，判决医院赔偿武女士 23560.71 元。

本来，"救济"一词有多种含义，但在法律语境中，它主要是指当一个人或实体的法律权利相关的正义提供方式。① 救济是对问题或困难的解决与改善。在法律上，救济是法庭用以恢复当事人权利或达到错误矫正目的的法律方法。② 救济可以采取多种形式，主要有宽厚的行为，例如权利要求的撤回或出自恩惠的给予；政治救济方法……法律救济方法，也就是须依靠规则获得的救济。③ 法律救济有三个基本点：（1）权利；（2）正义；（3）规则。权利是法律救济产生的母体，"无权利即无救济"；正义是法律救济追寻的目的，"邪恶的救济不是救济"；规则是司法依凭的根据，"无规则的救济是混乱无序"。

6.2.1 法律救济的权利精神

权利的基本属性主要有五个方面：（1）利益。一项权利之所以成立，是为了保护某种利益。利益包括个人利益、公共利益和社会利益。任何利益诉求都可能成为法律救济的权利。（2）主张。一项利益若无人对它进行主张或诉求，就不可能成为权利。特别是当利益受于被侵犯的威胁之中，主张利益就显得尤其重要了。（3）资格。提出利益主张的凭藉就是资格，法律救济的权利主体必须具有相应的法律资格。（4）权能。这是指权利主体实现其利益的权威和能力。（5）自由。作为权利要素的自由，指的是权利主体可以按个人意志去行使或放弃该权利，不受外来干预或胁迫，亦即我们通常所谓的"权利可以行使也可以放弃"的原则。④

权利之所以成为法律救济的母体，乃是因为法律救济的实体内容是各种具体的利益主张。纠纷和冲突的发生往往都表现为利益主张的歧异与不合，对利

---

① Remedy Law and Legal Definition, http：//www. uslegalforms. com/lawdigest/legaldefinitions. php/remedy. htm.

② http：//encyclopedia. lawzilla. com/Remedy. shtm/.

③ ［英］戴维·M. 沃克：《牛津法律大辞典》，邓正来等译，光明日报出版社 1988 年版，第 764 页。

④ 参见夏勇：《人权概念起源——权利的历史哲学》，中国政法大学 2001 年修订版，第 47～48 页。

益主张的判别、调解最终达致和谐无疑是法律救济最重要的功能性要求。除此之外，法律救济的主体塑造也离不开权利主体的资格、权能与自由。没有法律资格的人不可能在法律的途径内寻求到合适的救济。没有相应权威和能力的人即使其具备了纸面的法律资格也会因实际困难得不到权利救济。没有自由的人跟不可能成为法律救济的适格主体，因为外在的干预与胁迫无法使其真实意志与其利益诉求相一致，法律也难以给一个让其满意的"说法"。总而言之，在一个权利匮乏、残缺的国度，法律救济不可能正常孕生、发展，因为它的实体内容和主体塑造都无法形成。没有内容和主体的法律救济要么是神意的超然昭示，要么是特权阶层的专政独裁，都是脱离民权与公义的恶法之治。

6.2.2　法律救济的正义阳光

权利的阳光可以驱散人们心头的隐忧，但也可能扰乱正当思维的范畴。在法学上，"滥用权利"的现象被认为是"权利主体在权利行使过程中故意超越救济界限损害他人的行为"。① 对这种淆扰正当思维的"故意"，法律需要通过"正义"的目的追求来加以克服和救济。正义，是法律救济的精神本原，离开了正义的追寻，法律救济便会沦为无灵魂的僵躯，丧失了最珍贵的人文价值。

正义是什么？这是个让古今中外无数贤哲头痛不已的问题。诚如博登海默所言，"正义有着一张普洛透斯似的脸（a Protean Face），变幻无常"，随时可呈现不同形状并具有极不相同的面貌。② 每个人心中都有自己的正义观，幻想将它们统一同化是不可能的。法律救济追求的正义也不仅仅是这些不确定的正义观念，而是一套浓凝了正义理念的正义制度，具体而言，就是包含了实体正义观念和程序正义制度的"均衡正义"。

实体正义观，简而言之，就是旨在保障人们各项实体权利的法律正义观。长期以来，法律之所以被称为正义的代名词，就在于它追求法定权利的落实，平等无间地保障人们的利益、主张、资格、权能和自由。这种法律正义观念使得法律救济具有与生俱来的平等性格，它不分男女、老幼、贵贱、亲疏，遵循权利保障与实现的逻辑，尽可能地为大多数人的最大幸福提供价廉质优的服务。一般人诉讼法律也都是因为相信法律最终会给自己一个满意的"说法"，

---

① 刘星：《法理学导论》，法律出版社 2005 年版，第 372 页。
② ［美］E. 博登海默：《法理学》，邓正来译，中国政法大学出版社 1999 年版，第252 页。

自己的正义观念会在法律救济中得以最大化的实现和体现。

实体正义的观念构成了法律救济公信力的源泉，但倘若没有一套程序正义制度，这种"公信力"就会打折扣。法谚有云："正义不仅要被实现，还要以看得见的方式实现。"程序正义制度就是保证法律救济的实体正义得以正当实现的根基支撑。一个败诉的当事人可能非常满意法律救济的"公信力"，因为他通过程序正义制度体会到了什么叫司法的中立、无偏私，什么叫法庭的公平听审，什么叫裁判过程和结果的高度透明……他感到自己的尊严在正义的法律程序中受到了细致入微的关怀，即使出现了实体上对自己不利的状况，也输得心服口服。

6.2.3　法律救济的规则关怀

在追求"全面正义"的过程中，法律救济应当以规则为运行本原。"法律是使人们的行为服从规则治理的事业"，富勒的这句经典名言让我们感到了法律的规则力量。一方面，法律本身之所以成为一种维护权利、实现正义的救济途径，在很大程度正是因为它本身的规则特性。法律规则对于规范人们的权利、义务起着至关紧要的作用。法律规则以明确的语言、严整的结构、可预见的处理形式让人们对自己的生活建立起稳定的预期。另一方面，法律救济过程本身也应当具有规则性。公民寻求法律救济、国家实施法律救济、社会监督法律救济都应当遵循相应的规则。如果法律救济过程自身都无规可循，那么我们还有什么理由相信法律会给予纷争以规则的救济？

在上面列举的种种救济方式，符合法律救济本质要求的是后三种。问题在于，法律救济的本质究竟如何？我们认为，法律救济在本质上是一种法律本体范畴内的补救和矫正，它必须与法律存在要素性并联，并且有助于实现法律保障的权利与正义。法律包含规则、原则、概念这些基本要素。① 一般而言，法律救济必须"有规可循"、"有理可据"并"有话可说"。法律救济之"规"就是法律的规则，法律救济之"理"就是法律的原则，法律救济之"话"就是法律的概念。法律救济因严格而"被动"，它本质上不同于主动热情的社会服务，遵循"不告不理"的基本准则。依据这样一种法律救济的本质观念，我们很容易将对流浪儿童的社会救助与送温暖式的政治救济排除于法律救济之外，这些救助活动本身当然有利于法律权利与正义的实现，但它们与法律不存

---

① 参见李龙主编：《法理学》，中国社会科学出版社、人民法院出版社 2003 年版，第 60～67 页。

在要素性关联，因而不能称为法律救济。当然，法律救济的消极性也不是绝对的。在第 4 个例子中，对农民工权益的法律援助可以被认为是一种主动的法律救济，但这也是在大量农民工权益被侵害而无救济之途的客观现实基础上的无奈主动，是一种被迫的主动，本质上与法律救济的消极性并不矛盾。当事人要求总统特赦是因为总统在法律上享有特赦权而当事人有主张总统行使这一特权的自由，法律不能主动要求帮助当事人寻求特赦。法院判决医院承担损害赔偿责任是因为当事人的起诉经过了法院的审理认定之后对于受害者权利的补救，对医院错误行为的矫正。这些都是常见的法律救济现象。

值得特别指出的是，现今许多国家都倾向于扩大法律救济概念的范围，并通过专门的法律予以确定。比如法国在 1998 年 12 月 18 日第 98 - 1163 号法令中便对法律救济这一概念作了扩展式的再定义。新的法律救济定义扩大了人员参与的范围，将社会工作者、法律救济机构、各种机构、青年从业者、法律从业人员都作为法律救济的提供方和参与人。与此相应，新的法律救济概念还扩大了公民的权利：第一，公民有对其权利和义务的知情权，以及有权了解帮助其实现权利的机构；第二，在享受法律权利或履行义务时，有获得法律救济及在非司法程序中获得帮助的权利；第三，有权获得法律咨询；第四，在制定和缔结法律文件时有权获得帮助。在具体实施体制上，法国也将省级法律援助委员会改革为法律救济委员会，赋予了它很多全新的职权和目标。①

6.3　在历史实践中探寻法律救济伦理

6.3.1　法律救济的仪式伦理

开会时，法官们从这 30 名法官中推选一名最好的法官作为首席大法官，当他不在时，由城邦任命另一位法官接替他。法官们的薪俸和其他必需品由国王提供，最高法官的报酬要比其他法官高得多，他曾在脖子上佩戴一个由金链子串起的雕像，这个雕像是用最珍稀的石头雕刻而成。人们称之为真理之像。当真理之像被最高法官佩戴时，诉讼由此开始。接着八本法律全书被放置在法官们面前。根据习惯，原告应当用书面形式写明案件细节，呈给法官，内容首先为指控，接着为事实、损失的情形。然后，

---

① 参见刘立宪、谢鹏程主编：《海外司法改革的走向》，中国方正出版社 2000 年版，第 29 ~ 30 页。

被告在收到原告的诉讼后对其中的每一点用书面形式进行答辩，他们要么声称未做此事，要么声称虽然做了但没有过错，或者事实如此但罪行较轻。接着原告作第二次书面回答，被告作第二次答辩。

当双方以书面形式两次提呈案件后，将由 30 名法官完成讨论然后作出判决，并由最高法官将真理之像交给一方或另一方当事人作为接受判决的标志。①

这就是世界上最古老的埃及法庭审的正式程序。在埃及法历史中，我们还采撷了一位农民状告官吏获胜的故事，它有力地证明了法律救济的仪式伦理。

一位农民被一个官吏抢劫了辛苦劳作换来的所有物品。他怀着满腔悲愤向更高一级官吏申诉，要求公正对待。那位高官感到"案情重大"，将此事汇报给了国王。当国王听了农民关于正义的九篇演讲，他被农民雄辩的颂词深深吸引。农民高声诵扬，"您是孤儿之父、亡妇之夫、弃女之兄、丧母者之围裙。在这片土地上，您的名声高于一切公正的法律，您是慷慨的领袖、高尚的伟人，您戳穿一切谎言，您就是正确"。"您是天之舵、地之柱，您就是测量用的尺！舵永远正确，柱从不崩溃，测量之尺从不犯错。"国王最后毫不犹豫地判农民赢了诉讼，抢劫的官吏遭到严厉的惩罚。②

6.3.2　法律救济的制度伦理

法律救济各种制度性要素的发展在古罗马实现了统一。严谨、细密的成文法，专门、多样的裁判法院，高端、理性的自然法思想，渊博、职业的法律家、法学家阶层，从不同方面促使法律救济向司法诉讼的方向迈进，甚至达到了使"训练有素的法学家在这笔叫人为难的财富中也会不知所措"的程度。③

2 世纪初，诉讼的声音响彻了罗马广场，声音萦绕着内事裁判官法院，……萦绕着外事裁判官法院……同时，宣布判决的声音从奥古斯都广

---

① ［美］约翰·H. 威·格摩尔：《世界法系概览》（上），何勤华等译，上海人民出版社 2004 年版，第 21 页。

② 参见［美］约翰·麦·赞恩：《法律的故事》，刘昕、胡凝译，江苏人民出版社 1998 年版，第 48~49 页。

③ ［澳］维拉曼特：《法律导引》，张智仁、周伟文译，上海人民出版社 2003 年版，第 33 页。

场……从元老院……从皇帝亲自接受全国上诉案的巴勒登惊雷般地发了出来……一年中有 230 天受理民事案，365 天受理刑事案件，市民被诉讼的狂热弄得憔悴不堪。受此狂热袭扰的，不但有律师、原告、被告，而且还有大批猎奇者，他们热衷于打听丑闻，沉溺于在各类法庭四周接连几小时一动不动地聆听滔滔不绝、口若悬河的法庭上的雄辩。①

反观传统中国的法律理念，法律是一种必要但又必须加以贬抑的东西。叔向反对铸刑鼎，认为法律不能太过于受重视和公布。过于强调法律会让统治者疏忽"礼"对于人们日常行为的调节，公布法律则会让一般民众陷入"好讼"的深渊。正式的法律救济在中国总是被置于非正式的纠纷解决之后，它是不得已的最后选择。对此，一位美国法学家作了中肯的评价：

即使对个别案件的处理常常是专断的，这种非正式的解决纠纷制度对人民来说却有内在的优越性。普遍的社会价值强调的是避免冲突，遵守合乎体统的行为规则以及依靠社会团体来消除矛盾的必要性。这种非正式的制度为儒家规范和价值的传播提供了必要的辅助。司法外的调解也解除了政府的工作负担并有助于避免地方行政官与其司法辖区内的人民间的冲突。通过对各种各样的纠纷的处理，这些司法外的组织使政府没有必要再起草一部完备的法典，像在中国这样一个大国里，起草一部完备的法典本来就是一项令人望而生畏的工作。②

6.3.3 法律救济的冲突伦理

近代法律文明点燃了"天赋人权"的火炬，使法律救济由对危害行为的事后惩处发展为对法定权利的事先确认。个人权利观念的勃兴划清了近代西方与其他文明的根本分水岭，也使得法律的"西方中心主义"得以迅速形成、传播。直至今日，任何一个法系、文明都无法摆脱西方法律权利观的影响。

---

① J. 卡科庇诺：《古代罗马的日常生活》，企鹅出版社 1956 年版，第 189 页。转引自 [澳] 维拉曼特：《法律导引》，张智仁、周伟文译，上海人民出版社 2003 年版，第 33 页。

② [美] 罗伯特·F. 尤特：《中国法律纠纷的解决》，周红译，载张中秋编：《中国法律形象另一面：外国人眼里的中国法》，法律出版社 2002 版，第 258 页。

1890 年在美国南犹他州的一个小镇上发生了一起蹊跷的案件。有一天，地区行政法院的大陪审团接到一桩起诉，告发小镇上的印地安人杀死了属于镇上居民的一头小公牛和另一位居民的小母牛，并把牛肉在全体印地安人中分食了。后来经过调查发现，失踪的那两头牛因为进入印弟安人的耕地并将他们的庄稼吃了个光，当地印地安人便要求镇上的大主教（他被印地安人看做是白人部落的首领）作出适当的赔偿。主教对此未予理睬。一个星期后，印弟安人将这两头牛杀死，并严格认真地将牛肉、牛皮分给了印地安小部落中的每一户人家。①

按照印第安人对司法救济的理解，这是一种完全正当的自助补偿。但按当地的私有财产法，牛是可以随处放养的，想保护耕地的业主必须围建足以起保护作用的篱笆。印地安人无权杀牛，只能对牛的主人提起诉讼。他们杀死牛并将之瓜分无疑是侵犯了神圣的私人财产权，扰乱了秩序，有失人格尊严。这种法律救济观念无疑属于以权利为本位的，以诉讼为中心的近代西方，不一定符合所有人的传统观念，但对之产生了极大的影响。事实上，印第安部落自此以后就围起了栅栏，并开始学习通过诉讼解决与白人群体的纠纷。

6.3.4 法律救济的契约伦理

近代西方三大法律原则包括：私有产权不可侵犯；契约自由；法律面前人人平等。契约构造的平等无疑是西方法律救济的核心。

1769 年，达特茅斯学院和当时新罕布尔什尔州政府签订契约。契约规定，达特茅斯学院由自己设立的校董会管理办学，州政府不能以任何形式加以干涉。不过，契约是以州政府发放特许证的方式来表达的。达特茅斯学院的办学基金，全部来自个人慈善捐献，属于私有性质。校董会的成立以及成员配置，极为尊重捐献者的意愿。但是，时隔数年，也即 1816 年，由于州政府和当时的教会发生冲突，教会又与捐献者和校董会有着各种千丝万缕的联系，州政府便要求州立法机构以立法形式更改学院的名称，并要求将学院的管理权利，交给其他管理机构。州政府宣称，学院或者大学，终究要以服务社会为目的，终究要以社会管理为依托。州立法机

---

① 参见 [美] 约翰·麦·赞恩：《法律的故事》，刘昕、胡凝译，江苏人民出版社1998 年版，第 414～415 页。

构，随即颁布了赞同性质的相关立法。达特茅斯学院认为，州立法机构的立法，违反了美国联邦宪法保护契约自由的条款，属于违宪行为，并且，为了保护自己的权益，达特茅斯学院将"对政府的抗议"推入了法律诉讼程序。历经 3 年，美国联邦最高法院作出判决，宣布新罕布什尔州立法机构的相关立法条款违宪，因而无效。最高法院指出，达特茅斯学院属于私有性质的法人组织，其办学基金的来源，与政府行为没有任何关联，基于这一事实，政府无权干涉学院的内部事务，这是其一；其二，美国尊重并且保护契约自由，州政府已经承认特许证的发布属于契约行为，既然如此，州政府就应履行契约的承诺；其三，在美国宪法面前以及在美国法律诉讼过程中，政府以及州立法机构，并不享有超越私有组织或私人的特别权利。判决结束，达特茅斯学院以及社会各界深感欣慰。①

6.3.5　法律救济的经济伦理

对于符合经济理性的法律救济方式的探求，构成了"科斯定理"的深层意蕴。

科斯，1910 年生于英格兰的威尔斯登，1991 年获诺贝尔经济学奖，他提出的法律制度内在经济逻辑的观点被人们称为"科斯定理"。科斯在《社会成本问题》中设想这样一个有关法律救济的例子：

有畜牧者和农夫的两块土地毗邻，畜牧者的牛经常越过地界吃农夫的麦子。畜牧者是否应当补偿农夫的损失？对此，科斯作了两个假定：（1）如果麦地是农夫的私有财产，畜牧者便没有权利让牛去吃麦。如果牛吃了麦，畜牧者必须赔偿农夫的损失。如果牛吃麦带来的牛肉价值增长高于农夫的损害赔偿，畜牧者就会再让牛吃麦。但是，如果牛吃麦带来的收益少于损害赔偿，畜牧者便会主动限制牛吃麦。（2）如果畜牧者有权让牛吃麦，农夫会用支付麦价的方法使畜牧者限制牛吃麦。例如，当牛由 3 头减至 2 头时，农夫愿支付 3 美元。这时，如果牛吃麦的收益大于 3 美元，畜牧者会继续增加牛群数量；反之，畜牧者就会接受农夫的 3 美元，只放 2 头牛，最后的效果同样是两地总产值的最大化。从这两个相反的假定，科斯得出了相同的结论，只要双方谈判协商不存在外部成本并且权利界定清

---

① 刘星：《法理学导论》，法律出版社 2005 年版，第 256 页。

晰就无须诉诸正式的法律解决纠纷。①

但是，在现实生活中，争执的当事人通常必须花费时间和金钱以集合在一起讨论冲突解决的方法，很多时候还要请律师、交诉讼费，法律还要花费大量的成本去审判和执行，这些"交易费用"的存在使得权利保护的法律救济十分必要。

美国经济分析法学的领军人物波斯纳指出，当科斯定理的前提条件——零交易费用和合作行为具备时，法律就没有任何必要以特殊的方式分配、救济财产权利，因为市场交换、谈判协商总能让冲突各方获得效益。但当这个条件不具备时，法律就应当努力减少权利的分配和市场成本，重视和复制一个"法律市场"。②

简单说来，科斯定理揭示了法律救济的基本抉择原理：无论是站在纠纷当事人的立场，还是正是处于以维护社会公益为己任的国家立场，我们都应当努力促成权利救济的效益与市场化。对于当事人而言，他们可以免除许多额外的成本，维持稳定的人际关系，有利于长远的生活幸福。对于国家而言，也可以节约大量的司法资源，避免有权机关和个人的弄法与腐化。卡夫卡寓言中的那位乡下人如果明白了这一点，他还会不会那么执拗、不可说服呢？

6.3.6 法律救济的司法伦理

"我们生活在法律之中，并以法律为准绳，法律确定我们的身份：公民、雇员、医生、配偶以及财产所有人。法律是利剑，是护身盾，是威慑力：我们坚持工资条件，或拒绝交纳房租，或被处以罚款，或被投进监狱，所有这一切都是我们这个抽象而微妙的最高主宰即法律决定的。"③ 法律之所以能救济我们的一切，进一步的根由在于，"在任何程度上，法律面前平等和法律规范的一般性都是法律的本质"④。法律始终受正义的拘束，而司法则是正义的最后

---

① 参见张文显：《二十世纪西方法哲学思潮研究》，法律出版社 1996 年版，第 212 ~ 213 页。

② 参见张文显：《二十世纪西方法哲学思潮研究》，法律出版社 1996 年版，第 216 页。

③ 〔美〕德沃金：《法律帝国》，李常青译，中国大百科全书出版社 1996 年版，前言。

④ 〔德〕拉德布鲁赫：《法学导论》，米健、朱林译，中国大百科全书出版社 1997 年版，第 7 页。

一道防线。"在法治社会中，司法救济是最后的和最有效的救济途径，是公平正义的最后一道防线。司法救济是通过诉讼实现的，诉权保护及诉讼制度的发达程度，是法治发达程度的直接反映和重要标尺。"① 培根曾言："一次不公的（司法）判断比多次不平的举动为祸尤烈。因为这些不平的举动不过弄脏了水流，而不公的判断则把水源败坏了。"② 在法治意识日益强化、司法正义深入人心的今天，明确"司法是正义的最后一道防线"这一法律救济的中心思想，非常必要。因为，这种观念的内在法理依据就是所谓"司法中心主义"的提出。

2000 年美国总统大选出现的戏剧性一幕：共和党候选人布什和民主党候选人戈尔激烈角逐的总统宝座最终要靠最高法院对选票统计纷争的判决确定。当美国联邦最高法院最终以 5 比 4 的一票之差作出了不利于戈尔的判决时，戈尔说出了这样一句内蕴法学哲理的名言："我虽然很难同意最高法院的决定，但是我接受它，我接受这一判决的最终权威。"③ 司法权威的最终性在这场政治斗争和这句"失败心得"中体现得淋漓尽致。"从今天美国的各种民意测验可得知，尽管二战后美国总统的权力（Power）越来越大，甚至有了'帝王总统'之说，但其权威（Authority）却每况愈下。相比之下，最高法院得到人们的信任程度却总是高于行政和立法部门。其较高的权威恰恰是来自其较少的权力，因为人们不太担心非民选的大法官会损害他们的个人权利。"④ 由此，我们可以理解托克维尔当年的感慨："其他任何国家的都从来没有到如此强大的司法权。"⑤ 因为，美国司法权的强大并不是司法权力的强大，而是司法权威的强大。

布什戈尔的总统之争最终由最高法院的裁决一锤定音，充分展现了司法救济的权威性和终极性。这虽然是当代美国法律的一个独特事件，但其中蕴含的司法救济最终性原理却是任何承认法治、追求法治的国度很早就普遍认可的。20 世纪初享有盛誉的美国最高法院法官霍姆斯就曾雄辩地把法律等同于法院

① 孔祥俊：《司法理念与裁判方法》，法律出版社 2005 年版，第 19 页。
② 《培根论说文集》，水天同译，商务印书馆 1983 年版，第 193 页。
③ 参见任东来等：《美国宪政历程：影响美国的 25 个司法大案》，中国法制出版社 2004 年版，第 471～505 页。
④ 任东来等：《美国宪政历程：影响美国的 25 个司法大案》，中国法制出版社 2004 年版，第 8～9 页。
⑤ ［法］托克维尔：《论美国的民主》（上卷），董国良译，商务印书馆 1991 年版，第 168 页。

将要作出判决的预言。对司法救济中心性的崇拜在法学家格雷那里得到了无以复加的体现。他明确宣称，即使由立法机关颁布的制定法也不是法律，而仅仅是法的渊源，因为法律的意义和法律的效力，只有在法院审理案件中才能得到最终确定，司法救济构成了法律本身。① 在客观上，"许多纠纷是出于无奈不得不提交法院，因为这是最终解决的唯一场所"②。

但在日本学者小岛武司看来，以美国为代表的西方国家，鼓励纠纷和争端通过诉讼加以解决，诉讼数量很大，法官和律师工作负担非常沉重，社会对法官和律师的需求也非常旺盛，这使得这些国家法学院规模不断扩大，法学教授和学生的数量也不断增加。这种以司法为中心的"大司法救济"模式并不是那么完美无缺。日本与此相反，其选择是抑制诉讼，鼓励调解，限制司法规模。即使在社会争端不断增加，诉讼数量节节攀升的情况下，日本也没有像美国那样扩大司法救济的规模，而是采取一种有意限制司法作用的"小司法救济"战略。20 世纪 20 年代和 30 年代日本先后在不同领域发展调解制度，40年代又进一步规定所有民事争端必须首先进行调解，只有调解不成，才进行审判。日本成为发达国家诉讼率最低的国家。③

其实，无论是美国的"大司法救济"模式还是日本的"小司法救济"战略都没有脱离司法救济的本质要求，那就是终极权威地解决争端，实现最佳的权利配置，都属于司法中心主义的法律实践。为了符合司法中心主义的本质要求，美国 90% 的刑事案件通过控辩交易的方式解决，日本也逐步将调解纳入法院工作的正当程序。

在当代中国，解决法律纠纷的基本途径主要有三条：第一是"私了"，当事人自行私下了结。在个别地方有一种习俗叫做"赔命价"。杀了人以后，只要赔偿被害人家多少财产，就可以不告官。这种习惯显然是不符合现代法治社会要求的。但今天，对于一些小纠纷，比如小的道路交通纠纷，我们也提倡当事人自行解决，也就是"私了"。第二是"民调"，即民间调解、民间仲裁。过去，农民的一些纠纷多数由农村基层组织比如生产队、大队调处。目前，"人民调解委员会"是民间调解的专门组织，行政上属于司法行政部门管理，

---

① 参见［英］罗杰·科特威尔：《法律社会学导论》，潘大松等译，华夏出版社 1989 年版，第 235 页。

② ［英］罗杰·科特威尔：《法律社会学导论》，潘大松等译，华夏出版社 1989 年版，第 241 页。

③ 参见朱景文：《解决争端方式的选择：一个比较法社会学的分析》，载《新华文摘》2004 年第 1 期。

业务上接受人民法院指导。另外，我国还有许多民间仲裁机构，如国际贸易仲裁委员会等。第三是"告官"即"打官司"。打官司过去是到"衙门"，现在就到法院。所谓"官司"，实际上就是指纠纷由官方来定夺，不是"私了"也不是"调和"，而是解决纠纷的最后途径，一般而言，是私了不成、调和不了的情况下不得已采取的。①

不难看出，我国的司法救济是一种居于美国模式与日本战略之间的"中型"制度安排，既不鼓励诉讼，也不排斥审判，而是力图在纠纷解决多元化和最终性之间找到一条最理想、最稳妥的中间道路，实现最有利于人民根本福祉和公共利益法律救济。这与中国法律的和谐文化传统及"后发赶超型"法治发展模式是紧密相关的。

将审判与调解的优点结合起来，塑造一种"均衡型"的司法救济模型，是当今法律发展的一大亮点。美国目前正在尝试的"微型审判"就是一个例子。这种尝试的内容是在正式开庭审理之前，原被告双方的律师经过协商在退休了的法官面前进行实验性的证据审查和辩论，请该退休法官作出胜败的预测，然后在此预测的基础上双方再进一步就和解的条件进行交涉。此外，日本在交通事故处理中的"假定裁决"做法也是典型之例。"假定裁决"的具体内容是对经过律师协商仍不能解决的纠纷，再请由学者、退休官及律师三方组成的实验性会议来作假定的裁决，以便当事者能据此作出自己的决定。② 这些都是试图将调解与审判的结果一致化的努力，都反映了"均衡型"司法救济制度的优越特性。问题在于，如何从法理学理想图景的角度建构一种司法中心主义哲学下的法律救济整合机制，实现均衡司法救济的具体制度指标确立，可以说，在目前的中国法学研究中尚属人迹罕至的盲区。

6.4　以司法均衡为中心　重塑法律职业伦理

6.4.1　案件

诺曼群岛是美国的一个海外领地，目前在法律上具有准州的地位，尽管没有批准美国联邦宪法及修正案，但适用美国宪法及修正案，并可向美

---

① 参见肖扬：《关于司法公正的理论与实践问题》，载《法律适用》2004 年第 11 期。
② 参见［日］棚濑孝雄：《纠纷的解决与审判制度》，王亚新译，中国政法大学出版社 2004 年修订版，第 56 页。

国最高法院上诉，遵循美国最高法院作出的判例。在司法制度上，也仿效大部分州，并运用判例法制度。在律师职业伦理规则方面，则采纳了ABA 的模范规则，并参照援用其他州的一些重要判例。

强尼、维尼、桑尼和珍妮是该领地的居民。二十年前，他们都是当地一所中学的同学。强尼与维尼目前是当地一家律师事务所的合伙人。他们之间个人关系之好，自不待言。不过，强尼人生中最好的朋友则是桑尼。桑尼以前是一个注册会计师。三年前，桑尼对会计职业心生厌倦，申请就读了当地的一所法学院，已于今年春天顺利毕业，并通过了律师考试，目前正在申请成为一名执业律师。

桑尼在申请律师资格时遇到了一点麻烦。他在填写申请表格时，其中有一栏问题是："您是否曾遭到拘捕、指控或被定罪？"他吃不准应该如何填写。其中很大的隐情在于：他在中学时曾因为与他目前正在办理离婚的珍妮的关系，与维尼先是发生言语冲突，既而互殴，双双被当地警局刑拘。两人被拘捕后认罪态度好，且情节轻微及年少，免于指控而释放。这整个事件只有维尼、桑尼及珍妮知情。维尼虽然后来仍一直热烈追求珍妮，并时不时与珍妮保持往来，但珍妮还是在 10 年前选择嫁给了桑尼。桑尼从珍妮那得知，维尼十年前申请律师时，曾向律协隐瞒了曾被拘捕的历史。尽管桑尼从法学院三年级律师职业伦理课上知道：根据诺曼群岛的律师伦理准则，无论在申请律师时还是成为执业律师后，申请者或执业律师都需要保持相应的诚实坦率的道德水准，但他担心自己披露过去曾被拘捕的历史，会导致法协资格审查委员会的进一步审查与调查，最终甚至导致法学院三年的辛苦学习泡汤。维尼的成功经验又让他心存侥幸心理。

桑尼拿不定主意该怎么办时，他想到了精明能干的好朋友强尼，便打电话给强尼求助。在电话中，桑尼把他碰到的麻烦问题刚讲了个开头，强尼就在电话中打断桑尼，要他第二天到他的事务所面谈，并让他带来一张开给强尼数额为十元的支票。桑尼虽认为好朋友之间何必多此一举，但他第二天还是带了张十元钱的支票给强尼，然后在面谈中把他的疑惑、难处及整个事情的前因后果告知强尼。强尼在与桑尼的谈话中，也得知维尼十年前申请律师资格时曾对那段历史有所隐瞒。

作为桑尼的最好朋友，强尼最终向桑尼提供了什么建议不得而知，但桑尼最终决定隐瞒这段历史。尽管如此，桑尼的申请仍然不顺利。律师资格审查委员会有一位成员正好跟维尼相熟，在非正式询问到有关桑尼的人品及个人历史时，维尼提交了一份说明，其中明确指出桑尼的性格过于内向敏感，人际关系比较糟糕（这不完全符合事实，桑尼只是在陌生人面前天性比较害羞，比较沉默寡言），甚至有酗酒毛病（这有部分是事实，那是三年多前准备放弃会计师职业而出现人生迷茫，而且面临婚姻危机时曾有过酗酒行为，但现在已经没有了），但维尼并未涉及桑尼是否故意隐瞒自己被拘捕的历史这一事实，因为他担心如果桑尼被要求对质时，他的隐瞒历史也可能被揭发出来。对桑尼雪上加霜的是，他过去做会计师时，两个客户因不满桑尼在税收方面的服务，在经律师资格审查委员会询问时，指责桑尼曾挪用他们的资金。实情是：桑尼按税法要求为他们提供了避税财务方案，而这两个客户自认为的退税因其他非桑尼的技术原因未能实现。

律师资格审查委员会根据这个三项对桑尼不利的指责直接驳回了桑尼的申请。桑尼要求律师资格审查委员会给予他一次听证机会，并告知他被驳回的理由。律师资格委员会拒绝了桑尼的听证申请，告知他驳回他申请律师资格的理由是："申请人在道德品格上展现了不合适从事律师职业的种种特征。"但对具体是哪些特征未作进一步详细说明。事实上，诺曼群岛无论是最高法院还是律协规章中，均未对有关律师资格审查委员会及职业道德训诫委员会的听证程序作出任何规定或规则。

桑尼一怒之下将该律师资格审查委员会告上了诺曼群岛最高法院，并聘请强尼作为自己的代理律师。在庭审中，桑尼一不小心向法庭披露了强尼知悉维尼十年前申请律师资格时隐瞒个人历史的情况，根据最高法院本身拥有的职业道德训诫权，直接指示律师训诫委员会吊销维尼、强尼律师从业资格一年。同时，针对桑尼提起的诉讼，诺曼群岛最高法院驳回桑尼的申请，维持了律师资格审查委员会的决定，但未附判决理由。

现在桑尼和维尼分别向美国最高法院提起调卷令申请，并得到其许可。最高法院决定两案合并审理。请代表分别就申请人桑尼、维尼，或被申请人律师资格审查委员会和职业道德训诫委员会，向法庭提交辩论摘要。①

6.4.2　通道

"该案以法律职业伦理为中心内容，同学们可以结合法律救济的一般原理对之加以分析。"

---

① law. hust. edu. cn/Law2008/UploadFiles_ 5969/200710/20071017021624194. doc

下面，我为大家解决这个纠纷提供几种通道：

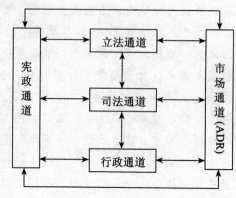

图 27　法律救济通道

1. 立法通道

权威的《牛津法律大辞典》将立法定义为"通过具有特别法律制度赋予的有效地分布法律的权力和权威的人或机构的意志制定或修改法律的过程"①。立法救济是一种具有抽象特征和普遍效力的法律救济通道，它一般以成文法的形式将权利救济的基本方式和原则确定下来。对此特性，我们可以从亚里士多德在《雅典政制》一书中对雅典立法改革的专编评述中窥见一斑。他指出："当梭伦一成为政事的领导者的时候，他就禁止以人身为担保的借贷，一举而永远地解放了人民，他又制定法律，下令取消公私债务，某法典曾以'解负令'闻名，意即人民卸下他们的重担。"②梭伦对旧法的废止以及新法的颁布属于诉诸立法通道实现人民权利法律救济的历史范例。在近代，美国宪法最初的文本中并没有权利保障的内容，后来的政治家通过附加的《权利法案》加以补充，这也是立法救济权利的一个典范。在当代中国，"尊重和保障人权"已被作为修正案写入宪法，这同样走的是立法救济的通道，并且还是以宪法修改这种最高效力的立法形式。

2. 行政通道

诉诸行政通道的法律救济，我们称之为"行政救济"。我国出版较早的一

① ［英］戴维·M. 沃克：《牛津法律大辞典》，邓正来等译，光明日报出版社 1988 年版，第 547～548 页。

② 《外国法制史资料选编》（上册），北京大学出版社 1982 年版，第 118 页。

部法学辞书中对"行政救济"作了这样的解释:"当事人因国家行政机关的违
法或不当处分而使其权利或利益遭受损害时,依法向有关国家机关提出申诉的
程序。"① 其实,广义的行政救济除了对行政权力侵犯公民权利所造成损害给
予补充救济外,还包括国家行政机关和法律授权、委托的组织及其公职人员依
照法定职权和程序,贯彻实施法律以保障公民权利的活动。行政救济遵循
"行政内救济优先原则",这一原则主张,对某一个行政争议,除法律另有规
定的以外,相对人应当首先通过行政内救济途径加以解决,行政内救济不足以
解决问题的方面申请法院救济。② 行政内救济包括行政裁决、行政复议、行政
调解等方式。③ 行政裁决是对平等主体之间发生的与行政管理活动密切相关
的、特定的民事纠纷进行的裁决、主要包括权属纠纷的裁决、侵权纠纷的裁
决、损害赔偿纠纷的裁决。行政复议是指行政管理相对人对原具体行政行为不
服时,由作出该行为机关的上一级行政机关或隶属人民政府或法律规定的其他
机关,根据相对人的申请或自己的职权,依法对原具体行政行为予以复查并作
出裁决的一种执法。它是行政相对人向行政机关请求矫正或不当的行政行为的
一种救济手段。行政调解是指由行政机关主持的,以自愿为原则,通过说服教
育的方法,促使争议双方当事人友好协商、互谅、互让、达成协议的一种执法。

更多的行政救济还是通过行政机关大量的执法活动实现和完成的,行政处
理的大量权利救济问题都是日常化的且繁杂异常的,因而方式也是多元的,包
括行政命令、行政许可、行政征集、行政给付、行政奖励、行政确认、行政规
划、行政处罚、行政强制、行政计划、行政指导等。

3. 司法通道

司法救济是法律救济的权威通道。在我国的法学理论中,司法救济又被称
为"法律适用"。如果说立法、行政对权利的救济是抽象、普遍、单向的,那
么,司法救济就是一种具体、特殊、互动的形式,并且,司法救济具有法律运
行的终结性特色。因为,"在现代社会中,或者从现代社会的法律制度理想与
构架来说,国家权力运作的最终位置,是'适用法律'。以'最后的效力'而
论,'适用法律'要比'执行法律'更为关键,前者通常是法律制度运行或法
的实现的'最后阶段'。不论一般公民或一般组织的'遵守法律'、'运用法
律',还是国家行政机构以及公职人员的'执行法律',一般而言,最终都要

---

① 《法学词典》,上海辞书出版社 1980 年版,第 275 页。
② 参见林莉红:《中国行政救济理论与实务》,武汉大学出版社 2000 年版,第 19 页。
③ 参见张文显主编:《法理学》,高等教育出版社 2003 年版,第 267 页。

在'适用法律'中寻求自己的合法根据，确立自己的合法地位，获得自己的合法肯定。这是现代社会的核心制度设计之一"①。

司法救济必须遵循中立、公正、客观的原则，这样方可体现法律的权威性和司法救济的终极性。

4. 市场通道

法律救济既有刚性、强制的一面，也有柔韧、自由的一面，权利天生带有自由的精髓，权利救济自然也不能无视合意的力量。法律救济的市场通道就是为了更简便、快捷、无后患地解决纠纷、补救隙缝而生。著名思想家哈耶克曾将社会秩序分为了"建构型"和"自生自发型"两种，并对后者寄予愿望，认为自生自发的秩序才是法律最适宜的成长土壤。基于这种洞见卓识，我们不妨认为法律救济也可以成为一个权利自由交易的市场，当发生了侵权与不法，市场具有自动救济的机能。这主要体现在广阔的民商事领域，众多的法律职业人，他们以"律师"为主体，在民众权利救济的市场化进程中发挥着愈益显要的功能。② 尽管他们提供的救济存在这样那样的瑕疵甚至硬伤，需要国家权威机构的审核与监管，但借助市场通道的救济往往比诉诸官方的救济更简捷，更易为当事方操控与接受。

在美国，有一种"私人法官"制度。由民事诉讼的双方当事人共同选择或称"租用"一名私人法官审理他们的案件。双方当事人与该法官订立合同，承认该法官对该案件的审理，并支付一定的费用。私人法官一般由退休的法官担当，他们已不在法院人员的编制之内，自己另外组织法律服务公司。如美国加州有一位退休的高级法官组织一家名为"司法、仲裁和调解服务公司"，自任公司董事长，聘请60多位法官，每月审理600多件案子。在费城有一家"裁判公司"，营业遍布全美国，一年受理1万多件案子。私人法官审理案件，具有以下特点：一是自由选择法官。双方当事人充分选择自己信任的或者对案情涉及的知识有专长的法官来审理，双方都会对法官有信任感。二是迅速及时。只要双方当事人准备妥当，随时开庭，并可在双方同意的任何地点如在法官办公室或教堂或会堂等地点开庭，结案及时。三是灵活方便。如果当事人要

---

① 刘星：《法理学导论》，法律出版社2005年版，第408页。

② 在中国，"法务市场"在1992年正式获得承认，司法部在《关于律师工作进一步改革的意见》中，把律师事务所作为第三产业看待，表明了律师在法律救济中的主体地位。设置和开放法务市场的政策在1993年6月经由《光明日报》公布，法律救济的市场通道在当代中国日益畅通。参见季卫东：《法治秩序的建构》，中国政法大学出版社1999年版，第243页。

求按照正式审理方式，即法官穿黑袍、正式的法庭、有书记官等，固然可以做到，但如果当事人不需要这种繁文缛节，则可一概免去。甚至审判程序均可简化。并且也可以根据需要设计新的程序。四是便于执行。私人法官作出的判决与公家法庭正式作出的判决具有同等效力，当事人认为判决正确就自觉执行，否则也可上诉到上诉法院。对生效判决，如果一方不执行，对方也可申请法院强制执行。①

尽管类似"私人法官"这种救济不是理想的，更非权威的，面临诸多诘问和非难，但在某种现实不济的状况下，却是务实、可欲且可行的。

5. ADR 通道

ADR（Alternative Dispute Resolution）概念起源于美国，最初是指 20 世纪逐步发展起来的各种诉讼外纠纷解决方式，现已引申为对世界各国普遍存在的、民事诉讼制度以外的非诉讼纠纷解决程序或机制的总称。"替代性纠纷解决所引发的评论家们的反响，其多样性令人吃惊，从怀疑替代性纠纷解决不过是意图驱逐法律上的权利，到担心替代性纠纷解决会冲淡法律的道德性，到以效率为理由而提倡替代性纠纷解决——与诉讼相比，它处置迅速、费用低廉、易于接近——再到几乎是以信奉一千年至福说教般的热情将替代性纠纷解决作为社会秩序的模式……"② ADR 的价值得到不断的体认和深化。ADR 名目繁多，概括起来主要包括调解、仲裁、谈判三种基本形式及其派生的一些方式。调解的派生形式主要有调解——仲裁，或者称为先调解后仲裁。谈判的派生形式主要有微型审理③、早期中立评估④等。仲裁的派生形式主要有"高—低"仲裁⑤和"最后要约"仲裁⑥等。ADR 具有很多优点，正如小岛武司所言：

① 熊先觉：《中国司法制度新论》，中国法制出版社 1999 年版，第 481 ~ 482 页。

② ［美］博西格诺等：《法律之门》，邓子滨译，华夏出版社 2001 年版，第 669 页。

③ 是指一种预测性程序，其目的在于通过向当事人告知其在纠纷中所具有的优劣势，并预测可能的裁判结果，从而促使当事人同意和解。

④ 是指在纠纷早期阶段，当事人分别把纠纷提交给一个共同的中立人或中立人小组，请求后者预测可能的诉讼结果，以此鼓励当事人实现和解。

⑤ 是指如果仲裁程序中当事人对金钱数额存在争议，并且想避免采取极端的解决办法，则当事人可以先确定最高数额和最低数额——一般不对仲裁员披露，如果仲裁员的裁决数额在最高数额和最低数额构成的区间内，则该裁决为最终裁决；如果在该区间外，则采取与裁决数额较近的那个数额。

⑥ 是指在实践中，许多仲裁员经常乐于作出折衷性裁决，"最后要约"仲裁的目的正是抵消这种倾向性。当事人或是向仲裁员提交"最后要约"，后者只能在"最后要约"间选择，或是请求仲裁员确定一个数额，当事人接受与该数额较接近的那个"最后要约"。

"ADR 是以合意为基础的、以当事人为中心的程序，这使得纠纷的解决能够避免一无所获的僵硬的选择，使 ADR 具有实体的高度灵活性和变化性，并对当事人（进行）总体补偿。"① 在司法改革成为全球性现象的今天，越来越多的国家将 ADR 救济通道的优点吸收到司法程序中，使得司法救济呈现合意化、便捷化、协商化的发展趋向。

6. 宪政通道

宪政是以宪法（立宪）为起点、民主为内容、法治为原则、人权为目的的政治形态和政治过程。② 宪法是静态的宪政，宪政是动态的宪法。"无诉讼即无宪政"，没有宪政通道的法律救济就不可能有真正的法律权威与宪法至上。宪政救济首先体现为宪法诉讼，即宪法审判机关适用司法或准司法程序解决宪事纠纷、制裁违宪行为维护宪政秩序、保障公民基本权利的一整套程序与制度。当每个人所拥有的表达意愿的自由在实践中被忽视时，可以通过宪法诉讼实现最公正有效的补救，并可以实现对国家权力的有效规制，从而实现人权保障的最大化。③ 在一起因冒名上学事件引发的受教育权侵害一案中，最高人民法院在《关于以侵犯姓名权的手段侵害宪法所保护的公民受教育的基本权利是否应当承担民事责任的批复》中，指出"陈某某以侵犯姓名权的手段，侵犯了齐某某依据宪法所享有的公民受教育的基本权利，并造成了身体损害，应承担相应的民事责任"。这被很多人视为宪法诉讼在中国的"第一案"。

宪政救济还可体现为对违宪行为的依法处理，这种处理并非通过诉讼的方式，但同样具有法律的效力。1984 年，湖南省某县人大常委会依法撤销了某乡人大的一个规定，湖北省某县人大也依法撤销政府的一违法文件。1989 年，湖南省人民代表大会在开会期间对拒绝回答省人大代表质询的副省长杨汇泉，按照《中华人民共和国宪法》与《中华人民共和国地方各级人民代表大会和地方各级人民政府组织法》的规定依法罢免了其副省长的职务。④ 这些都可视为中国宪政救济的例子。

6.4.3 依据

聆听了同学们对此案通道选择的各种看法，我继续追问：究竟采取何种依

---

① 参见贺日开：《司法权威的宪政分析》，人民法院出版社 2004 年版，第 50～51 页。
② 参见何华辉、李龙主编：《市场经济与社会主义宪政建设》，武汉大学出版社 1997 年版，第 6 页。
③ 参见胡肖华：《宪法诉讼原论》，法律出版社 2002 年版，第 3～4 页。
④ 参见胡肖华：《宪法诉讼原论》，法律出版社 2002 年版，第 158～159 页。

据解决这一纠纷最符合法律职业的伦理要求？

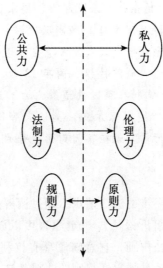

图 28　法律救济依据

1. 规 则

法律规则是国家专门机构制定、认可、解释出来的行为准则，它具有微观的可操作性和很强的确定性。法律规则的救济是法律救济最常见的形态，也是通过法律实施救济的最简便入口。

基于法律规则的不同形式，法律规则的救济可作出下述分解：①

（1）授权性规则的法律救济。

先看一个纠纷的法律救济：

> 1986 年 6 月，北京市广告艺术公司接受北京市药材公司的委托，为后者设计了"阳春口服液"等 5 种药品的广告。北京市广告艺术公司，在设计广告的过程中，没有经过电影演员杨在葆的同意。从中国电影出版社发行的 1985 年挂历上翻拍了杨在葆的照片，并用于"阳春口服液"的广告。制作完成，北京市广告艺术公司与《啄木鸟》杂志商量刊登事宜，双方谈妥条件。1986 年，《啄木鸟》杂志在第五期封底登出了附有杨在葆

---

① 参见刘星：《法理学导论》，法律出版社 2005 年版，第 77～79 页。

照片的"阳春口服液"的广告，并发行近40万册。

广告登出后，杨在葆的声誉受到损害。毕竟，广告旨在宣传一类壮阳补品。1986年11月，杨在葆在法院起诉，要求保护自己的肖像权，提出北京市广告艺术公司和《啄木鸟》杂志必须赔礼道歉，为自己恢复名誉，并且赔偿经济损失。北京市中级人民法院在审理过程中，进行了调解。最后，双方在法院自愿达成调解协议。同年12月，北京市广告艺术公司和《啄木鸟》杂志宣布，向杨在葆赔礼道歉，为其消除影响、恢复名誉，并且决定在即将发行的新期《啄木鸟》封底刊登道歉启事，其发行量不少于侵权一期杂志的发行量。杨在葆因为两被告的态度较为诚恳，随之决定放弃赔偿损失的要求。

杨在葆放弃了自己进一步的法律请求，通过调解达成了纠纷的解决，这种救济的根据在于我国《民事诉讼法》规定原告可以放弃、变更自己的诉讼请求。这种规则就属于授权性规则，它意味着享有权利可以行使也可以不行使，基于这种规则的法律救济就是授权性规则的法律救济。

（2）义务性规则的法律救济。

先看一个有趣的报道：

1989年，美国俄亥俄州一座只有3万人的小城市发生了一件奇怪的交通肇事案。一名司机，在驾驶车辆的过程中，压死一只在马路上穿行的北京鸭。原来，这只鸭子试图穿过马路，到前面的小河中游水。司机仅仅嫌其挡路，便径直开车压了过去。当时的法律规定，以这种方式"杀害"动物，将被处以"谋杀动物"罪。于是，司机被判入狱90天，罚金750美元。后来，该市市长知道了判决，认为处理过于严厉。市长建议，肇事司机买只鸭，每周用两天时间陪鸭子穿过马路，使其熟悉马路状况，然后，再将鸭子送给死鸭的主人。鉴于不用坐牢，司机接受了这个建议。此后一连8周，这条马路上时常出现司机牵着鸭子穿过的情形。死去的鸭子，名叫"丹尼"。因此，人们将后来的鸭子称做"丹尼二世"。

这位肇事司机压死鸭子虽然没有直接侵犯人的权利，但他间接伤害了人对动物的感情，对于这种伤害当地的法规是有严厉处罚手段的，同时也是为了救济受到感情伤害的鸭主人的权利。受处罚的司机必须牵着鸭子过马路，这成了他今后的一项法律义务，这就是义务性规则的法律救济。

（3）职权性规则的法律救济。

先看一则中国特色的社会现象：

一位交通民警，看见一个骑自行车的人闯红灯，于是将其拦住，并开出 5 角钱的罚款单。当开出罚款单的时候，交通民警问违章者是否收下罚款单，违章者声称不要。随后，交通民警将罚款单扔在地上，准备离去。这时，"违章者"掏出证件，表明自己卫生监督员的身份，而且亮出"黄牌"，理直气壮地开出 1 元钱的罚款单。

交通警察和卫生监督员都是掌握并行使一定社会职权的法律主体，他们执法所依据的规则自然是"职权性规则"。对于破坏、干扰有关社会管理秩序的人和行为，这些权力主体可以依据职权性规则对之加以矫正和处罚，这是比较常见的法律救济，在日常生活中，通过大量的行政行为体现出来。

上述这几种法律规则的救济只是法律救济的浅层入口，毕竟，所有法律未必都像"在高速公路上时速不得超过 110 公里"、"男 22 周岁女 20 周岁才能结婚"等法律规则那样明确、清晰。更深层更隐蔽的法律救济的入口还有哪些呢？

2. 原则

美国著名法学家、当代权利论法学的代表人物德沃金在其名著《法律帝国》中讲述了这样一个法律原则救济的案例：

1882 年埃尔默在纽约用毒药杀害了自己的祖父。他知道他的祖父在现有的遗嘱中给他留下了很大一笔遗产。埃尔默怀疑这位新近再婚的老人可能会更改遗嘱而使他一无所获，于是杀死了祖父，企图趁早占有遗产。埃尔默的罪行很快就被发现了，他被定罪、判处几年监禁。这是刑事法律的处罚。但从民事法律救济的角度看，埃尔默还有合法权利获得其祖父的遗产吗？根据当时纽约的遗嘱法规则，取得遗产主要取决于遗嘱的形式要件是否符合法律形式，如果某个被指定的遗产继承人杀害了立遗嘱人，他是否还能根据遗嘱继承遗产，法律并无明确的规定。法官们犯难了：究竟是应当依据遗嘱的字面含义还是应当依据法律规则之后更高的原则判断呢？最后，大多数法官根据"立法者意图高于法规文字"的法律解释原则和"任何人不能从其错误行为中受益"的法律正义原则判定，埃尔默无权继承遗产，为这个疑难案件的法律救济划上了一个圆满的句点。①

法律原则是"法律工作者将司法经验组织起来的产品。他们将各种案件加以区别，并在区分的后面定上一条原则，以及将某一领域长期发展起的判决经验进行比较，为了便于论证，或者找出一个适用于整个领域的更能包括一切的出发点"。② 可见，法律原则的救济是一种更权威、更繁杂、更普适的法律救济。

3. 政策

法律原则是有关个人（或由若干人组成的集团）的权利、正义或公平的要求，而政策是有关必须达到的目的或目标的一种政治决定，一般说来是关于社会的经济、政治或社会特点的改善以及整个社会的某种集体目标的保护或促成问题。"任何人不能通过自己的错误获利"是一条法律原则，而关于"车辆必须减少"、"犯罪必须从严从快打击"则是两项有关法律的政策。法律原则要求一律对待，即要求同样情况的一致性，但对政策而言，并不如此。例如，为了鼓励在西部投资，国家可以出台减免税的政策。为了支持某一产业的发展，国家可以给予相应补贴。这些举措都不是针对所有的人，只是针对特定的主体和个人的。

在当代中国，"政策是国家或政党为实现某一历史时期的任务和执行其路线而制定的活动准则和行为规范。政策的构成要素包括政策对象、政策目标和实现目标的手段。政策对象是指政策所要调动、依靠或约束的力量，政策目标是指实施政策所要达到的目的和结果，政策手段是指政策所采取的措施和方法"。③ 一方面，法律政策指以法律为主要措施和方法对政策的执行与贯彻。另一方面，法律政策也包括以法律为依据和权威对政策的审查和矫正。因此，法律政策的救济自然也包括这两个基本方面：一是用法律方法实现当前政策目标，达成法律救济，此外，还包括通过宪法和一些基本法律对一些效力较低的并且实施过程中涉及权利侵害的政策加以修复和治理。可见，法律政策的救济已经在一定程度上超越了"法律"自身的范畴，因而更需要相关的各种条件

---

① 参见［美］德沃金：《法律帝国》，李常青译，中国大百科全书出版社 1996 年版，第 14～19 页。

② ［美］庞德：《通过法律的社会控制 法律的任务》，沈宗灵、董世忠译，商务印书馆 1984 年版，第 25 页。

③ 李龙主编：《法理学》，中国社会科学出版社、人民法院出版社 2003 年版，第 487页。

和高超的救济艺术。

4. 自助

除了规则、原则、政策这些救济入口，法律还允许私人以自助的方式实现权利救济。假如你的自行车被盗了，但某一天你又在一个地方发现了那辆被盗的自行车，这个时候，哪种救济方式最有效？按照一般的民法理论，在向警察举报多半会延误时机的情况下，你可以强行押收，占有人的这种自助行为是完全合法的。《德国民法典》第 859 条、《瑞士民法典》第 926 条以及我国台湾地区的"民法"第 960 条都规定了关于"占有人自助"的条款。① 这种私人自助的救济，在法学上称为"私力救济"。

在现代社会，受害人可以通过警察、法院等公共权力机构来实现权利救济。但在一个没有警察和法院的社会，受害人只能求助于他的亲属，所以，自助之"自"不仅包括寻求救济人自己而且包括他（她）的亲属和利害相关人。这种私力救济实质上也是一种集体行为，与一般的公力救济相比，它具有节约交易成本、降低监控犯罪的信息费用的优点，尽管它并不一定导致公正，但它的确是一种有效率的制度。

对此，波斯纳深表赞同。他指出："当以报复相威胁是对不当行为的唯一震慑之际，很重要的就是这种报复一定要可信，而如果潜在的报复者只有一个，报复的威胁常常不那么可信。即便在赔偿取代了报复以后，也还是一定要有一种可信的报复威胁作为背景来强制赔偿的支付。除了要有一个风险基金外，还需要保持一种令人信服的报复能力，这就是为什么在初民社会中人们认可的亲属群体要大于其现代社会的另一个重要理由。"②

5. 信任

信任是法律救济的重要价值基础，基于信任的法律救济往往是成本最小、效益最好的策略选择。但问题在于，当今社会生活的信任危机却无处不在。处于社会转型期的中国尤其面临这种"信任危机"。经济学家张维迎曾提到过一则报道：中国农业银行决定全面改进服务质量，其中一项措施就是，在每个储蓄所柜台上为储户提供一台验钞机。银行这个社会最应当信任的地方也面临不被信任的危机，可想而知距离百姓生活不那么近的法律部门了。据调查，当公民面临"有权力的人"的严重伤害并遭到对方的反诬，表示愿意依靠法律解决

---

①　参见桑本谦：《私人之间的惩罚与监控》，山东人民出版社 2005 年版，第 151 页。

②　［美］波斯纳：《正义/司法的经济学》，苏力译，中国政法大学出版社 2002 年版，第 200 页。

的"只占62.52%，对国家司法人员表示非常信任的只占5.98%。"①

诚如一位研究私力救济的青年法学者所言："对于法治状况而言，信任危机的直接后果是违规、违约、违法数量以及纠纷和诉讼数量的急剧增加。原本可以协商解决的纠纷，现在必须要打官司了；原本无须上诉的案件，现在必须要上诉了；原本可以调解或和解的案件，现在必须要判决了；原本判决就可以结束的案件，现在必须要强制执行了；原来可以顺利执行的案件，现在执行也不解决问题了；原本通过司法途径可以解决的案件，现在还要上访了；原本可以保释的案件，现在必须要羁押了。"② 这种建立在对法律和司法人员不那么信任的基础之上的"诉讼爆炸"是社会信任危机导致的法律救济危机，即貌似多元的选择因为缺乏信任而无法最终选择，以致法律救济成了无限往复、循环的迷宫游戏，这与法律救济的本质本性是完全违背的。所以，在法律救济过程中必须建立各方最基本的信任，倡导他们的自由、平等协商，争取获得最理性的纠纷解决及权利实现。

6.4.4 效应

如何评估纠纷解决的司法伦理效应？

1. 真实确定

司法救济秉持实体正义与程序正义的"均衡正义"理念，以补救和矫正权利受侵害为中心目标，其运行的都是真实的法治承诺。法律之所以有别于暴徒抢劫的要求，很大程度就在于它具有维护社会公共利益的正义功能。法律对民众的承诺尽管有时以命令、制裁的方式作出，但它的前提是其可以保障其他人的权利，并且制裁也是确定的，不会出现"法外再罚"、"一事多重处罚"的情形。当然，法的理想与现实存在很大的差距，司法救济也有理想的救济和现实的救济之分，但现实不等于真实，理想也不等于虚妄，恰是在理想与现实之间法律才获得了不断完善自身、发展自身的根由和动力。英国普通法（Common Law）的发展历程就是司法救济方式不断理性化的真实体现。现代法律之所以能成为"社会工程"之核心构件，其救济的真实性不可不说是一大基石。

2. 良善温情

"真实"是司法救济迷人的面容，"良善"则是司法救济感人的内心。司

---

① 参见廖申白、孙春晨主编：《伦理新视点——转型时期的社会伦理与道德》，中国社会科学出版社1997年版，第251、274页。

② 桑本谦：《私人之间的惩罚与监控》，山东人民出版社2005年版，第349页。

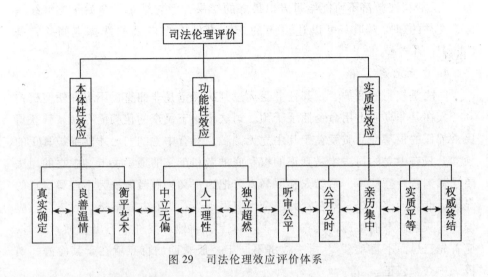

图 29　司法伦理效应评价体系

法救济良善性的根源在于法律本身的良善性。"良法"是现代法的主体,现代法治是"良法之治"。司法救济的良善并不是说法律只救济"良善",那样,法律就成了道德的守护者而非权利的救济神。司法救济的良善主要指司法救济从内容到形式再到程序都应当符合基本的伦理要求,符合所谓"最低限度的自然法"。司法救济不仅要一视同仁,还要关怀弱势。这种"关怀"并非"法外施恩",而是以起码的社会正义为依据,通过理性的制度、程序设计让法的阳光普适地照着每个人,使法律的正义充满良善的温情,使那些诉诸司法救济的公民对这种救济方式本身也充满信仰与敬意。

3. 衡平艺术

司法救济过程是多方面的"博弈场域"。其间,各种利益要求、措施手段都会粉墨登场。人们可以在这个场域中看到人性最真实的一面,也可以体悟世上另外一种高超的杂技表演,这就是司法救济的艺术。对裁决者和提供救济的一方而言,司法救济是平衡与正义的艺术,没有对各种利害关系的全面衡平就不可能彰显真实的法律正义。对诉诸司法救济的各方而言,司法救济是斗争与妥协的艺术,没有为权利而斗争的激情与信念,缺乏对法律表层背后的妥协真意的默会和贯彻,都不大可能顺利实现各自的目的。多方博弈容易产生"囚徒困境",解决的关键还是在于,各方应有基本的信任,这个信任的基础只能是法律。在由法律构建的公共领域,大家自由、平等沟通、协商、寻求问题的良善处置,最终达成一个彼此都还算满意的结局。所谓"不求最好,只求更好"，虽然司法救济不可能给每方以最好的结果，但它维系了今后每方继续博弈、交往的理性渠道，可以让更多的未来事件有更广阔的选择空间，它是"更好"的艺术。

4. 中立无偏

司法是权利的庇护者，其任务是通过判决确定是非曲直，不容许任何机构和个人在是非真假上用命令插手干预。司法依赖于民众的信赖而存在，其获得民众信任的根基性品质就在于其中立无偏私。只有中立的司法才能维护真正的独立，只有中立的司法才是真正的权利庇护者和正义的最后关卡。中立的司法要求裁判者冷静从事，希腊人和罗马人曾把因正义感而激怒视为不理智法官的显著标准。标准的法官外在行为的个性应表现为："在法官座椅上的法官，应像一头灰色制怒的雄狮，其右掌压在左掌上，当他对案件得不出正确判断时，应首先三思而不盲动。"① 司法救济不同于一般救助的特点就在于其冷静、消极、中立、公正。

5. 人工理性

司法救济是以裁判者的人工理性为根基的法律方法，仅仅依靠常识、经验或推定这类"自然理性"是不可能给当事者满意的处理结果的。人工理性的特点在于，它强调专业知识和实践技能并重。司法的人工理性主要体现为"法官理性"之存在。法官理性不仅是指法官进行正当裁判所需的理智，还包括一系列指导司法权威工作的若干合理原则，比如中立无偏私、独立无依附等。

6. 独立超然

"超然"指的是司法机关超脱于政治、社会舆论之外的裁判状态，"独立"指的是司法救济所要追求、确保的外在条件。有学者指出，司法救济两大基本特征就是：（1）居于超然的地位。司法官并不关心亦不执行国家的庶政，不告不理，无诉讼即无裁判；（2）维护法律秩序，实现正义。司法官对于任何诉讼案件，不能因法无明文规定，即拒绝审理，致使正义晦而不彰，社会秩序无法维持。当法律不明时，司法官应运用解释权，阐明法的真义。② 不难发现，司法独立超然的救济是一种充满法意与良知的人心工程，并非一种机械化的法律适用过程。

---

① 参见［德］拉德布鲁赫：《法学导论》，米健、朱林译，中国大百科全书出版社1997年版，第105页。

② 参见韩中谟：《法学绪论》，中国政法大学出版社2002年版，第91~92页。

7. 听审公平

司法救济是一种中立性的权威救济，对于争端双方都授予获得公平听审的权利。所谓"听审"（hearing），是指裁判者在权益争议双方的参与下，通过听取双方的证据、主张、意见和辩论，对有关争议加以裁决的活动。诚如一首古埃及诗歌所言："不是所有申诉都会成功，但一次好的听审能抚慰人的心灵。"传说中的上帝的第一次审判也是在公平听取了亚当和夏娃陈述的基础上作出的。司法救济能够通过公平听审的程序使当事人获得人性的尊严，"在公平的听审中，裁判者将当事人均视做平等的协商者、对话者和被说服者，而不是被处理者、被镇压者和无足轻重的惩罚对象；裁判者对当事者的实体性权益表现出尊重的态度，这进而使当事者作为人的尊严得到了尊重和满足"①。建立现代司法制度的最终目的就是为了所有可能受到侵犯的基本权利提供最佳救济的机会和通道，要实现这一目标，"公平听审"是前提。

8. 公开及时

司法救济的公开性和及时性都是司法公正性的重要组成部分，两者紧密相关。司法过程的公开透明既包括审理过程的公开，也包括审判前各种程序运用和审判后处理结果形成过程的公开，对于有不宜公开审理案件也要做到法院裁判结论向社会公开。"从法理上看，在和谐的司法秩序中，开诚布公是破除隔阂与猜忌的起点，是增进司法公信力和塑造法律信仰的前提；从规则上讲，公开是公民行使作为一项人权的知情权的基本方式和通道。"② 司法公开必须以及时裁判为前提。假定某法院将审理过程和裁判结论都公诸于众，但在审理和作出结论之间间隔了很长一段时间，裁判结论的依据并非是当时公开审理时采纳的证据，这显然并非真正的公开。法谚有云："迟来的正义非正义。"所以，司法裁判非常强调及时性（timeliness）。这种"及时"应当以法律规定的时效为限，不应过缓，但也不能过急。

9. 亲历集中

司法救济的亲历性指的是裁判者亲自经历裁判的全过程，包括直接审理和口头审理两项基本要求。如果裁判者仅单方面实施间接的书面审查，那么，司法就会异化为一种行政活动，难以保障各方当事人的权利要求。司法救济的集中性是指裁判活动在相对集中的时间、地点并由确定的裁判者主持，连续不断

---

① 陈瑞华：《看得见的正义》，中国法制出版社 2000 年版，第 19 页。
② 汪习根：《在冲突与和谐之间——对司法权本性的追问》，载《法学评论》2005 年第 5 期。

进行，直至形成最后的裁判结论。司法的集中性与亲历性紧密相关，它有两个基本要求：裁判者不可随意更换和裁判过程不间断。没有司法集中性的前提保障，司法就不可能实现亲历性的要求；同样，没有司法亲历的保障，所谓的公平听审、公正透明都不可能实现。

10. 实质平等

司法救济不仅是一套形式上保障正义的程序体系，而且也是关注实质平等的援助工具。杰诺维兹曾说："如果只有富人能付得起钱利用它，那么，一项司法制度即便拥有精神设计的保障也几乎没有什么价值可言。"① "司法对所有人开放，就像里茨大饭店（Ritz Hotel）那样。"② 对于贫弱者，司法救济授予他们获取律师帮助的权利和获得法律援助的权利，当事人不必承担法院成本、设立多种多样的小额请求法院以帮助当事人节约诉讼成本，加快诉讼进程迅速、及时裁判——这些都是司法救济保障实质平等之优点的体现。

11. 权威终结

"纠纷当事者之间存在对立，具有中立性的第三者应当事者的要求针对这一对立作出某种权威的判断，这就是审判。"③ 司法救济不同于一般救济的重要特点就在于它可以以一种权威的方式宣告和出现。联合国《关于司法机关独立的基本原则》第 3 条规定："司法机关应对所有司法性质的问题享有管辖权，并应拥有绝对权威就某一提交其裁决的问题，按照法律是否属于其权力范围作出决定。"正因为司法救济的权威特性，司法便具有了终结性的要求，即"法院作出生效裁判之后，非依法律明确规定，不得启动对该案件的再审程序；控辩双方之间的利益争端一旦由裁判者以生效的形式加以解决，一般就不得再将这一争端纳入司法裁判的范围"④。只有当司法具有终结效力，司法才能在社会公众中树立基本的威信，否则，法律就难以发挥"定纷止争"之功用，当事人也陷入无穷之讼累。

---

① ［意］卡佩莱蒂：《比较法视野中的司法程序》，徐昕、王奕译，清华大学出版社 2005 年版，第 323 页。

② 里茨大饭店是以豪华著称的瑞士大饭店。参见 ［意］卡佩莱蒂：《比较法视野中的司法程序》，徐昕、王奕译，清华大学出版社 2005 年版，第 325 页。

③ ［日］棚濑孝雄：《纠纷的解决与审判制度》，王亚新译，中国政法大学出版社 2004 年修订版，第 1 页。

④ 陈瑞华：《看得见的正义》，中国法制出版社 2000 年版，第 116 页。

6.5　法律救济合作社成员的实践体会

6.5.1　法庭

加入"法律救济合作社"使我有机会成为一名直面纠纷解决的法律人。在实践导师张法官的指导下，我在这所基层法院民事审判庭担任见习书记员，对法律职业道德有了深切的体会。下面，我结合课堂所学与真实所见，谈谈我对法官职业道德的看法。

我所在的法院尽管只是一个基层法院，但可谓麻雀虽小，五脏俱全。我被安排到民庭，负责一些简单的书记员工作，我了解并参与了大量婚姻家庭案件的庭审过程，并且对部分参与案件提出了自己的想法。在实践期间，我进一步学习了民法及民事诉讼法，对程序问题有了更深的理解，将理论与实践有机结合起来。

当然，法律工作并不如我以前想象的那么简单，工作中遇到的种种情况让我深刻意识到法官也是普通人，他们也要做大量的琐碎的工作，而不仅仅只是在法庭上挥挥小锤就可以维护法律正义的。里面的辛酸和汗水也是常人所无法想象的：既要面对当事人的无理取闹，又要尽量使公平与正义在法律面前得以实现，有时候甚至要顶着压力办案（中国的人情网很是发达），这一切都给法律工作带来了很多压力，给法律工作者造成了干扰。

法庭里面每天都在上演着不同的家庭悲剧，离婚纠纷、继承纠纷是我每天必须面对的。从上班开始法庭的四个审判员就开始忙碌。涉及家庭的案子通常很麻烦，闹到法院来的通常更麻烦。离婚纠纷牵涉到孩子和财产，继承纠纷更是与财产有直接关系。当事人对自己的利益是锱铢必较，为此天天缠着法官，要跟法官说说他们的困难。于是每天都可以看见当事人在法庭里围追堵截法官，而法官们通常都很耐心地听他们说，据张法官说这是一种发泄，当事人需要发泄他们心中的不满情绪，让他们说，听他们说有益于疏导他们的愤怒，同时在他对法官倾诉发泄的过程中对法官也多了一种信任，这样在调解的时候有益于法官做工作。正是基于此每天都可以看见法官们除了开庭都在接待当事人。

在实践中我也就调解过一次，但没有成功。

那天早上我到了法庭，书记员董姐给了我一份卷宗，让我试着调解一下。到了调解室先看了看原告问了一下他的意思，然后按照庭长教的在听原告说的同时不经意地看看被告，从他的神色来判断调解结案的可能性。原告说完，我问了一些被告的意思，可双方分歧太大了，我试着让他们能找到一个双方都能接受的条件不果，又用了老套的夫妻感情之类的说辞来试着让他们能让步，还是不行。我只能放弃。

通过这次不成功的调解经历我的感悟是处理婚姻家庭案件的法官的年龄很重要，从某种角度说年龄就意味着经历，丰富的生活经历与社会阅历有利于解决婚姻家庭问题，也能帮助法官更全面地看问题，站在真正公正的角度来处理问题。这是我们这种还没走入社会的学生所无法达到的一种境界。

同时，这也使我对抽象的法官职业道德有了更深刻、直观的理解。

6.5.2 公诉

作为法律救济合作社 C 小组成员，我来到了位于城郊的区检察院。检察长首先介绍了院里的其他领导成员，之后给我详细讲解了院里各个部门的运作以及院里的各项规章制度。我对此感触很深。从领导亲切的话语以及殷切的希望中我看到了检察院的工作人员对我的重视和期望，同时也感到了自身责任的重大。因为我在这里不仅仅是代表我们个人，我的言行举止，工作态度，更代表着学校和未来法律人的形象。因此，我决心以自己的努力，积极的态度来认真对待这次难得的实践活动。

人民检察院是国家的法律监督机关，代表国家行使检察权，是国家维护法律正确实施的一种特殊权力。在这里，我能深深地感到检察机关的重要性以及作为一名检察机关工作人员身负的责任和使命。在这里，我也能有机会直接观察检察官的职业道德风采，引导我更好地确立未来的职业规范。

实践期间，我亲身经历了一件未成年人犯罪的公诉。由于本案中有被告人是未成年人因而不公开审理。我本来也没有资格旁听，指导老师李检说让我多出庭学些经验，于是我也像一名人民检察官一样和老师一起坐在公诉席上，突然有种庄严感。

随着审判长敲响法锤，正式开庭，审判长核对了各方身份后，告知被告人权利义务，正式进入法庭调查阶段，由公诉人宣读起诉书。审判长询问被告人对指控罪名是否属实，他们都说属实，再由公诉人、审判长分别对各被告人询问犯罪事实经过。询问过程中有三人所讲事实有出入，老师小声对我说一个个都不老实，我自己也分不清谁说的真话，还是老师沉着冷静逐个询问后，他们才都一一交代清楚。最后由公诉人就指控事实出示证据，并由被告人及其代理人质证。由于公诉人出示证据充分，被告人在大量证据面前无法再进行狡辩了。

法庭辩论阶段并不像电视、电影里演的唇枪舌剑，神乎其神。公诉人简单发表公诉词。代理人简单问了几个问题后。由几名被告人作最后陈述，可他们却都不把握这次机会放弃发言。

由于本案中有未成年人，因而有一个法庭教育环节。

法庭教育结束后，审判长宣布休庭，择日宣判。

走出法院心里有一点点伤感，为刚才的法庭教育所感动，也为这些未成年人法律意识的淡薄而伤心。

更多的，存留我心的，是对检察官特别是公诉人职业伦理的无尽思考……

6.5.3　律师

回想起这段在律师事务所实践性学习的日子，我感触良多。想起第一次课上老师讲的法律幽默，那些有关于律师的讽刺和幽默，在我实践之后，觉得真是沉重。在面对一个个实际的纠纷时，我深深体会到自己所学知识的有限，以及运用到实际案件中相关知识的缺乏。

在律师事务所用镜框装裱的胡乔木为我国律师制度恢复建立的题词：

> 你戴着荆棘的王冠而来
> 你握着正义的宝剑而来
> 律师，神圣之门
> 又是地狱之门
> 但你视一切险阻诱惑为无物
> 你的格言
> 在法律面前人人平等
> 惟有客观事实才是最高权威

刚开始的一段时间，我对什么事情都不是很懂，指导老师王律师就很细致、耐心地教导我，她给我看一些较简单的案件的材料，看完后给我分析这个案子中哪些证据对我们至关重要，哪些又是无关紧要的，我们还缺哪些有利证据，还分析出对方会抓住哪些点攻击与防守。当然除了指导我的王律师给我莫大帮助外，律师事务所的其他律师也教会我很多东西，除了书本知识，还有许多做人的道理，比如和同事之间务必要维持好良好的关系。

在当代中国，律师大多还是扮演着"讼师"的角色。私人法律顾问还得不到大多数民众的认可。当人们认识到问题严重到必须上法庭了，才想起律师。而且，只是把律师当成打官司工具，而不是去寻求专业的法律服务。当代的律师就肩负起这样一个使命，法治的进程需要每一位律师去引导当事人在处理日常事务的一开始就基于一个合理合法的平台，而不是用诉讼进行补救，不然会大大增加"诉累"的可能，也无形中增加了当事人的社会成本。一个"够专业"的律师，一定会综合考虑当事人的社会成本，如资金、时间、人脉等。以最小的代价，换取最大的权利保障。而不是事事都要"打官司"。以市场经济的角度，运用法律知识解决问题，我想这才是德肖维茨教授所说的专业吧。

有人把律师的职业道德分为两个层次：谋生和谋道。我想两者并不矛盾，相辅相成。理想和现实的交织，只有全身心地投入到实际工作中才能有更深的领悟吧。

第 7 章 整　合

公正不是德性的一个部分，而是整个德性；相反，不公正也不是邪恶的一个部分，而是整个邪恶。

——亚里士多德

就是因为有了正义感，人才成为人，而不成为狼。

——培根

实验项目名称	法律职业道德的均衡整合："正义听证会"
实验教学目标	1. 通过听证会问答的方式，总结法律职业道德的理论要点，澄清法律正义的实践误区； 2. 培养学生深入思考的能力，锻炼其阐释技能； 3. 通过问答，反思法律职业道德的内在价值要素。
实验教学要求	1. 教师须事先确立"正义听证会"的组织规则； 2. 听证会参与人须具有广泛的代表性； 3. 教师作为首席新闻发言人可以安排其他发言人回答问题。
实验教学材料	1. 听证会布置材料； 2. 容纳 30 人左右的活动室一间； 3. 多媒体设备等。
实验教学过程	1. 宣布听证会开始； 2. 首席发言人阐释"正义听证"的目的、方式； 3. 参加人员提问，发言人回答； 4. 首席发言人作最后总结。

在无常的生活面前，任何明灯都缺少不灭的光。法律是人类生活的经典创造，虽然有高于生活的艺术特质，但终究还要源于生活、回归生活。① 在法律

---

① 参见汪习根主编：《司法权论》，武汉大学出版社 2006 年版，第 2 ~ 4 页。

职业道德的明灯中,我们发现,正义是永恒的指路星辰。① 特别是,对于法律运行在何种理论空间这类问题,犹如列车运行在何种理想情况一样,关系到相应人等的准确预期及切身利益。从正义论的角度揭示法律职业道德的均衡品格,有利于从法学的深层把握法律职业道德的定位,排除许多似是而非的干扰。透过正义之光的摩挲与普照,法律职业道德的脉络变得清晰、骨骼变得坚强、质地变得柔软、形象也随之鲜亮。

本次"正义听证会"将围绕作为法律职业道德核心内容的正义展开,希望大家踊跃表达意见,积极进行辩论,妥善回应问题,最终得出方案。

7.1 正义的历史

7.1.1 正义观念是怎样起源的?

在远古时代,法哲学中的正义问题尚未为人清晰认识。这一时期的法哲学,我们称之为"神话法哲学",当时的"法"并非固定地安身在一部部成文的法典或一卷卷汇编的判例,而是诗意地栖居于口耳相传多采多姿的神话传说中。那个时代,人们主要通过虚构的神话来解释万物,正义观念也在其中摇曳滋长。

关于远古时代的法律情状,奥维德在他的《蜕变》一书中有下列描述:"泰初黄金时代,当人始生之际,除了清明理性,不知尚有规则,只要尽性率真,美善必踵随,不为处罚所迫,不为恐惧所忧,他的言语单纯,他的灵魂诚挚,毋庸成文法典,无人会遭压迫,法律罗于胸臆,法官门可罗雀,法院毋庸设立,讼因未曾听闻,但是一切平安,因有良心守护。"② "神话法哲学"的正义观是一种立基于人性醇真善美的正义观,"正义"就是人性美好的代名词,相似的语词比如"理性"、"率真"、"单纯"、"诚挚"、"良心"等。在原

---

① 埃德蒙·柏克曾用洋溢着盛情深思的话语描刻正义的永恒。他说:"有一种东西,并且只有这种东西恒久不变,它先于这个世界而存在,并且也将存在于这个世界自身的组织结构之中;它就是正义。这种正义起源于上帝,驻留在我们每一个人的胸中……并且,这个地球化为灰烬以后,以及我们的律师和诉讼当事人面对伟大的法官——上帝——之时,它仍将特立永存。"见 [美] 卡尔·J. 弗里德里希:《超验正义:宪政的宗教之维》,周勇、王丽芝译,三联书店 1997 年版,第 17 页。

② Dennis Lloyd:《法律的理念》,张茂柏译,台北联经出版事业公司 1984 年版,第 6 页。

初人类观念中，冥冥中存在一种力量甚至超过了神意，这种力量被称为"运命"、"必然"、"定数"，对此，罗素曾言："在荷马诗歌中所能发现与真正宗教感情有关的，并不是奥林匹克的神祇们，而是连宙斯也要服从的'运命'、'必然'与'定数'这些冥冥的存在。运命对于整个希腊的思想起了极大的影响，而且这也许就是科学之所以能得出对于自然律的信仰的渊源之一。"① 人世间的法律活动自然也要服从正义的运命。

图 30　正义女神

在古希腊神话中，执掌正义与司法的 themis（忒弥斯）是天神宙斯的妻子，她的出生颇有传奇色彩："后来大地和广天交合，生了……忒弥斯。"作为正义和法律女神，其词根（tithēmi）本意乃"我提出"、"我制定"。希腊神话中的另一个正义女神 dikē，她是忒弥斯和宙斯的女儿，其词根（deiknumi）也是意指"我表明"、"我指出"。② 这些主神都是正义运命的宣谕者、执行者，也是法律权威的神话表达。这些都说明，法律最初的含义应当是对正义良知的守护，它均衡的不仅有人际关系，还有人同神以及神与神的交往。法律均

① ［英］罗素：《西方哲学史》（上卷），商务印书馆 1963 年版，第 33～34 页。
② 参见江山：《再说正义》，载《中国社会科学》2001 年第 4 期。

衡的使命在于，实现人们对"黄金时代"的良善期盼，消除现实的苦难，以至上的权威、中立的态度，坚守公平的尺度，维护普世的和谐。

通过解读正义女神的形象，我们可以明确法律职业道德的许多深层寓意。① 利帕在《像章学》中对正义女神的形象描述："正义（Giustizia）。其形象为一蒙眼女性，白袍，金冠。左手提一秤，置膝上，右手举一剑，倚束棒（fasci）。束棒缠一条蛇，脚下坐一只狗，案头放权杖一支、书籍若干及骷髅一个。白袍，象征道德无瑕，刚直不阿；蒙眼，因为司法纯靠理智，不靠误人的感官印象；王冠，因为正义尊贵无比，荣耀第一；秤……比喻裁量公平，在正义面前人人皆得所值，不多不少；剑，表示制裁严厉，绝不姑息，一如插着斧子的束棒，那古罗马一切刑罚的化身。蛇与狗，分别代表仇恨与友情，两者都不许影响裁判。权杖申威，书籍载法，骷髅指人的生命脆弱，跟正义恰好相反：正义属于永恒。"② 从中不难窥见，正义是道德、理智、荣誉、公平、武力的均衡，代表着理想的法律精神，是永恒的律法精髓。法律均衡是法律正义的必然要求和应然之义。

7.1.2 希腊哲学对正义问题如何看待？

苏格拉底曾提出一个著名的口号，叫"深入内心，认识自我"，从中可见他并不赞同正义的虚无论。他认为，各人的灵魂深处都有一种与生俱来的正义关怀，灵魂不死，正义不灭。正是这种相同的正义情感才将各种不同的人格纽结起来，形成群体和社会。尤为可贵的是，苏格拉底用自己的生命实践了他的信念。他坚信，合法律性本身就是一种正义和美德，而不论这种法律是否良善。面对显失公正的审判，苏格拉底也曾据理力争，但最终还是被判处死刑。在完全有机会逃走的情况下，苏格拉底决心赴死。当时他拒绝逃狱的理由，今天听来似乎有些过于现实和怯懦：他反驳劝他逃狱的克里同说，国家尚存且未完全失常，法官的判决已作出却在那里没有了效力，且能为个人不遵守和废除，"你以为这可能吗？"③ 其实，苏格拉底不仅已深思了追求法律正义的

---

① 当然，正义女神也并非只有一张固定的标准像，在很多作品中，正义女神都不是双目被布条蒙蔽的形象，艺术家对正义女神的眼睛很用心做了刻画。女神的衣着也有五彩缤纷的装束，粉红、翠绿、猩红、红黑等。从诸多西方美术作品中不同正义女神形象的考察，可以发现法治话语的流变具有时代性。参见戴昕：《正义的形象》，载《北大法律评论》第7卷第2辑，北京大学出版社2006年版。

② 冯象：《政法笔记》，江苏人民出版社2004年版，第144页。

③ 柏拉图：《克里同篇》50。

应然问题（应不应该），而且还考虑了逃避法律正义的实然层面（可不可能）。

与苏格拉底不同，雅典哲学的另一位思想巨人柏拉图早年并不相信法律，甚至相当厌恶法律。在他的观念中，正义首先停留在自然法的理念天堂，而不会降生于人定法的尘世炼狱。他很早就提出了为后世经院哲学家热衷讨论的问题："公正，是因为它是公正的才受上帝之钟爱，还是因为它受上帝之钟爱才是公正的？"无论如何回答，正义永远是受上帝钟爱的脱俗理念，体现在人定法中的正义即使存在也非常短简，那就是他的一句著名格言所揭示的："正义就是各司其职。"不同等级的人应当各司其职、各尽其能、各安其位、互不干扰，只有这样的国家才能产生"正义"的品德。他说："正义是智慧和善，不正义是愚昧和恶。"① "正义是心灵的德性，不正义是心灵的邪恶。"② 柏拉图还认为，现实的法律正义必须以抽象的道德正义为圭臬，司法本质应当是一种善德，但现实生活中的人定法并不必然体现出司法的德性正义。法律正义必须体现人定法与自然法的均衡，它是沟通法律正义与道德正义的制度桥梁。

在法律和正义问题上，亚里士多德调和并超越了苏格拉底和柏拉图之间的理论分野，尤其继承并发展了柏拉图的法律正义的均衡理念。一方面，亚里士多德不像苏格拉底那样绝然肯定实在法与正义的一体性；另一方面，他也不赞同柏拉图那种漠视正义与人定法繁杂关联的简约态度。他主张政治学应注意到正义观念不仅千差万别，且有可能"只是出于约定"，而非出于"自然"，只适合基于常识进行概略说明。他认为，正义就是一种基于平等的中庸，即对于应该平等的方面给人们平等的待遇，在不应该平等的方面则对人们予以区别对待。

亚里士多德明确将正义分为自然正义和约定正义，它们同属于政治正义的范畴，而法律则是政治正义区分的法理标尺。他说："政治正义分为两种，一种是自然的，一种是约定的。"③ 他认为，正义"只存在于那些相互关系受制于法律的人群之中，法律存在于有着不平等可能性的人群之中，因为司法意味着对于正义和不正义的区分"。④ 在亚氏眼里，正义不是无处不在的幻影，确

---

① ［古希腊］柏拉图：《理想国》，郭斌和、张竹明译，商务印书馆 1986 年版，第 36 页。

② ［古希腊］柏拉图：《理想国》，郭斌和、张竹明译，商务印书馆 1986 年版，第 42 页。

③ Aristotle, Nicomachean Ethics 5.7.1.

④ Aristotle, Nicomachean Ethics 5.6.4.

系存生于人之最本原生活——政治生活中的精灵。法律是捕捉政治正义精灵的魔法，在它的神奇召唤下，实在法会体现出中庸均衡的正义品格。

通过法律均衡达成的实在法正义，在亚氏看来，一种是"分配正义"，它意味着共同体对财富、荣誉和其他资源的公平分配，这种正义可以不符合严格的算术平等，但必须符合弹性的比例平等。所谓"比例平等"就是相同情况相同对待，不同情况予以不同对待。正义就是合乎比例，不正义就是比例失调。第二种正义叫"矫正正义"，其主旨在于将错的矫正为对的，恢复已被破坏的利益平衡。这里起作用的不再是比例平等，而是算术平等。因为，"它不区分是好人被坏人欺骗，还是坏人被好人欺骗，也不关心犯下通奸罪的是好人还是坏人；法律只关心损害的性质，认为当事人出于平等地位，只询问一方是否为了，而一方遭受了不正义；一方是否有侵害行为，而另一方遭受了损失"①。除了平等原则，亚里士多德还特别强调司法运行的中庸原则。他认为，在由占人口多数的中产阶级统治的共和政体下，法律是最良善的。中产阶级是贫富两极矛盾"最好的中性仲裁者"②。由这些人担当公职、执掌公权，有利于司法终极目标的实现。

7.1.3　请简要描述罗马时代的正义观?

德儒耶林曾言，罗马三次征服世界，第一次靠武力、第二次靠宗教、第三次靠法律。其实，法律正义尤其是司法正义的发达，是罗马帝国武力成功的内在保障。当正义帝国不复存在，罗马人建立的辉煌很快就烟消云散。与封闭、狭小的城邦正义思维不同，罗马伊始的帝国式思维已开始将正义的问题扩散为人类的基本问题。这是因为，斯多葛学派曾深深影响古罗马。这一学派是希腊和罗马法文化的连接桥梁，没有统一的学术纲领，但其成员都信奉"自然理性"，认为智者的生活就是依循自然理性训练心魄。他们的司法正义观，简言之，就是一种自然理性的普世正义观。

我们前面讲过的古罗马法哲学代表人物西塞罗，其名篇《论法律》受到了亚里士多德和斯多葛学派的双重影响，他认为："自然定律（Law）是最高的理性，它命令所应为，禁止所不应为。这种理性在人类心智中的凝化和充分发展就体现为法律（law）。……正义的源头在于法律，因为法律是自然的力

---

① Aristotle, Nicomachean Ethics 5. 4. 3.

② ［古希腊］亚里士多德：《政治学》，吴寿彭译，商务印书馆 1981 年版，第 211页。

量；法律是聪明人的智慧和理性，是衡量正义和不正义的尺度……欲判断正义为何物，我们应首先诉诸于最高的法，它的起源远在任何成文法和城邦以前。"① 西塞罗认为，"真正的法律"和"正义"是同义语。最高法律即自然法是万世常存的，是人定法的唯一标准，是正义与非正义的天然界限。西塞罗的自然法理论为罗马共和国与帝国之交产生的万民法奠定了理论基础，也为罗马帝国这一世俗正义帝国的构建提供了有力的法哲学证明。

7.1.4　中世纪正义理论有哪些新的进展？

在中世纪，尽管自然法的内容被"神学世界观"大力改造，但是自然法正义的基本观点仍然延续下来并顽强传承。在神学自然法的影响下，人们倾向于将法律看做信仰的精髓，将法律看成上帝的化身。在大约 1220 年出现的德意志第一部法律著作《萨克森明镜》中，作者这样写道："上帝即法律本身，故他真爱法律。"人们不仅在思想观念上将法律和正义视同一物，而且，在最初的法学教育中也仅仅研究欧洲普遍适用的"共同法"——即罗马法教会法的混合体。尽管当时也存在各种各样的地方法，但是这种罗马法—教会法被视为超越地方特殊利益，能够作为正义典范的法律，学者们对其进行研究持续了数百年之久。基督教法哲学阐述了正义的黄金规则即"要别人怎样待你，你就应当怎样待人"。

早期基督教著作家中最重要、最具影响的要首推圣·奥古斯丁。他坚信，在人类的黄金时代，"自然法"完全得以实现，人们生活在纯洁、神圣、正义的状态中。人类堕落以后，绝对完美的人性和自然法都不复存在，人们不得不运用自己的理性设计一些制度、规则来维护秩序与和平，国家、政府、法律、财产等就属于这些制度规则。根据圣·奥古斯丁的观点，世俗法律必须与天国的永恒法相符，因为永恒法的正义才是最高的正义，违背了永恒法的世俗法必然无效并应予摒弃。

托马斯·阿奎那是中世纪晚期经院哲学最伟大的代表人物，这一时期的神学和哲学在他宏大的思想体系中双双达到了顶峰。托马斯将法分为永恒法、自然法、神法和人法，显然受到了早期基督教法哲学的影响。与他浓郁神学色彩的法哲学不同，托马斯的正义理论更多地偏向亚里士多德和西塞罗的世俗正义观，努力将正义的神圣与世俗品格完美均衡。他把正义定义为"一种习惯，

---

① ［古罗马］西塞罗：《论法律》1.6.18－19，转引自 J. M. Kelly：《西方法律思想简史》，王笑红译，法律出版社 2002 年版，第 55 页。

依据这种习惯，一个人根据一种永恒不变的意志使每个人获得其应得的东西"①。这位"天使博士"将法律的调整对象明确界定为人的外部行为，在他看来，"在这些行为中，均衡性至为关键，因为平等对待就依赖于它"②。他把正义分为：第一，分配正义（distributive justice），即"按照人们的地位而将不同的东西分配给不同的人"；第二种是交换或矫正正义（commutative or corrective justice），它关注的是不同主体间的交易及出现不当和违法行为后如何调整的问题。第三种是法律正义（legal justice），通过法律正义，个人对社会整体的义务表现出来。在他看来，苏格拉底就曾给这种正义作出过活生生的榜样。

我们可以用一个简明图示对托马斯的正义理论加以说明：

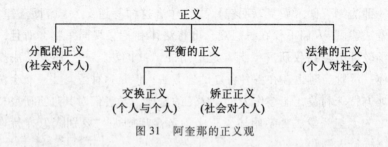

图 31　阿奎那的正义观

7.1.5　近代西方正义观有哪些基本类型？

理性，人的理性！人因有理性而具备了自然律法的神力。不再有天国神法的预先安排，也不再有普适万物的道德真理，唯有人的理性至高无上。正义与人的理性紧密相连、互助同构。笛卡儿，这位近代哲学之父，成功地将形而上学扫出了理性哲学研究的大门，并将人的理性复位为经验的体察而非超验的神光。理性主义时代是一个唯理论的时代，人的理性在这一时代得到了前所未有的关注和张扬。在理性主义的鼓舞下，尤其随着近代自然科学的突破性进展，人们逐渐抛弃了超验、形而上学、抽象观念等非理性范畴，并倾向于从实存层面对这些事物加以彻底否定。在这样一种大气候下，对法律正义的探索也带有

---

① ［美］E·博登海默：《法理学：法律哲学与法律方法》，邓正来译，中国政法大学出版社 1999 年版，第 31 页。

② ［美］卡尔·弗里德里希：《超验正义：宪政的宗教之维》，周勇、王丽芝译，三联书店 1997 年版，第 30～31 页。

鲜明的理性色彩和启蒙色调，突出表现为功利与实证主义正义观的兴起。

　　功利主义是一场风行于 19 世纪英国的哲学思潮，其代表人物有边沁、穆勒等人。虽然功利主义哲学的基本框架由边沁奠定，但功利主义的正义观主要是由穆勒创立。他首次将功利原则和正义问题联系起来，并认为正义是功利原则的体现。穆勒认为，正义观念具有流变性，但肯定存在共享的正义和正义观，因为遭受不正义是任何信奉功利原则的人都所不愿意的。"颠扑不破的真理是"，穆勒总结说，"所谓合乎正义的不过是合乎一己利益的……正义仍然一般是比其他任何一类更为重要，因此更为绝对和必要的社会功利性的名称"。① 尽管如此，穆勒并未完全将正义置于功利命令之下。他认为正义感的渊源应当到两种情感而非单一功利中去寻找，这两种情感就是自卫的冲动和同情感。穆勒认为，正义乃是"一种动物性的欲望，即根据人的广博的同情力和理智的自我利益观，对自己或值得同情的任何人所遭受的伤害或损害进行反抗或报复"②。正义情感是利己和利他的均衡。

　　分析实证法学派真正将功利主义正义论转化为法学思想。法国数学家、哲学家奥古斯特·孔德被认为是现代实证主义的奠基人。他曾将人类思想的进化分为三大阶段：神学阶段、形而上学阶段和实证主义阶段。实证主义（positivism）作为一种科学态度，它反对先验的思辨、玄虚的精神，拒绝认知自然"本质"的可能性，主张移用自然科学的研究方法进入社会科学领域。在法学上，其代表人物有被誉为"法理学之父"的分析法学派的鼻祖约翰·奥斯丁。

　　奥斯丁认为，实在法包含着自身的正义与非正义的独立标准，凡是违背该实在法"就是非正义的，虽说根据另一种更高权威的法律这种作法有可能是正义的"③。根据这种观点，我们可以认为，实证主义的正义观的核心就在于，凡是实际存在的法律就是代表正义的法律，违背这种实在法本身就是不正义的，尽管从纯粹道德的观点来看，这种"违法"行为可以原谅和宽恕。

　　尽管这一时期人的理性"一统天下"，但在众多思想家的论说中也能找到尖锐的对立。如荷兰法学家格老秀斯认为，人天生具有一种在社会中和平生存的能力，凡是符合这种社会能力即是符合人的理性本质，便是正确和正义的，反之便是错误且非正义的。与格老秀斯唱"对台戏"的是霍布斯。他认为，人的本质是自私自利、野蛮残忍的。在自然状态下，人与人之间充满仇恨、恐

---

①　前引 J. M. Kelly 书，第 305 页。

②　前引博登海默书，第 107～108 页。

③　前引博登海默书，第 120 页。

惧和不信任，每个人对他人而言，始终处于战争状态，不是人而是狼。基于这样一种人类学和心理学前提，霍布斯主张，运用人的理性设计出一个巨大的"利维坦"（Leviathan）以集中行使主权。基于这种集权的需要，作为主权者命令面目出现的法律就无所谓正义与非正义，"任何法律都不可能是非正义的"①。

唯理论的法哲学推动了近代法典编纂运动的兴起。1804 年法国拿破仑民法典、1811 年奥地利民法典都是这一时期法典编纂运动的光辉作品。司法成为立法的附属，法官成为议会的玩偶，机械司法的呼声日益高涨。此种情境下，以康德为代表的理性批判主义法哲学尤显不凡。

康德认为，正义的绝对命令是："你要这样行事，既让你的行为准则可以变成普遍的行为准则。"正义所关注的平等不能是比例的平等，只能是数量的平等。其正义理论听起来似乎是摩西式的："惟有报复权（以牙还牙权），方能确切地指明惩罚的数量和质量；一切其他的摇摆不定，且由于他人干预之理由，不能遵守纯粹的和严格的正义之箴言"，"但假如他行谋杀之事，就必死。在此没有满足正义的代偿物，在一个即使充满苦恼的生与死之间，不存在相似性"，"虽然某个市民社会，经其成员同意自行解散（如居住在一个岛上的民众，决定各奔前程，分散到世界各地），监狱里最后一个谋杀犯必先被处决，以上每个人得到自己行为应有的回报……也就是，有多少进行、或命令或参与谋杀的杀人犯，就有多少必须遭受死刑；所以，正义被作为依普遍和先验地形成的法律之司法权观念……""假如正义毁灭，人们生活在地球上的价值不复存在。"② 可见，康德真正的意图不是宣扬报复的合理，他不过以某种极端的形式表明，司法权不是理性经验的造物，而是纯粹先验的正义——它的运行规范也不能依赖经验中的立法或判例框架，只能通过理性的批判与批判的理性之均衡达成。③

历史主义的正义观与理性主义的正义观也大不相同。后者高呼人的理性至上，认为正义须由人之理性诠释和宣扬，无理性即无正义。正义并不神秘，它可知可感，可具化为规则，可书写进法典。与此相对，前者反对人的理性万能，认为正义只存在于缓慢的历史进化中，通常表现为神秘莫测的民族精神及

---

① Hobbes: Leviathan, ch. xxx. 转引自前引博登海默书，第 48 页。

② 康德：《道德形而上学》，学院版，第 332 页及以下。转引自前引考夫曼书，第 97 页。

③ 康德的正义论实质上可名为"公共正义论"。详细的阐述，可参见［德］康德：《法的形而上学原理》，商务印书馆 1991 年版，第 131～132 页。

习惯法。

历史主义法哲学的代表人物有德国的胡果、萨维尼，英国的梅因、美国的卡特等人。赫伯特·斯宾塞也是其中重要一位。在达尔文《物种起源》的影响下，斯宾塞创立了体现历史主义特色的正义理论。他认为，正义就是每个人的自由只受任何他人享有的相同自由的限制。他论辩说，正义内含两种要素：正义的利己要素要求每个人从其本性和能力中获取最大利益；正义的利他要素则要求人们意识到，具有相同要求的人必然会对自由施加限制。这两种要素的结合就产生了斯宾塞所说的"平等自由"的正义法则。但，正义只有在川流不息的历史进化中方能彰显。

回答了这些问题，正义听证会进入到实质性的审议阶段。首先，我作为首席发言人提出一种新的正义范式，这一范式整合了当代正义理论的精髓。至于这一范式能否成为法律职业道德的适用范式，需要由听证会参加人员讨论决定。

7.2　正义的范式

面对正义论的多元与繁复，德沃金曾表达过这样的看法：正义有其发展的历史，当我们学着采取阐释性态度去对待我们发现其他人以正义的名义提出来的要求、正当理由和辩解时，我们每个人都处在这段历史中。在他看来，正义理论的争论实质上是正义阐释范例的互相攻讦。在当代，许多法哲学家同样对正义理论作出了不朽的贡献。他们当中，有新自然法学派的得力干将，有新分析实证主义法学的扛鼎人物，也包括社会学法学的理论代表。他们的正义理论各不相同，但又互有关联。他们的言说在历史上都能找到先声，他们的睿智踏响了正义理论历史之谷的当代足音。

7.2.1　正义的前设与契约标准

休谟曾对不需要正义的存在环境作了五种假设，一种是绝对的富足，一种是普遍的爱，一种是极端而普遍的贫困或暴力，一种是一些富有理性但无力自卫的人的对抗，最后是个人之间的彻底分离，每个人都处于彻底的孤独之中。① 在这些虚构的环境中，正义都没有价值，或者说不存在正义的前设条

---

① 参见 [法] 安德烈·孔特—斯蓬维尔：《小爱大德：人类的 18 种美德》，吴岳添译，中央编译出版社 1998 年版，第 76 页。

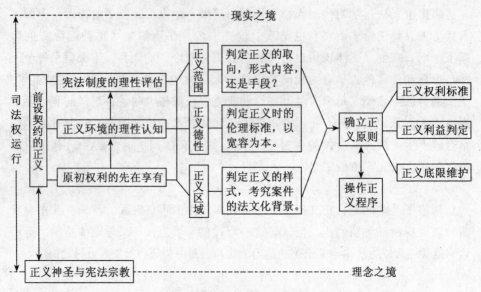

图 32　司法权运行的正义流程

件。为了解决正义价值的前设标准问题，霍布斯、洛克、卢梭都曾以"思想试验"的研究方法探讨过人类的原初状态。他们共同缔造了正义的契约标准，将伟大的古典自然法推向一个"正义为先"的新时代。新自然法学派的贡献，核心也在于从法律价值论的层面揭示了正义的基本原则，塑造了法律的形而上风格，为司法的法律发展功能创造了有利前提。

有关正义的前设，即使同是社会契约论者，也会存在观点的分歧。比如霍布斯认为，在人们立约摆脱自然状态的同时，他们就受他们所立契约的约束，正义就在于维持这一契约。无论这一契约造成多么不合理的后果，只要当初签约时基于自由和平等，任何人都必须信守契约。原初状态的不正义是无法矫正的。洛克则与之不同。他认为不正义是可以纠正的，必要时可以借助于革命。因而，一旦实现正义之路受阻于虚构的契约，那就必须更主动地寻找更高的正义标准。洛克认为，那些被指派去维护正义的人甚至可能成为不正义的始作俑者。在他看来，否定生命、自由和财产这些天赋权利就是不正义，而这些不正义，社会契约虽然无法事先纠正，却可以通过反抗和革命加以矫治。

在当代，正义契约论聚焦为宪法正义论。著名比较法专家莫诺·卡佩莱蒂指出，曾有过一个自然正义的时代，当时国王和议会的法令据说须服从一种更高级的不成文法。随着英国和法国的革命，实在法正义的时代到来，其特征就是书面的制定法和民众立法机关占据着正义阐释的首要地位。我们现今的时代业已见证了宪法正义的萌芽，它在某种意义上把法律的形式和自然正义的实质结合起来，许多国家已通过成文宪法重申了高级法原则，从而使三种观念融合一体，即法原则至上性、高级法书面化和宪法司法化。这种正义均衡的宪政成果最早出现在美国，此后被许多国家视为对于任何地方的法治皆至关紧要。①如何通过宪法这一伟大的"新社会契约"达成正义前设的自由与平等，维护人之原初权利的起点公平，特别是通过一种公正的司法机制实现宪法许诺的人权理想，可以说是当今宪政与法治思潮的最亮色。

7.2.2　正义的范围与类型标准

将正义的范围界定在法价值论的层面，是新自然法学派的杰作。拉德布鲁赫这位当代德国最负盛名的法哲学家，他的"理论转向"（由早期的分析实证主义法学转向新自然法学）曾被视为当代法学发展的标志性事件之一。拉德布鲁赫认为，在正义问题上，人们通常有三种态度：个人主义、非个人主义和超人格主义。个人主义的态度认为正义与个人自由紧密相连，它把个人自由看做最高的善，当然也是正义和法的目的与根基。非个人主义的态度则与此相反，它奉行的是一种崇拜国家，认为国家权力至高无上的权力正义观。与前两种态度都不同，超人格主义的正义观则将文明（文化）视为最高的善，认为法、国家、正义、个人自由的价值均从属于文明的价值，都是文明的体现。②在他看来，只有将正义界定在文明价值的范围，才能有效理解法与法律的不同，对那些"不法的实在法"保持必要的学术警醒，避免纳粹时代"恶法亦法"悲剧的重演。

具体而言，拉德布鲁赫将法的价值分为三种：正义、功效和确定性。他认为正义优先于功效、确定性，是法价值的首要内容。正义要求法符合基本的道德价值，功效要求法着眼于社会功能，确定性则要求人们承认法律和司法裁决而不论它们是否符合正义及产生功效。拉德布鲁赫的正义论内含三个部分：(1) 平等观：它关注的是，相同的东西相同对待，不同的东西不同地对待——这是绝对的，也是形式的正义。(2) 目的观：它关注的是正义的内容性原则。在这一问题上，拉德布鲁赫坚持的是与"自由正义观"、"权力正义

---

①　参见［意］莫诺·卡佩莱蒂：《比较法视野中的司法程序》，徐昕、王奕译，清华大学出版社 2005 年版，第 131～132 页。

②　参见前引张文显书，第 170 页。

观"不同的"文明正义观"。（3）功能观：它关注的是正义内容的如何实现。基于这三个部分，我们可以将正义分为：平等的正义、目的的正义和功能的正义。在不同的司法个案中，我们需要明确正义的有效范围，在相对确定的语境中寻求案件的正义解决，而不是漫无边际、高度抽象地宣扬正义、鼓吹正义。

拉德布鲁赫的正义范围理论及类型学说可简示如下：

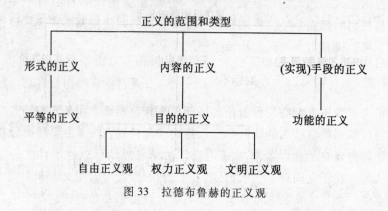

图 33　拉德布鲁赫的正义观

与拉氏文明正义论形成对照与互补的是赫费的政治正义论。在这位当代德国著名法哲学家和伦理学家看来，法哲学和法伦理学的核心思想是政治的正义性。政治正义指的是法和国家必须符合的道德观念，它是区分法和国家形式是否合法的准则。赫费考察了两种极端的正义观，一种是法和国家实证主义的正义观，把正义和道德问题排除在法和国家讨论之外，"一是剥夺了正义问题的生存权，法和国家也就只能由实证科学研究了"。① 另一种与之对立的极端倾向是无政府主义的正义观，主张正义问题的绝对不确定性。赫费称前者为政治教条主义，后者为政治怀疑主义。他试图在这两种极端正义观之间找到一个均衡视角。

从语义分析的视角，赫费区别了四种不同类型的正义，即个人的行为正义、个人的思想正义、制度的单面正义和制度的总体正义。赫费说：如果一个警察允许侵犯，如果一个法官不倾听被告的申诉，或一个政治家让人贿赂，我们就可以在第一种正义即个人的行为正义层面指责他们"不正义"。我们若认为他们的这类错误行为是习惯，可以归咎为性格缺陷，从语义学的角度看，就

---

① ［德］赫费：《政治的正义性》，庞学栓等译，上海译文出版社 1998 年版，第 7页。

是在第二种正义即个人的思想正义这个层面看问题。然而，如果这类错误行为没有受到惩罚，并且在所涉及的集体中存在导致这类错误行为的方法诱因，我们就要从第三种正义即制度的单面正义这个层面深入分析，因为我们已经涉及对制度某个方面的评价。如果产生这些错误行为的方法诱因被证实源于这个集体的基本纲领或总体制度，我们就只能从最后一种正义即制度的总体正义层面作出论断。① 赫费的理论为我们在司法过程中判断正义的类别提供了很好的参照。

7.2.3　正义的区域与文化标准

正义犹如古树上的新芽，在不同的地域，面对不同的气候与土壤，会呈现不同的景象。即便都是惹人怜爱的嫩绿，在微观的透镜下也会显出细胞结构与分子运动的诸多差异。普遍、无歧的正义是可欲不可及的构想，只有从文化尤其是法文化的类型学思考出发，才能真正找到正义发挥效用的规律性区间，这即是所谓的"正义区域"。比如现今欧洲人权法院所辖的各国都承认的一系列正义价值观，便证明正义区域现实存在的可能性。

对正义区域的探究作出贡献的，首推那些拥有广阔比较法视野的学者和专家。当然，也不能忘了那些擅长精细描绘、筚路蓝缕、活跃在法律人类学舞台的研究者。他们以宏观的理论视野及实证的田野调查，共同组成了正义区域及其文化标准判定的咨询委员会。当某一具体案件发生，面临司法层面的正义判决，我们不得不谦恭地向他们求教，问一问那到底属于何种正义区域的文化现象？在司法认知上应当避免哪些"先见"与"成见"？然而，很可惜，现今的司法职业者很少有如此深僻的考古习惯，他们大多满足于一般性的法令适用，对于所谓的文化差异及正义背景，笑而不答。这种司法实用主义的态度极大阻碍了正义区域的文化研究，也不利于从整体上构建一套司法正义过程的法理标准。

从空间视角，我们可以借鉴比较法专家关于"法律样式"的分析框架，作为正义区域法理判别的基本方法。② 第一，正义区域的构成，应考察法律历史发展的同质性与相似性，依据其程度不同，划分为不同比值的正义区间。第

---

① ［德］赫费：《政治的正义性》，庞学栓等译，上海译文出版社 1998 年版，第 44 ~ 45 页。

② 参见 ［德］K. 茨威格特、H. 克茨：《比较法总论》，潘汉典等译，法律出版社 2003 年版，第 106 ~ 114 页。

二，内在考察正义区间内的法律思维方式，比如权利本位的正义文化，还是义务至上的正义文化，就代表了两种截然不同的法律思维观念。第三，法律制度的独特标志性作用，也可以成为判定不同正义区间的简捷方法。第四，法律渊源的种类及其解释方法，在不同的正义区间也会呈现出很大的差别。第五，那些深层的信仰与思想意识，也构成正义区间判定的文化尺度。

从时间的角度来说，正义区域的判别必须遵循法律发展史揭示的一般规律，尤其要注意吸收那些有关不同生活类型下的法律民族志记载，从个案中寻找与当下的契合点。从一部生生不息的法律史中构建全新的判例法观念与传统，这或许是正义区域论最显著的制度创新价值。原始生活状态下的法律与现代性法律不同，即便是同样的案件，在司法上处于不同的正义区域，所以会呈现判定原则与结果的重大差异。

7.2.4　正义的相对与德性标准

美国哲学家宾克莱曾引用一段诗句生动而形象地描绘正义相对论与价值相对主义："全看你在什么地点，全看你在什么时间，全看你感觉到什么，全看你感觉如何。全看你得到什么培养，全看是什么东西受到赞扬，今日为是，明日为非，法国之乐，英国之悲。一切看观点如何，不管来自澳大利亚还是廷巴克图，在罗马你就得遵从罗马人的习俗。假如正巧情调相合，那么你就算有了道德。那里有许多思潮互相对抗，一切就得看情况，一切就得看情况……"①

在当代西方法哲学中，"纯粹法学"的代表人物凯尔森在 1952 年的演讲"什么是正义"中集中表达了正义的相对性观点，并揭示了正义内在的德性要求。

凯尔森说："自古以来，什么是正义这一问题永远是存在的。为了正义的问题，不知有多少人流了宝贵的鲜血和痛苦的眼泪，不知有多少杰出的思想家，从柏拉图到康德，绞尽了脑汁，可是现在与过去一样，问题依然未获解决"。② 凯尔森把古往今来的正义学说分为两大派：形而上学—宗教派和理性主义派。以运命、灵魂、理念等为核心的正义观都属于前者，以柏拉图为代表；以平等、各得其所、绝对命令等为中心的正义观都属于后者，以康德为典范。但这两派都未能将绝对主义的正义观阐明弄清。凯尔森还批评了各种自然

---

① ［美］宾克莱：《理想的冲突》（中译本），商务印书馆 1986 年版，第 9~10 页。
② ［奥］凯尔森：《什么是正义?》，载《现代外国哲学社会科学文摘》1961 年第 8 期。

法理论，声称它们混淆了法和正义。因为正义的客观标准并不存在，"不正义的法"自然也成了人们的一种价值判断，与它是不是法、有无法的效力这些客观事实没有关系。

凯尔森认为，"正义首先是属于社会秩序的一种可能而非必然有的一种品质，其次才是属于个人的德性，因为个人的正义性取决于他是否符合那被认为代表正义的社会秩序的行为准则"①。"绝对正义是不合理性的理想，或者说，它就是一种幻想。"② 在结束"什么是正义"这一著名演讲时，凯尔森提出了相对正义的宽容原则。他说："在相对主义的正义哲学中包含着一项特殊的道德原则——宽容原则。所谓宽容原则就是同情地了解他人的宗教或政治信仰——尽管不接受他们，但也不阻止他人自由发表。"③ 凯尔森最后总结说，"我不知道也不能说出什么是正义，即人类所渴望的绝对正义。因为研究科学是我的职业，因而也是我生命中最重要的事情。在我看来，正义是那种社会秩序，在它的保护下人们能自由探索真理。所以，'我的'正义是自由的正义、和平的正义、民主的正义——宽容的正义"④。

正义本身就是德性的汇集，作为美德的正义的本质，就是"对权利平等的尊重而不是对力量的尊重，是对一切个人而不是对权势的尊重"⑤。亚里士多德称正义为"完全的美德"，就说明它是一切美德的远景，是它们共处的法则，正义不能取代幸福，但是没有一种幸福少得了它。

7.2.5　正义的原则与社会标准

正义有相对性的一面，这主要体现在它的伦理立场必须是多元、宽容的。正义也有绝对性的一面，这主要反映在它的法理原则必须立基于社会正义的普遍要求。作为法价值核心的正义，首先应当回应社会不公的理论诘难，从原则上明确正义的社会实现方式，而不是一开始就寄希望于彻底达成个体权利的具

---

① ［奥］凯尔森：《什么是正义？》，载《现代外国哲学社会科学文摘》1961 年第 8 期。

② Morrison, Wayne, Jurisprudence, Cavendish Publishing Limited , 1997, p. 384.

③ ［奥］凯尔森：《什么是正义？》，载《现代外国哲学社会科学文摘》1961 年第 8 期。

④ ［奥］凯尔森：《什么是正义？》，载《现代外国哲学社会科学文摘》1961 年第 8 期。

⑤ ［法］安德烈·孔特—斯蓬维尔：《小爱大德：人类的 18 种美德》，吴岳添译，中央编译出版社 1998 年版，第 59 页。

体正义。

罗尔斯在《正义论》这部伦理学经典之作中，开宗明义地指出："正义是社会制度的第一价值，正像真理是思想体系的首要价值一样……作为人类活动的首要价值，正义和真理是决不妥协的。"① 既然罗尔斯一开始就把社会正义定位为社会制度的首要美德，他就必须在理论上阐明这种社会正义的来源、内容和功用。

罗尔斯认为，社会正义来源于人们的理性选择。为了更清楚地描述这种选择，罗尔斯不惜虚构了一张"原初之幕"，即著名的罗氏"原始状态"（original position）和"无知之幕"。在"原始状态"下，自然资源既不极端充足也不十分贫乏，人们既有合作的需要也不至于因为生计无望而相互厮杀。更重要的是，"原始状态"下，还有一层"无知之幕"，人们既不知道自己的信仰、兴趣、能力、经历，也不知道自己在社会中所处的地位，甚至对生活其中的自然环境也不大了解。他们只知道社会上有竞争，大家相互间有敌意，资源不足以分配到每个人都满意。人们根据纯然的利己动机生活，对未来没有确定的预期，不知道哪一天自己也会沦为社会的底层。因此，人们真诚地关注社会弱者的生活境况，并尽力改善之，以防自己陷于同样的悲惨。罗尔斯认为，正是这些特点造成了公平的观念和正义的原则。

罗尔斯接着指出了社会正义的两项基本原则和内容：第一项原则："每个人都享有和其他所有的人同样自由相容的最广泛的基本自由的平等权利。"第二项原则："社会和经济的不平等将以下列各项原则安排：（1）它们对每个人都是有利的；（2）它们与职位相连，而职位对所有人都开放。"② 罗尔斯把第一项原则称为"最大的均等自由原则"（principle of greatest equal liberty），将第二项原则称为"差异原则"（difference principle）。这里需要特别指出的是，"差异原则"分为两个部分：第一部分可称之为"差别原则"，它要求社会和经济的不平等安排应对所有人有利，特别是能将那些处于不利地位的社会贫弱者获得最大可能的利益；第二部分可称之为"公平的机会均等原则"，它要求社会—经济不平等与职位相连，而职位在公平的机会均等条件下对所有人开放。③

---

① J. Rawls, A. Theory of Justice, Harvard University Pxess, 1971, p. 1.

② J. Rawls, A. Theory of Justice, Harvard University Pxess, 1971, p. 60.

③ 参见前引张文显书，第593页。

7.2.6　正义的核心与权利标准

与罗尔斯社会正义论争锋相对的，是强调个人自由权利的正义论。在西方，其代表人物是诺锡克与哈耶克。他们的正义论因强调正义的核心在于个体权利的实现，所以可统称为权利正义论。

诺锡克认为，在一个自由的社会，没有哪一组织或集体天然有权分配。所有物品都是个人持有的，只存在一个人有无资格（权利）持有并自由交换、转让的问题，不存在一个超越个人资格（权利）的集体和组织强制性分配或剥夺的问题。因此，他主张，用一个中性的语词"持有"来代替"分配"，即以"持有正义"取代"分配正义"。具体而言，诺锡克的正义理论包含三项原则：（1）获取正义原则：一个人依此原则才有资格持有某物；（2）转让正义原则：一个人依此原则方有资格完成持有物的转让也就是获取一项新的持有；（3）矫正正义原则：它主要针对违背前述两项正义原则的行为，实现矫正，恢复正义。

诺锡克对罗尔斯社会正义论的批判，主要集中在三大问题：社会合作、原始状态和天赋分配。① 通过对罗尔斯理论的反思，诺锡克创立了一种别致的正义论，他的思路和逻辑显示了与以往正义理论的极大区别。他强调个人资格的持有正义，反对天赋权威的分配正义，代表了西方自由主义的激进之翼，在当代西方法哲学和政治哲学中占有重要一席。

在西方，哈耶克是另一位反对社会正义论的激进旗手。他被公认为是西方20世纪著名思想家，一位自由主义的大师级学者。哈耶克认为，社会正义是一种幻象，是人们思想不成熟和原始情感复归的结果。那种认为社会可以通过充分体现道德要求的分配正义实现平等的主张会引向人们"通往奴役之路"，即哈耶克毕生反对的极权主义。社会是一种自生自发的秩序，在这种秩序中，谈论强调道德性和统一性的社会正义毫无意义，只会增加新的麻烦和危险。社会正义论的一个致命缺陷就是片面强调物质的平等，并极易忽略平等待人和促进人际平等这两者之间的实质区别。哈耶克认为，平等待人是自由社会的要求而试图使人际平等"则是像托克维尔描述的那样，意味着'一种新的奴役形式'"②。

---

① 参见前引张文显书，第 599～601 页。

② ［英］哈耶克：《个人主义与经济秩序》（中译本），北京经济学院出版社 1989 年版，第 16 页。

哈耶克除了反对社会正义，还反对积极正义。他认为，正义与自由一样，都是消极的。所谓"消极正义"指的是不依赖政府、国家细密保护，自由实现的个人正义，其内容不能为任何一个权威机关精确划定，其实现也只能依靠个人在具体生活中不断摸寻。哈耶克强调规则的正义，认为正义是法律的必要基础。法律必须服务于正义而非特殊的利益，不论这种利益属于个人还是政府，不然，法律就可能毁坏个人自由。法的精神源于正义规则在具体事态中的运用，其实质是自生自发内部秩序的内在要求，特别是个人权利的理性需求。

7.2.7 正义的判断与利益标准

功利主义正义观的奠基人穆勒曾就正义的功利标准论述如下：（1）剥夺任何人的人身自由，财产或任何依法应属于他的东西，是不正义；（2）不论其法律地位如何，剥夺或拒绝给与一个人对之享有"道德"权利的东西是不正义；（3）每个人得其应得，是正义，而得其不应得，是不正义；（4）对任何人背信弃义，或者违反约定，或者以自己的行为故意或自愿地引起他人的某种希望而又使这种希望破灭的，是不正义；（5）偏袒一方，就是违反正义。

正义判断必须遵循利益衡平的内在法则，这一点功利主义正义观念为社会学法学派吸收。庞德有言：我们都需要地球，都有大量的愿望和要求需要满足。我们有那么多人，却只有一个地球。每个人的愿望不断地与邻人相冲突或者相重叠。因此，不妨说这是一个任务艰巨的社会工程，其任务是创制物资、手段，以维持生存需要并满足共同生活在政治组织社会里的人们的愿望和要求。即使这些物资、手段无法满足人们的全部需要，至少也应当尽可能地人人有份。这就是我们为什么说法律的目的在于正义。我们不以为正义是一种个人美德；我们不以为正义是人们之间的理想关系。我们以为正义是一种制度，我们指的是这样一种关系的调整和行为的规制：它将使维持生存的物资、满足人类享有物质和采取行动所需求的手段，能够尽可能在最少摩擦与最少浪费的情况下人人有份。

庞德将法律所要维护和保障的利益分为三大类：个人利益、公共利益和社会利益。个人利益指的是涉及个人生活并以个人生活名义所提出的主张、要求或愿望；公共利益指的是涉及政治组织社会的生活并以政治组织社会的名义提出的主张、要求或愿望；社会利益指的是涉及文明社会的社会生活并以这种生活的名义提出的主张、要求或愿望。庞德拒绝对上述利益的严格标准表态，在他看来，"法学家所必须做的就是认识这个问题，并意识到这个问题是以这样一种方式向他提出的，即尽其可能保护所有的社会利益、并维持这些利益之间的、与保护所有这些利益相一致的某种平衡或协调"①。庞德将正义的司法机制分为据法司法（justice with law）和超法司法（justice without law）两种。在他看来，据法司法是指根据权威性律令、规范（模式）或指南而进行的司法，这些律令、规范或指南是以某种权威性技术加以发展和适用的，是个人在争议发生之前就可以确知的，而且根据它们，所有人都有理由确信他们会得到同样的待遇。超法司法则是根据某个在审判时拥有广泛自由裁量权且不受任何既定的一般性规则约束的个人的意志或直觉进行的。庞德认为，利益均衡的关键就在于这两种司法形式能否达成有效的平衡。"一个法律制度之所以成功，乃是因为他成功地在专断权力之一端与受限权力指令一端达到了平衡并维持了这种平衡。这种平衡不可能永远维续下去。文明的进步会不断地使法律制度失去平衡；而通过把理性适用于经验之上，这种平衡又得到恢复，而且也只有凭靠这种方式，政治组织社会才能使自己得以永久地存在下去。"②

7.2.8　正义的交叠与底线标准

历史学鼻祖希罗多德讲了个故事：大流士王问希腊人，什么代价可以使你吃掉你父亲的遗体？希腊人的回答是：不可能，没有什么能够迫使我作出如此罪恶的行径。大流士王又问印地安人，什么代价可以使你火化掉你父亲的遗体？印地安人的回答与希腊人完全相同。在希腊人看来，不火化掉父亲的遗体是非正义的，而在印地安人眼里，不吃掉父亲的遗体是非正义的。正义观念迥然不同的背后有着一个共同的正义标准，那就是爱护父亲的遗体。正义观是文化交叠的产物，具有多样性和相对性，但人类社会的正义也存在底线，对它的基本原则和具体内容的探讨也成为法学的永恒命题。

佩雷尔曼是比利时布鲁塞尔自由大学法哲学中心主任、原国际法哲学和社会哲学协会主席，他对作为正义底线的形式正义论作出过深入系统的阐述，在国际上有相当的影响。佩雷尔曼对"正义"由衷赞颂，他言辞恳切而热烈："正义是人类灵魂中最纯朴之物，社会中最根本之物。它是宗教的实质，同时又是理性的形式，是信仰的神秘客体，是知识的始端、中端和末端。人类不可能想象得到比正义更普遍、更强大和更完善的东西。"③ 但是，正义却是人类发明的最为混乱的概念之一。为了正"正义"之义，佩雷尔曼区分了六种流

---

① 前引博登海默书，第 148 页。
② 前引博登海默书，第 149 页。
③ C. Perelman, Justice, Law and Argument, D. Reidel Publishing Company, 1980, p. 1.

行的正义概念：（1）对每个人同等对待的正义；（2）对每个人根据优点对待的正义；（3）对每个人根据工作对待的正义；（4）对每个人根据需要对待的正义；（5）对每个人根据身份对待的正义；（6）对每个人根据法定权利对待的正义。①

在概述了六种正义概念之后，佩雷尔曼还指出了人们对待正义概念的三种态度：第一种是"放任多元"的态度，即认为各种正义概念互不相关各自独立；第二种是"强加统一"的态度，即认为在各种正义概念中可找出一个最具说服力的定义"统一"其他的表述；第三种是"交叠求同"的态度，即在各种不同的正义概念中找到相同的部分，也就是它们共同的思想，从而得出一种形式或者说抽象的正义概念。佩雷尔曼认为，第三种态度才是对正义概念合理分析的正确态度，他本人也是采取这种方法推导出形式正义是正义之基本底线结论的。

佩雷尔曼认为，自亚里士多德以来，正义概念的共同思想就是平等，对每个人而言，正义总意味着某种平等。从中，佩雷尔曼导出了形式正义的概念。他认为，正义就是以同等方式待人，形式正义就是"一种活动原则，根据该原则，凡属同一基本范畴的人应受到同等的待遇"②。根据这一界定，在佩氏考察过的六种正义概念中，只有第一种符合形式正义论的要求，其余五种概念描述的都是具体正义而非形式正义。

德国法学家魏德士提出，正义可以从主观和客观意义上来理解。主观意义上的正义就是个人美德，个人因诚实、正直而受人尊敬；客观意义上的正义就是指社会状态和规则、制度具有道德合理性，两种正义交叠而成的标准就是所谓正义的底线，这些标准包括：（1）体现人类尊严和个人自由的自决权；（2）平等和符合事实性；（3）相当性和公平性；（4）法安定性的最低要求；（5）国家行为的社会后果的权衡。③

7.2.9　正义的操作与程序标准

当正义的大词临近社会系统的实况，如何操作正义就显得无比重要。德国

---

①　参见张文显：《二十世纪西方法哲学思潮研究》，法律出版社 1996 年版，第 580 ~ 582 页。

②　前引 C. Perelman 书，第 11 页。

③　参见［德］伯恩·魏德士：《法理学》，丁小春、吴越译，法律出版社 2003 年版，第 180 ~ 182 页。

法社会学的代表人物卢曼，他有名的系统理论就可被视为一种有关正义操作的"程序系统论"。卢曼认为，完全不存在诸如"正确性"、"正义"、"真理"。它们只是用来表达善良、假定对世界有力控制的合理之意图，简言之，就是一种美好的象征。根据卢曼的理论，系统的功能无所不包，系统自我制造自我承认，"通过程序具有合法性"。因此，重要的不是"正义"将获实现（正义甚至根本就不存在），而是系统发挥功能，借此来降低社会的繁杂性。①

卢曼认为，法与社会不可分离。他指出，"人类的共同生活，都直接或间接地带有法的性质。作为社会构成要素的法，和知识一样，会渗透到社会的各个角落，缺少法律来考虑社会是不可能的"②。卢曼将法分为古代法、前现代法和实在法三个发展阶段，并运用系统理论全面分析了实在法的结构和功能，他的程序正义论就是在这一分析中形成的。

卢曼的法律和正义理论奠基于如下这样一个背景：恒定的系统，即基于永远强调的价值的法律系统，只能在一个相对静止的社会中发挥功效。因此，在卢曼那里，正义首先是剥离了社会变动性的程序性内容。只有在这样的程序正义基础上，法律系统才能发挥自我控制及控制社会的功能。卢曼将"社会"的范畴极力缩小，"人"成为"社会"的环境要素，而非传统意义上的主体要件。卢曼力图揭示的不是"法律与社会"的并列关联性，不是庞德心中"通过法律达成社会控制"之类的雄心壮志，而是"社会之法"（society's law）的沟通性构建。③ 卢曼力图将社会、人、法律尽量区隔，维系三者的只有"社会沟通"一途。"卢曼的社会沟通必须是有意义的沟通，这个意义已经远非韦伯社会学中的作为人的行动者所体验的意义，而是社会自身通过区划（distinction）和形式（form）所产生的系统自我观察的意义，空无一人的社会，无人之境的法律系统，社会（或法律）只是从一个沟通到另一个沟通的连接并生产自身意义的系统，这就是卢曼的'法律'图像，难怪图布依纳要在耶鲁法学院的演讲中说卢曼的理论就是'酷'（cool）。"④

在卢曼看来，社会沟通不同于个人信息的交换与互动，而是在特定环境背

① 参见前引考夫曼书，第 188 ~ 189 页。

② ［德］卢曼：《法社会学》（日文本），岩波书店 1977 年版，第 1 页，转引自何勤华：《西方法学史》，中国政法大学出版社 1996 年版，第 485 页。

③ Niklas Luhman, Law as a social social system, Oxford University Press , 2004, pp. 59-60.

④ 宾凯：《法律如何可能》，载《北大法律评论》第 7 卷第 2 辑，北大出版社 2006 年版。

景条件制约下的信息、传达与理解的综合与均衡。而要实现这种有效的社会沟通，必须首先达成社会系统的自我指涉，"惟有封闭才能认知"，对社会认知如此，对法律认知同样如此。卢曼反对将诸多无法均衡的个人意识纳入社会分析的框架，因为这些因素是不能自我指涉的不确定信息，无法完成社会沟通的全部历程。卢曼的社会观是荒无人烟的玉宇琼楼，被很多评论者认为是主体死亡的后现代哲学。对于法律系统的理论建构，卢曼同样采用了这样一种独特的"反人气"处理法。他认为法律系统中的主要元素如果是"人"，那么，法律的"自创生"与自治皆无可想象。只有透过封闭的法律沟通才有望实现开放的法律均衡。他提出，以"操作"的视点观察法律系统，并将"法律是什么（what）"的传统法哲学设问转换为"法律怎么样（how）"的操作性命题。他坚定地指出："必须从结构转向操作。……法律统一不是被任何确定的终极理想一般提供的，而是被生产和再生产特定法律意义的操作专门制作的。此外，我们假设的那些操作必须是可从外部观察的系统内操作。这意味着，操作的封闭性。"[①]

卢曼的程序正义论清晰地向我们揭示："正义"乃是一种系统自身的纯程序操作，与内容并无关系。在正义问题上，完全不存在"为什么"和"是什么"，只存在"如何做"和"怎样做"。

7.2.10　正义的神圣与宪政标准

操作正义的程序运行到裁判末端，判决自身的合法性问题便会凸显。如何将正义与司法终端的神圣性结合，构成了法律的超验品格与宗教之维。著名法学家伯尔曼认为，在最近四百年里，西方的法律正不断丧失其神圣性，日益变成纯功利的东西。与此同时，西方的宗教也逐渐失去它的社会性，慢慢退回到私人生活中。正义与神圣之间的纽带开始断裂，它们正变成两种互不相干的东西。要重新统一法律与宗教，首先必须克服二元论思维模式。伯氏认为，新的时代将是一个综合的时代，在这个时代里，"非此即彼"让位于"亦此亦彼"。不再是主体反对客体，而是主体与客体交互作用；不再是意识反对存在，而是意识与存在同在；不再是理智反对感情，或者理性反对激情，而是整体的人在思考和感受。如此，法律与宗教的畛域将逐渐消失，正义的便是神圣的，神圣的便是正义的。否则，既没有正义也没有神圣。

他从西方法律革命与法律传统的独特视角，指出"实现正义一直被宣布

---

① Niklas Luhman, Law as a social social system, Oxford University Press , 2004, p. 78.

为是法律本身的救世主思想，它起初（在教皇革命中）与末日审判和上帝王国相联系；然后（在德国革命中）与基督教徒的良心相关联；稍后（在英国的革命中）与公共精神、公正和过去的传统相联系；最晚近（在俄国革命中）与集体主义、计划经济和社会平等相联系"。① 正义范例的变迁是法学与法律革命的标志，正义神圣与神圣正义的法哲学基础，构成了现代宪政宗教的原旨动力。

7.3　正义的操作

综合各方意见，大家普遍认为这一范式非常全面，可以普遍适用于各种法律职业道德的领域，有利于解决法律职业内部的伦理冲突，使法律人更加统一、团结、一致。在表达认同的同时，大家也表达了各自的困惑与忧虑：首先，这一范式是否过于理想化，因而缺乏实践操作的可能？其次，这一范式没有对正义内容本身充分阐释，更多属于对正义流程的描述；最后，这一范式如何能够真正转化为法律职业技能的模型，从而使道德与技巧完美结合？

围绕这些问题，听证会对正义问题又作了如下探讨。

7.3.1　为什么说正义是一种均衡性的法律价值？

法的价值，是个内蕴丰富外延广阔的概念。就当代中国法学而言，法的价值，或法律价值，是 20 世纪 80 年代从西方法学作品中引入的一个概念。从字面上讲，它包括三层含义：第一，它指的是法促进哪些价值；第二，指法本身有哪些价值；第三，在不同类价值之间或同类价值之间发生矛盾时，法根据什么标准对它们进行评价，从这个意义上讲，法的价值即是它的评价准则。②

就正义而言，首先，它是法促进的核心价值。没有哪个国家的法律公然宣称不是为了正义的实现，尽管有时候正义只是一块美丽的招牌，但这毕竟说明正义作为法关注的价值并非人们一时的"心血来潮"，而的确存在内在的原由。其次，正义也是法本身的价值。我们经常说法律也有良恶之分，表明的就是用正义价值评判法律的自然法哲学态度。最后，也是最为关键的，正义还是各种法价值之间冲突、矛盾的"平衡者"和"仲裁人"。因为，无论是自由、

---

① ［美］伯尔曼：《法律与革命》，贺卫方等译，中国大百科全书出版社 1993 年版，第 25 页。

② 参见沈宗灵：《法·正义·利益》，载《中外法学》1993 年第 5 期。

平等还是安全、效益，这些基本的法价值都与正义紧密相关。更确切地说，很多情况下它们都是正义的一个面相，就像子女间的争斗最终都要父母出面调解一样，正义在很多时候充当了法价值系统内部的"评判官"，它本身就是一套很好的评判规程。"利益、自由、效率、秩序作为社会价值之一，固然为社会发展所必需，但都不能作为社会的终极价值准则，它们最终都要受到公平正义这一基准的评判和检验，其中的任何一项均不具备超越社会公平正义价值的能力。一个社会的善恶及其文明程度，最终要看它是否奉公平正义为最高价值准则。"① 一言以蔽之，正义不仅是一项普通的法律价值，而且它还充当着法的价值均衡者这一至关重要的角色。

7.3.2 如何理解正义与法律的关系？

美国法学家塞尔兹尼克和诺内特在谈到 20 世纪 60 年代美国的法律危机时说："在那十年里，正义的两副面孔生动鲜活地展现出来。一方面，有些法院和法律职业部门把自己当作无特权者的代言人；它们把自己的使命看作是扩大权利、实现宪法的潜在承诺——所有人的充分的公民权利——以及推行得到广泛支持的社会辩护和公众利益法，另一方面，在同一十年间，法律穿着长统靴，以镇压的面孔出现，扮演了踏灭愤怒之火的角色。"② 尽管法律代表的正义具有两副不同的面孔，但这些毫不影响人们对法所捍卫的正义价值的崇尚和追求。英国的丹宁勋爵曾说："他们（指作为最高审判机关的上议院）认为最重要的目标是实现法律，而我认为是实现正义，如果我在判案时没有秉公行事，就会睡不着觉。"③ 正义实现的法理构造究竟为何？从法本体的广延视野出发，我们不妨认为，自然法为正义提供了公共标准，实在法为正义创造了核心规范，介于自然法与实在法之间的司法法则为正义确立了均衡框架。

1. 自然法：正义的公共标准

哪些正义原则才是人类社会所应共同遵守的公共标准？对这一问题学者们众说纷纭。在诸多观点中能否归纳出正义的公共标准呢？有学者认为，这一归纳虽然难以绝对正确，但对此作一个大致的勾勒是可能的。这些最低标准主要

---

① 徐显明：《法学的使命在于改善对正义的管理》，载徐显明主编：《法治与社会公平》，山东人民出版社 2007 年版。

② ［美］塞尔兹尼克、诺内特：《转变中的法律与社会》，张志铭译，中国政法大学出版社 1994 年版，第 6 页。

③ ［英］丹宁：《法律的正当程序·著者介绍》，李克强等译，群众出版社 1984 年版，第 2 页。

是：（1）正义要求利益和责任的分配不是任意的，不是完全依靠暴力，而是应当按人们可以理解的标准，使人们有所遵循地去争取自己的利益；（2）正义与平等存在最起码的联系，要求按一定标准（例如：身份、职位、性别、劳动、贡献等）的平等，或是量的均等；（3）裁判者必须保持起码的中立，不偏不倚地倾听当事双方的陈述并公正地作出决断。① 正义作为评价社会优劣的道德标准，应当围绕社会的基本价值目标展开它的主要原则。在现代社会，社会的主要价值是自由、平等、安全、公共福利，因此正义的基本原则应当围绕上述价值综合协调。

这些正义的最低标准构成了我们所说的"自然法"。必须指出，正义与自然法的功能关系颇为复杂，在此我们仅对两者的逻辑关系略加说明。

在法理学思想史上，正义观念往往同自然法概念联系在一起。人类产于正义的思想演化同人类对假定的"自然法"的存在及其存在的重要意义的各种探究之间存在着深厚的渊源，因此，任何一种正义理论都不能忽视自然法这一永恒的问题。但"正义"与"自然法"决不能作为同义词使用。自然法乃是一个正义制度最为根本的基础，它由那些最低限度的公平与管理的标准组成，没有这些标准就不可能有可行的法律制度。另一方面，正义概念还包括那些被某种特定社会政治制度视为正义的规范和原则，而不论这些规范和原则是否得到正式法律渊源的承认。此外，正义概念还包括一个最高层次，那就是理想社会的实现。② 这远在自然法和实在法的视域之外。

鉴于上述，我们认为，正义与自然法的逻辑关系是一种包容关系：正义是自然法的"母体"，自然法是正义的公共标准。如下图所示：

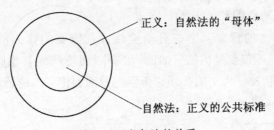

图 34　正义与法的关系

---

① 参见周永坤：《法理学——全球视野》，法律出版社 2000 年版，第 228～229 页。

② 前引博登海默书，第 271～278 页。

2. 实在法：正义的核心规范

在西方法哲学中，自然法是指理念性的法，灌注了正义公共标准的"原则法"。实在法则是指现实性的法，以实现这部分公共正义要求的"规则法"。我们认为，实在法是正义的核心实现而非全部实现，乃是因为实在法与正义的逻辑关系并非完全包容或完全重合关系，而一种部分重合的交叉关系。从总体上看，实在法既可能实现正义，也可能背离正义。实现正义的实在法，我们称之为"良法"，背离正义的法，我们称之为"恶法"。"良法"对法治的实现意义重大。亚里士多德那个经典的法治定义就揭示了"良法"的重要。① 关于正义与实在法交叉性的逻辑关系，可由下图简示：

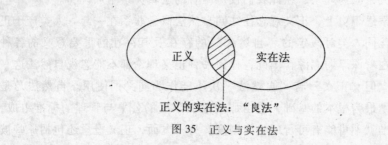

图 35　正义与实在法

现在我们可以将问题聚焦为："良法"对正义有何功能？我国学者一般认为，法律是实现正义的有力保障。具体表现在：（1）立法上，法律分配权利以确立正义；（2）执法上，法律严格执行以实现正义；（3）司法上，法律惩罚罪恶以伸张正义，同时补偿损失以恢复正义。② 也有学者从两个方面表述：（1）分配权利义务以确立分配正义；（2）惩罚罪恶，补偿损失以实现平均正义。③

实在法对正义的保障，不能自动实现，它需要法律人的悉心守护。而"法律人的责任，不仅仅是机械精细地，'刻板而冷峻地'操作法律，而且是要把伟大的博爱精神、人文的关怀、美学的原则和正义的情感以专业化的理性

---

① 亚里士多德说，法治应包含两重含义：已生效的法律获得普遍的服从，而大家普遍服从的法律又应该是良法。

② 参见胡旭晟、蒋先福主编：《法理学》，湖南人民出版社，湖南大学出版社 2001 年版，第 378～380 页。

③ 见郑成良主编：《现代法理学》，吉林大学出版社 1999 年版，关于"法与正义一般关系"之论述。

而又艺术的方式表现出来"①。良法的形成，事实上就是法律人在体认法价值、判断法规律、甄别法命题、解决法疑难过程中的"司法"性创构。自然法的精神被实在法包孕，而实在法的规范又再度被司法法提纯。

3. 司法法：正义的均衡框架

对于正义实现的法律构造，德国法学家米滕茨魏有不俗的见解。他认为，不应该在独立于实证法之外的"自然法"幻念中寻找正义，只要实证法还算是正当的秩序，就只能在实证法之内发现正义。但是，他也反对将既存的实证法神圣化，"试图借一种自然的秩序结构，来正当化具体实证的法秩序"是不理性之举。② 既然自然法缺少现实规范的运行基础，毋宁将其内求的价值理念转附于实证法之上，以那部分体现了自然法之正义公共标准的实在法作为实现正义的主要法制资源，同时，也刻意生发一种矫治实证法弊病的司法之法，以维持良法运行之长期、恒稳于不坠。司法法是有关司法权运行正义流程的理论概括，同时，它也是有关法律价值选择的司法方法论。英国著名法学家洛克林也曾明确将司法法称为"法律之法"（jus of lex），其中包括一套独立的司法系统，该系统履行一种特殊的审慎、斟酌职能。③ 在自然法与实证法的正义均衡中，司法法承当着至重使命。

7.3.3　如何运用均衡正义的伦理与思维操作法律？

如果我们将"问题"视做一种机遇和善益，司法过程便会充满基于问题的迷惘，以及迷惘、争辩、澄思后的理性决策。法官首先不是一个简单的判断者，因为他必须在作出判断前对各种法律和事实问题高明决策。司法决策的问题往往不是法官自身的困惑，而是生发于社会机体四面八方的"他人之惑"。"一旦决策问题是从外面制定出来，所谓的解决方案也就开始有了。通常情况下决策者首先重点考虑几种可供选择的可能性，这种考虑在一组合适的可供选择方案出来或是一个可为人接受的方案找到才会停止下来。只有到了那个时候他才开始重点考虑目标或是标准以便审视可供选择的方案。这种解决问题的一

---

① 舒国滢：《在法律的边缘》，中国法制出版社 2000 年版，第 58 页。

② 参见 ［德］拉伦茨：《法学方法论》，陈爱娥译，商务印书馆 2004 年版，第 68 页。

③ 参见 ［英］马丁·洛克林：《公法与政治理论》，郑戈译，商务印书馆 2002 年版，第 103 ~ 104 页。

般方法是由那种重点放在选择方案上的思维方式提出来的。"①

长期以来，司法决策也遵循着这种"以选择方案"为中心的思维方式。无论是大陆法系、英美法系还是其他法系，法官思维的核心关切便是解决现实法律问题，为了解决问题，法官在思考问题时特别注重多元思维，即列出各种解决方法、途径，然后再综合各种考虑，权衡再三，作出最后的最优选择。如果将这种思性方式认为是体现了司法过程的均衡品格，那么无疑是将"均衡司法"庸俗化了。真正的司法均衡必须建立在创新思维方式的微观基础上。只有这样，均衡司法才能从一种宏大的法治理想落实为一套精密的法治机能。如同沐浴过阳光雨露的树芽儿，只有接近了良好的微生物土壤才能焕发出真正的滋养精华。

"有关价值观念的一般思维原则是替每个目的找到理由，找到每个目的和其他目的之间的关系。通过对大量有关目的的含义和理由的问题回答来确定价值观念。每个回答都可以视为信息的价值点，在指导价值中心思维时可以派上用场。这些价值观念中的任何一点都可以表明导致突破性思维的洞察，这种突破性思维最终使得决策者可以做出一个远比一般情况下可能做出的更好选择。"②"价值中心"的司法决策思维体现了不同于以往选择方案型思维的创新特质。这种思维方式的特点之一是，先定立司法决策的价值目标，然后通过现实的权衡尽可能实现价值的要求。在这种颇具挑战性和创造性的司法过程中，法官必须做到善于把握决策机遇，将一些疑难问题转化为解决问题的有利条件。

在这样的思维方式下，法官对法价值的抉择势必回归到正义问题的探索上，"正义"的均衡性决定了司法过程价值衡量的必然方向。社会生活的价值源头可从两方面探查，一方面是人类存在的基本样态即个体与社会两方面的关系出发的价值原则，另一方面是从人类基本需要所决定的基本活动领域出发的价值原则。个体与社会的关系调整是权利义务价值准则的首要，正义在其中自然表现为权利与义务的均衡。从社会生活三大基本领域相对应的基本价值准则来看，效率是经济活动领域最基本的价值准则；精神文化领域的基本价值准则是最有利于生活意义的创造自由；而最有利于秩序之生产的公平则构成了政治

---

① ［美］拉尔夫·L.基尼：《创新性思维——实现核心价值的决策模式》，叶胜年、叶隽等译，新华出版社 2003 年版，序言第 2 页。

② ［美］拉尔夫·L.基尼：《创新性思维——实现核心价值的决策模式》，叶胜年、叶隽等译，新华出版社 2003 年版，第 26 页。

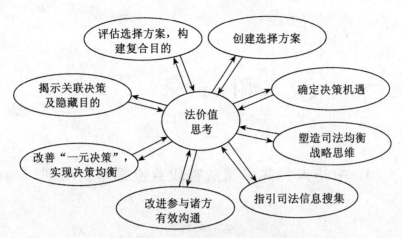

图 36　司法过程的法价值思考模型

活动最基本的价值。① 效率、自由与公平的三维均衡建构，正是正义均衡性的外部体现。对正义自身的实现来讲，理想性正义与现实性正义之间，也需要找到一种理性的均衡关系。这可谓正义均衡的自身内含。

---

　　① 参见王南湜：《实践哲学视野中的社会正义问题》，载《中国社会科学文摘》2006年第 5 期。

附　录

1. 中华人民共和国法官职业道德基本准则

序　言

造就一支政治坚定、业务精通、作风优良、清正廉洁、品德高尚的法官队伍，是依法治国、建设社会主义法治国家的重要条件，是人民法院履行宪法和法律职责的重要保障。法官具有良好的职业道德，对于确保司法公正、维护国家法治尊严至关重要。为规范和完善法官职业道德标准，提高法官职业道德素质，维护法官和人民法院的良好形象，根据《中华人民共和国法官法》和国家其他有关规定制定本准则。

一、保障司法公正

第一条　法官在履行职责时，应当切实做到实体公正和程序公正，并通过自己在法庭内外的言行体现出公正，避免公众对司法公正产生合理的怀疑。

第二条　法官在履行职责时，应当忠实于宪法和法律，坚持和维护审判独立的原则，不受任何行政机关、社会团体和个人的干涉，不受来自法律规定之外的影响。

第三条　法官在审判活动中，除了应当自觉遵守法定回避制度外，如果认为自己审理某案件时可能引起公众对该案件公正裁判产生合理怀疑的，应当提出不宜审理该案件的请求。

第四条　法官应当抵制当事人及其代理人、辩护人或者案外人利用各种社会关系的说情，并按照有关规定处理。

第五条　法官不得违背当事人的意愿，以不正当的手段迫使当事人撤诉或者接受调解。

第六条　法官应当公开并且客观地审理案件，自觉接受公众监督。但是，法律规定不公开或者可以不公开审理的除外。

　　第七条　法官在审判活动中，应当独立思考、自主判断，敢于坚持正确的意见。

　　第八条　法官在审判活动中，不得私自单独会见一方当事人及其代理人。

　　第九条　法官在审判活动中，应当避免主观偏见、滥用职权和忽视法律等情形的发生。

　　第十条　法官在履行职责时，应当平等对待当事人和其他诉讼参与人，不得以其言语和行为表现出任何歧视，并有义务制止和纠正诉讼参与人和其他人员的任何歧视性言行。

　　法官应当充分注意到由于当事人和其他诉讼参与人的民族、种族、性别、职业、宗教信仰、教育程度、健康状况和居住地等因素而可能产生的差别，保障诉讼各方平等、充分地行使诉讼权利和实体权利。

　　第十一条　法官审理案件应当保持中立。

　　法官在宣判前，不得通过言语、表情或者行为流露自己对裁判结果的观点或者态度。

　　法官调解案件应当依法进行，并注意言行审慎，避免当事人和其他诉讼参与人对其公正性产生合理的怀疑。

　　第十二条　法官对与当事人实体权利和诉讼权利有关的措施和裁判应当依法说明理由，避免主观、片面地作出结论或者采取措施。

　　第十三条　法官应当尊重其他法官对审判职权的独立行使，并做到：

　　（一）除非基于履行审判职责或者通过适当的程序，不得对其他法官正在审理的案件发表评论，不得对与自己有利害关系的案件提出处理建议和意见；

　　（二）不得擅自过问或者干预下级人民法院正在审理的案件；

　　（三）不得向上级人民法院就二审案件提出个人的处理建议和意见。

　　第十四条　法官除履行审判职责或者管理职责外，不得探询其他法官承办案件的审理情况和有关信息。

　　法官不得向当事人或者其代理人、辩护人泄露或者提供有关案件的审理情况、承办案件法官的联系方式和其他有关信息；不得为当事人或者其代理人、辩护人联系和介绍承办案件的法官。

　　第十五条　法官在审理案件的过程中，应当避免受到新闻媒体和公众舆论的不当影响。

　　第十六条　法官在公众场合和新闻媒体上，不得发表有损生效裁判的严肃性和权威性的评论。如果认为生效裁判或者审判工作中存在问题的，可以向本院院长报告或者向有关法院反映。

第十七条 法官根据获得的情况确信，其他法官有可能或已经违反法官职业道德，或者其他法律工作者有可能或已违反职业道德，影响司法公正的，应当采取适当的措施向有关部门或者有关机关反映。

二、提高司法效率

第十八条 法官应当勤勉敬业，全身心地致力于履行职责，不得因个人的事务、日程安排或者其他行为影响职责的正常履行。

第十九条 法官应当遵守法律规定的诉讼期限，在法定期限内尽快地立案、审理、判决。

第二十条 法官必须杜绝粗心大意、无故拖延、贻误工作的行为，认真、及时、有效地完成本职工作，并做到：

（一）合理安排各项审判事务，提高诉讼效率；

（二）对于各项司法职责的履行都给予足够的重视，对于所承办的案件都给予同样审慎的关注，并且投入合理的、足够的时间；

（三）在保证审判质量的前提下，注意节省当事人及其代理人、辩护人的时间，注重与其他法官和其他工作人员共事的有效性。

第二十一条 法官在审判活动中应当监督当事人遵守诉讼程序和各种时限规定，避免因诉讼参与人的原因导致不合理或者不必要的延误。

第二十二条 法官在执行生效法律文书时，应当依法采取有效措施，尽快予以执结。

三、保持清正廉洁

第二十三条 法官在履行职责时，不得直接或者间接地利用职务和地位谋取任何不当利益。

第二十四条 法官不得接受当事人及其代理人、辩护人的款待、财物和其他利益。

第二十五条 法官不得参与可能导致公众对其廉洁形象产生不信任感的商业活动或者其他经济活动。

第二十六条 法官应当妥善处理个人事务，不得为了获得特殊照顾而有意披露自己的法官身份；不得利用法官的声誉和影响为自己、亲属或者他人谋取私人利益。

第二十七条 法官及其家庭成员的生活方式和水准，应当与他们的职位和收入相符。

第二十八条　法官不得兼任律师、企事业单位或者个人的法律顾问等职务；不得就未决案件给当事人及其代理人、辩护人提供咨询意见和法律意见。

第二十九条　法官应当按照国家有关规定如实申报财产。

第三十条　法官必须向其家庭成员告知法官行为守则和职业道德的要求，并督促其家庭成员不得违反有关规定。

四、遵守司法礼仪

第三十一条　法官应当严格遵守各项司法礼仪，保持良好的仪表和文明的举止，维护人民法院的尊严和法官的良好形象。

第三十二条　法官应当尊重当事人和其他诉讼参与人的人格尊严，并做到：

（一）认真、耐心地听取当事人和其他诉讼参与人发表意见；除非因维护法庭秩序和庭审的需要，开庭时不得随意打断或者制止当事人和其他诉讼参与人的发言；

（二）使用规范、准确、文明的语言，不得对当事人或其他诉讼参与人有任何不公的训诫和不恰当的言辞。

第三十三条　法官开庭时应当遵守法庭规则，并监督法庭内所有人员遵守法庭规则，保持法庭的庄严，并做到：

（一）按照有关规定穿着法官袍或者法官制服、佩带徽章，并保持整洁；

（二）准时出庭，不缺席、迟到、早退，不随意出进；

（三）集中精力，专注庭审，不做与审判活动无关的事。

五、加强自身修养

第三十四条　法官应当加强修养，具备良好的政治、业务素质和良好的品行，忠实地执行宪法和法律，全心全意为人民服务。

第三十五条　法官应当具有丰富的社会经验和对社会现实的深刻理解。

法官应当具备忠于职守、秉公办案、刚正不阿、不徇私情的理念，惩恶扬善、弘扬正义的良知，正直善良、谦虚谨慎的品格，享有良好的个人声誉。

第三十六条　法官有权利并有义务接受教育培训，树立良好的学风，精研法理，汲取新知识，提高驾驭庭审、判断证据、制作裁判文书等各项司法技能，具备审判工作所必需的知识和专业能力。

第三十七条　法官在日常生活中，应当严格自律，行为检点，培养高尚的道德操守，成为遵守社会公德和家庭美德的楷模。

六、约束业外活动

第三十八条 法官从事各种职务外活动，应当避免使公众对法官的公正司法和清正廉洁产生合理怀疑，避免影响法官职责的正常履行，避免对人民法院的公信力产生不良影响。

第三十九条 法官必须杜绝与公共利益、公共秩序、社会公德和良好习惯相违背的，可能影响法官形象和公正履行职责的不良嗜好和行为。

第四十条 法官应当谨慎出入社交场合，谨慎交友，慎重对待与当事人、律师以及可能影响法官形象的人员的接触和交往，以免给公众造成不公正或者不廉洁的印象，并避免在履行职责时可能产生的困扰和尴尬。

第四十一条 法官不得参加带有邪教性质的组织。

第四十二条 法官在职务外活动中，不得披露或者使用非公开的审判信息和在审判过程中获得的商业秘密、个人隐私以及其他非公开的信息。

第四十三条 法官不得参加营利性社团组织或者可能借法官影响力营利的社团组织。

第四十四条 法官可以参加有助于法制建设和司法改革的学术研究和其他社会活动。但是，这些活动应当以符合法律规定、不妨碍公正司法和维护司法权威、不影响审判工作为前提。

第四十五条 法官发表文章或者接受媒体采访时，应当保持谨慎的态度，不得针对具体案件和当事人进行不适当的评论，避免因言语不当使公众对司法公正产生合理的怀疑。

第四十六条 法官退休后应当继续保持自身的良好形象，避免因其不当言行而使公众对司法公正产生合理的怀疑。

附 则

第四十七条 各级人民法院指导、监督本院法官遵守本准则。

第四十八条 人民陪审员依法履行审判职责期间，应当遵守本准则。人民法院的行政人员和法警，参照执行本准则的有关规定。

第四十九条 本准则由最高人民法院负责解释。

第五十条 本准则自发布之日起施行。

2. 最高人民检察院关于贯彻执行
《检察官职业道德规范》的
有关要求的通知

各省、自治区、直辖市人民检察院,军事检察院,新疆生产建设兵团人民检察院:

为了认真贯彻《中共中央关于印发〈公民道德建设实施纲要〉的通知》要求,全面提高检察队伍的职业道德素养,最高人民检察院制定了《检察官职业道德规范》,现印发给你们,并就贯彻执行《检察官职业道德规范》的有关要求通知如下。

一、充分认识加强检察官职业道德建设的重要意义

检察官职业道德是检察官在职业活动中应该遵循的基本行为准则。检察机关是国家的法律监督机关,检察队伍是以检察官为主体的队伍,加强检察官的职业道德建设,是检察机关实践"三个代表"和以德治国重要思想的集中体现,有利于更好地发挥德治在提高检察队伍道德素质方面的作用,有助于广大检察干警自觉形成与"三个代表"和时代发展要求相适应的职业道德素养。加强检察官职业道德建设不仅是推进检察队伍建设的基础性工作,有助于指导检察官在本职岗位上确立崇高的工作目标,培养良好的职业习惯,同时也是推进检察事业全面发展的强大精神动力和思想保证。检察官处在查办职务犯罪和诉讼监督的第一线,极少数干警走上违法犯罪的道路,往往是道德防线首先被打开缺口的。只有大力加强检察官职业道德建设,全面提高检察干警的道德素质和文明程度,才能从根本上建设一支能够担当新世纪重任、党和人民满意的检察队伍。各级检察机关要把学习、宣传和实践好《检察官职业道德规范》,作为贯彻落实"三个代表"要求和党的十五届六中全会精神的重要内容,切实加强以检察官为主体的全体检察干警的职业道德建设,广泛动员,精心实施,把职业道德建设推进到一个新水平。

二、大力加强经常性的检察官职业道德教育

提高检察干警的道德素养,教育是基础。各级检察机关要认真抓好经常性的检察官职业道德教育。一要拿出专门时间,认真组织学习《检察官职业道德规范》,使全体检察干警对职业道德的主要内容熟记会背,能讲会用,在潜

移默化中加深理解，约束行为，打牢道德根基。二要把《检察官职业道德规范》作为日常教育和检察官岗位培训的重要内容，使检察官职业道德要求进入教材，进入课堂。三要采取干警喜闻乐见的教育形式，培养和树立各类可亲、可敬、可信、可学的先进典型和道德楷模，使广大干警受到教育。四要加大宣传力度，积极营造有利于检察官职业道德建设的浓厚氛围，坚持不懈地把符合"三个代表"和时代发展要求的道德观念，不断灌输到干警思想之中。

三、广泛开展群众性的检察官职业道德实践活动

以丰富多彩的活动为载体，吸引广大干警普遍参与，是加强检察官职业道德建设的有效途径。各级检察机关要广泛开展群众性的检察官职业道德实践活动，在执法工作、争先创优和群众性精神文明建设活动中，明确和体现检察官职业道德要求。一要立足于本职工作开展职业道德实践活动。尤其要在执法活动中明确和体现检察官职业道德要求，使之贯穿到执法活动的各个层面。二要通过广泛开展检察文化活动，陶冶干警的道德情操，增强职业使命感和责任感。三要充分发挥各级领导的表率作用。各级检察机关的领导干部要带头践行检察官职业道德规范，以良好的道德风范取信于干警。

四、切实落实检察官职业道德建设的制度保障

加强检察官职业道德建设，制度是保障。各级检察机关要加强对检察官职业道德建设的领导，把以德育检与依法治检有机结合起来，健全完善有利于检察官职业道德养成的有关制度，总结推广先进经验，充分发挥政工、纪检部门和各种群众性团体的作用。要加强对检察官遵守职业道德情况的监督和检查，及时讲评，严格奖惩，把思想引导与利益调节、精神鼓励与物质鼓励有机结合起来，确保各项规章制度及道德要求在实践中得到落实。要把检察官职业道德规范向社会公示，认真接受人民群众的监督，督促广大检察干警在公开和透明的环境中约束自己的行为，自觉树立良好的检察职业形象。

检察官职业道德规范

忠诚　忠于党、忠于国家、忠于人民，忠于事实和法律，忠于人民检察事业，恪尽职守，乐于奉献。

公正　崇尚法治，客观求实，依法独立行使检察权，坚持法律面前人人平等，自觉维护程序公正和实体公正。

清廉　模范遵守法纪，保持清正廉洁，淡泊名利，不徇私情，自尊自重，接受监督。

严明　严格执法，文明办案，刚正不阿，敢于监督，勇于纠错，捍卫宪法和法律尊严。

3. 律师职业道德和执业纪律规范

（2001 年 11 月 26 日 中华全国律师协会修订）

第一章　总　　则

第一条　为维护律师的职业声誉，全面提高律师队伍的道德水准，规范律师的执业行为，保障律师切实履行对社会和公众所承担的使命和责任，依据《中华人民共和国律师法》，制定本规范。

第二条　律师在执业活动中应当遵守本规范。

第三条　律师执业应当接受司法行政机关、律师协会和社会公众的监督。

第二章　律师职业道德基本准则

第四条　律师应当忠于宪法和法律，坚持以事实为根据，以法律为准绳，严格依法执业。

律师应当忠于职守，坚持原则，维护国家法律与社会正义。

第五条　律师应当诚实守信，勤勉尽责，尽职尽责地维护委托人的合法利益。

第六条　律师应当敬业勤业，努力钻研业务，掌握执业所应具备的法律知识和服务技能，不断提高执业水平。

第七条　律师应当珍视和维护律师职业声誉，模范遵守社会公德，注重陶冶品行和职业道德修养。

第八条　律师应当严守国家机密，保守委托人的商业秘密及委托人的隐私。

第九条　律师应当尊重同行，同业互助，公平竞争，共同提高执业水平。

第十条　律师应当自觉履行法律援助义务，为受援人提供法律帮助。

第十一条　律师应当遵守律师协会章程，切实履行会员义务。

第十二条　律师应当积极参加社会公益活动。

第三章　律师在执业机构中的纪律

第十三条　律师事务所是律师的执业机构，律师的执业活动必须接受律师事务所的监督和管理。

第十四条 律师不得同时在两个或两个以上律师事务所执业。

同时在一个律师事务所和一个法律服务所执业的视同在两个律师事务所执业。

第十五条 律师不得以个人名义私自接受委托，不得私自收取费用。

第十六条 律师不得违反律师事务所收费制度和财务纪律，挪用、私分、侵占业务收费。

第十七条 律师因执业过错给律师事务所造成损失的，应当承担相应责任。

第四章 律师在诉讼、仲裁活动中的纪律

第十八条 律师应当遵守法庭和仲裁庭纪律，尊重法官、仲裁员，按时提交法律文件、按时出庭。

第十九条 律师出庭时按规定着装，举止文明礼貌，不得使用侮辱、谩骂或诽谤性语言。

第二十条 律师不得以影响案件的审理和裁决为目的，与本案审判人员、检察人员、仲裁员在非办公场所接触，不得向上述人员馈赠钱物，也不得以许诺、回报或提供其他便利等方式与承办案件的执法人员进行交易。

第二十一条 律师不得向委托人宣传自己与有管辖权的执法人员及有关人员有亲朋关系，不能利用这种关系招揽业务。

第二十二条 律师应依法取证，不得伪造证据，不得怂恿委托人伪造证据、提供虚假证词，不得暗示、诱导、威胁他人提供虚假证据。

第二十三条 律师不得与犯罪嫌疑人、被告人的亲属或者其他人会见在押犯罪嫌疑人、被告人，或者借职务之便违反规定为被告人传递信件、钱物或与案情有关的信息。

第五章 律师与委托人、对方当事人的纪律

第二十四条 律师应当充分运用自己的专业知识和技能，尽心尽职地根据法律的规定完成委托事项，最大限度地维护委托人的合法利益。

第二十五条 律师不应接受自己不能办理的法律事务。

第二十六条 律师应当遵循诚实守信的原则，客观地告知委托人所委托事项可能出现的法律风险，不得故意对可能出现的风险做不恰当的表述或做虚假承诺。

第二十七条　为维护委托人的合法权益，律师有权根据法律的要求和道德的标准，选择完成或实现委托目的的方法。

对委托人拟委托的事项或者要求属于法律或律师执业规范所禁止的，律师应告知委托人，并提出修改建议或予以拒绝。

第二十八条　律师不得在同一案件中为双方当事人担任代理人。

同一律师事务所不得代理诉讼案件的双方当事人，偏远地区只有一律师事务所的除外。

第二十九条　律师应当合理开支办案费用，注意节约。

第三十条　律师应当严格按照法律规定的期限、时效以及与委托人约定的时间，及时办理委托的事务。

第三十一条　律师应及时告知委托人有关代理工作的情况，对委托人了解委托事项情况的正当要求，应当尽快给予答复。

第三十二条　律师应当在委托授权范围内从事代理活动，如需特别授权，应当事先取得委托人的书面确认。

律师不得超越委托人委托的代理权限，不得利用委托关系从事与委托代理的法律事务无关的活动。

第三十三条　律师接受委托后无正当理由不得拒绝为委托人代理。

第三十四条　律师接受委托后未经委托人同意，不得擅自转委托他人代理。

第三十五条　律师应当谨慎保管委托人提供的证据和其它法律文件，保证其不丢失或毁损。

律师不得挪用或者侵占代委托人保管的财物。

第三十六条　律师不得从对方当事人处接受利益或向其要求或约定利益。

第三十七条　律师不得与对方当事人或第三人恶意串通，侵害委托人的权益。

第三十八条　律师不得非法阻止和干预对方当事人及其代理人进行的活动。

第三十九条　律师对与委托事项有关的保密信息，委托代理关系结束后仍有保密义务。

第四十条　律师应当恪守独立履行职责的原则，不因迎合委托人或满足委托人的不当要求，丧失客观、公正的立场，不得协助委托人实施非法的或具有欺诈性的行为。

第六章　律师与同行之间的纪律

第四十一条　律师应当遵守行业竞争规范，公平竞争，自觉维护执业秩序，维护律师行业的荣誉和社会形象。

第四十二条　律师应当尊重同行，相互学习，相互帮助，共同提高执业水平，不应诋毁、损害其他律师的威信和声誉。

第四十三条　律师、律师事务所可以通过以下方式介绍自己的业务领域和专业特长：

1. 可以通过文字作品、研讨会、简介等方式以普及法律，宣传自己的专业领域，推荐自己的专业特长；

2. 提倡、鼓励律师、律师事务所参加社会公益活动。

第四十四条　律师不得以下列方式进行不正当竞争：

1. 不得以贬低同行的专业能力和水平等方式，招揽业务；

2. 不得以提供或承诺提供回扣等方式承揽业务；

3. 不得利用新闻媒介或其他手段向其提供虚假信息或夸大自己的专业能力；

4. 不得在名片上印有各种学术、学历、非律师业职称、社会职务以及所获荣誉等；

5. 不得以明显低于同业的收费水平竞争某项法律事务。

第七章　附　　则

第四十五条　对于违反本规范的律师、律师事务所，由律师协会依照会员处分办法给予处分，情节严重的，由司法行政机关予以处罚。

第四十六条　实习律师、律师助理参照本规范执行。

第四十七条　本规范由中华全国律师协会负责解释。

第四十八条　各地可以根据本准则制订实施细则。

第四十九条　本规范自发布之日起实施。

4. 公证员职业道德基本准则

（中国公证员协会三届三次理事会 2002-3-3 通过）

序　　言

为规范公证员职业道德行为，提高公证员的职业道德水平，维护公证员的职业形象，根据《中华人民共和国公证暂行条例》制定本准则。

一、忠于事实忠于法律

第一条　公证员应当忠于宪法和法律，坚持以事实为根据，以法律为准绳，按照真实合法的原则和法定的程序办理公证事务。

第二条　公证员在履行职责时，应当恪守独立、客观、公正的原则，不受非客观事实和法律之外因素的影响。

第三条　公证员应当忠实地维护法律的尊严，切实保障法律的正确实施和公众权利的平等实现。

第四条　公证员应当自觉履行保密的法定义务。不得利用知悉的秘密为自己或他人谋取利益。

第五条　公证员在履行职责时，对发现的违法、违规或违反社会公德的行为，应当按照法律规定的权限，积极采取措施予以纠正、制止。

二、爱岗敬业规范服务

第六条　公证员应当珍爱公证事业，努力做到勤勉敬业、恪尽职守，为当事人提供优质的法律服务。

第七条　公证员应当依法履行职责，不得超越法律规定的权限办理公证事务。

第八条　公证员在履行职责时，应当告知当事人、代理人和参加人的权利和义务，并就权利和义务的真实意思做出明确解释，避免形式上的简单告知。

第九条　公证员在执行职务时，应当平等、热情地对待当事人、代理人和参加人，并要充分注意到其民族、种族、国籍、宗教信仰、性别、年龄、健康状况、职业的差别，避免言行不慎使对方产生歧义。

第十条　公证员应当按规定的程序和期限办理公证事务，及时受理、审查、出证，不得因个人原因和其他主观因素拖延推诿。

第十一条　公证员应当不断提高工作效率和工作质量，杜绝疏忽大意、敷衍塞责和其它贻误工作的行为。

第十二条　公证员应当注重礼仪，做到着装规范、举止文明，维护公证员的职业形象。

现场宣读公证词时，应当语言规范、吐字清晰，避免使用可能引起他人反感的语言表达方式。

第十三条　如果发现其他公证员有违法行为或已生效的公证文书存在问

题，应当及时向有关机关或部门反映。

第十四条　公证员在执业过程中，应当独立思考、自主判断、敢于坚持正确的意见。

三、加强修养提高素质

第十五条　公证员应当道德高尚、诚实信用、谦虚谨慎，具有良好的个人修养和品行。

第十六条　公证员应当具有忠于职守、不徇私情的理念和维护平等、弘扬正义的良知，自觉维护社会正义和社会秩序。

第十七条　公证员应当不断提高自身的道德素养和业务素质，保证自己的执业品质和专业技能能够满足正确履行职责的需要。

第十八条　公证员有权利并有义务接受教育培训，应当勤勉进取，努力钻研，不断提高执业素质和执业水平。

第十九条　公证员应当具有开拓创新意识，有研究和探索前沿性学科、掌握和运用先进科学技术的积极性和自觉性。

第二十条　公证员不得通过非正常程序或不恰当场合，对其他公证员正在办理的公证事项或处理结果发表不同意见。

第二十一条　公证员不得在公众场合或新闻媒体上，发表泄私愤、不负责任的有损公证严肃性和权威性的言论。

第二十二条　公证员在日常生活中，应当严格自律，自觉约束自己的行为，成为遵守社会公德和倡导良好社会风尚的楷模。

四、清正廉洁同业互助

第二十三条　公证员不得经商和从事与公证员职务、身份不相符的活动。

第二十四条　公证员应当妥善处理个人事务，不得利用公证员的身份和职务为自己、家属或他人谋取私人利益。

第二十五条　公证员不得接受当事人及其代理人、利害关系人的答谢款待、馈赠财物和其它利益。

第二十六条　公证员应当与同行保持良好的合作关系，尊重同行，公平竞争，同业互助，共谋发展。

公证员应当相互尊重，不得在任何场合损害其它同事的威信和名誉。

第二十七条　公证员不得从事以下不正当竞争行为：

（一）不得利用新闻媒体或其他手段炫耀自己，贬损他人，排斥同行，为自己招揽业务；

（二）不得利用与行政机关、社会团体、经济组织的特殊关系进行业务垄断；

（三）其它不正当手段的竞争。

附　　则

第二十八条　各级司法行政机关和行业协会组织监督公证员遵守本准则。

第二十九条　公证员助理和公证机构其他从业人员，参照执行本准则的有关规定。

第三十条　本准则由中国公证员协会负责解释。

第三十一条　本准则自发布之日起施行。

5. 高等学校人文社会科学研究学术规范（试行）

（经教育部社会科学委员会 2004 年 6 月 21 日第一次全体会议讨论通过）

一、总　　则

（一）为规范高等学校（以下简称高校）人文社会科学研究工作，加强学风建设和职业道德修养，保障学术自由，促进学术交流、学术积累与学术创新，进一步发展和繁荣高校人文社会科学研究事业，特制定本规范。

（二）本规范由广大专家学者广泛讨论、共同参与制订，是高校教师、研究生及相关人员在学术活动中自律的准则。

二、基 本 规 范

（三）高校人文社会科学研究应以马克思列宁主义、毛泽东思想、邓小平理论和"三个代表"重要思想为指导，遵循解放思想、实事求是、与时俱进的思想路线，贯彻"百花齐放、百家争鸣"的方针，不断推动学术进步。

（四）高校人文社会科学研究工作者应以推动社会主义物质文明、政治文明和精神文明建设为己任，具有强烈的历史使命感和社会责任感，敢于学术创新，努力创造先进文化，积极弘扬科学精神、人文精神与民族精神。

（五）高校人文社会科学研究工作者应遵守《中华人民共和国著作权法》《中华人民共和国专利法》《中华人民共和国国家通用语言文字法》等法律。

（六）高校人文社会科学研究工作者应模范遵守学术道德。

三、研究程序规范

（七）学术研究重在积累、贵在创新。选题应注意理论价值或应用价值或学术。

（八）应充分尊重和借鉴已有的学术成果，注重调查研究，在全面掌握相关研究资料和学术信息的基础上，精心设计研究方案，讲究科学方法。应力求论证缜密，表达准确。

四、学术引文规范

（九）引文应注重原始文献和第一手资料。凡引用他人观点、方案、资料、数据等，无论曾否发表，无论是纸质或电子版，均应详加注释。凡转引文献资料，应如实说明。

（十）学术论著应合理使用引文。对已有学术成果的介绍、评论、引用和注释，应力求客观、公允、准确。

伪注，伪造和篡改文献、数据等，均属学术不端行为。

五、学术成果规范

（十一）不得以任何方式抄袭、剽窃或侵吞他人学术成果。

（十二）学术成果应注重质量，反对粗制滥造和低水平重复，避免片面追求数量的倾向。

（十三）学术成果文本应规范使用中国语言文字、标点符号、数字及外国语言文字。

（十四）学术成果应避免一稿多投，不应重复发表；另有约定再次发表时，应注明出处。

（十五）学术成果的署名应实事求是。署名者应对该项成果承担相应的学术责任、道义责任和法律责任。

（十六）凡接受合法资助的研究项目，其最终成果应与资助申请和立项通知相一致；若需修改，应事先与资助方协商，并征得其同意。

（十七）研究成果发表时，应以适当方式向提供过指导、建议、帮助或资助的个人或机构致谢。

六、学术评价规范

（十八）学术评价应坚持客观、公正、公开的原则，建立和完善科学的评价机制。

（十九）学术评价应以学术价值或社会效益为基本标准。对基础研究成果的评价，应以学术积累和学术创新为主要尺度；对应用研究成果的评价，应注重其社会效益或经济效益。

（二十）学术评价机构应坚持程序公正、标准合理，采用同行专家评审制，实行回避制度、民主表决制度，建立结果公示、意见反馈机制。

评审意见应措辞严谨、准确，慎用"原创"、"首创"、"首次"、"国内领先"、"国际领先"、"世界水平"、"填补重大空白"、"重大突破"等词语。

评价机构和评审专家应对其评价意见负责，并对评议过程保密，对不当评价、虚假评价、泄密和披露不实信息等造成的后果承担相应责任。

（二十一）被评价者不得干扰评价过程。否则，应对其不正当行为引发的一切后果负责。

七、学术批评规范

（二十二）应大力倡导学术批评，积极推进不同学术观点之间的自由讨论、相互交流与学术争鸣。

（二十三）学术批评应该以学术为中心，以文本为依据，以理服人。批评者应正当行使学术批评的权利，并承担相应的责任。被批评者有反批评的权利，但不得对批评者压制或报复。

八、附　　则

（二十四）学术规范是一项长期的制度建设。本规范将根据人文社会科学研究事业发展的需要不断修订、完善。

各高校可根据本规范，结合具体情况，制定相应的学术规范及其实施办法，并对违反知识产权或学术道德的学术不端行为加以监督和惩处。

（二十五）本规范的解释权归教育部社会科学委员会。

6. 司法"五禁"：法官伦理的底限正义

廖奕

在构建社会主义法治国家的漫长征途中，司法系统的制度建设是决定成败的关键战役。在司法制度建设的各个环节中，法官行为的伦理规范又是决定

"大盘"的"基本面"。没有清正廉明、刚毅勤勉、奉法为真的法官伦理，就很难维护社会和谐的良好局面。

针对少数法官受"请托说情之风"影响，利用职权办理人情案、关系案、金钱案的突出问题，最高人民法院新近制定并公布了"五个严禁"的法官伦理底限准则：严禁接受案件当事人及相关人员的请客送礼；严禁违反规定与律师进行不正当交往；严禁插手过问他人办理的案件；严禁在委托评估、拍卖等活动中徇私舞弊；严禁泄露审判工作秘密。

"五个严禁"是最高法院依法行使司法管理权和惩戒权，带有极强针对性、底限性与务实性，旨在杜绝司法腐败、端正司法形象，锻造法官伦理的制度建设"硬举措"。在呼唤社会公平正义的改革开放新时期，切实贯彻司法"五禁"，具有重要的现实意义和长远的深化价值。

一、对人性逻辑的切脉

法官伦理的逻辑前提是"法官非神"。神性的法官具有纯粹的理性，全知全能，永不为非。但这个"司法的神话"早已被法律现实主义的研究戳破。美国法学家弗兰克认为现实司法判决实际遵循的公式是：S（stimulus，围绕法官和案件的刺激）×P（Personality，个性）＝D（判决），或者R（规则）×SF（Subjective fact，主观事实）＝D（判决）。还有许多资深法官从自己的司法经验出发，指出主观前见和偶然因素对司法过程的重大影响。如何运用制度化的法官伦理力量，克服非理性对司法公正的侵蚀与破坏，业已成为各国法学界和司法实务界共同关注的焦点。

在少数西方国家，基于特殊历史形成的司法体制与文化，法官获得了天神一般的公众形象。但对于大多数发展中国家，尤其是处于体制转型时期的"半法治国家"，法官的公众期待仍然停留在"一个好人"的层面。在这些国家的民众看来，法官必须具备基本的"公共良知"，首先是个好人，然后才是好官。

其实，即便是那些法治化程度很高的"司法国"，法官也并非不受伦理制约。恰恰相反，越是法治化程度高的国家和地区，法官所受的伦理约束越是严格与刚性。如果法官行为在司法伦理上有些微不当，便会受到公众外部与系统内部的严苛惩戒，毫不含糊。可以预想，随着法治建设的不断纵深，中国民众对法官伦理的期待也会不断上升。在这样的背景下，最高法院出台"五个严禁"，加强对法官行为伦理的底限性约束，正好保证了民众的期待不至于落空，为法官职务行为设置了醒目的高压线和警戒牌。

从更深处看，司法"五禁"切准了"均衡"为本的人性逻辑。法官是理性人和感性人的统一，法官判决的过程就是理性与感性有机均衡的过程。超越形式理性和繁杂感性的司法伦理，我们不妨名之为"均衡灵性"。人是万物之灵，人的灵性在于原则性与策略性的均衡。对于法官来讲，就是法理与人情的均衡。灵性的均衡不是无原则的机巧，在其中，法官理性应占有主导的地位，因为法律本身就是人类理性的结晶。但另一方面，法官在适用法律中又不可能不受到自身具有的性格、情绪、意志、气质、经历等各种非理性因素的影响，从而使判决呈现复杂的情形。

司法"五禁"提纲挈领，而不面面俱到；着眼底限，而不好高骛远。它不是"摩西十诫"，并不要求法官都成为圣徒，只要求法官抗拒可以抗拒的非法干扰，做到可以做到的秉公执法。

二、对中国国情的体察

国情是一个国家法治建设的根本立足点和出发点，体察国情是任何法治举措不可或缺的基本要件。"五禁"继承"司法为民"、"司法清廉"的传统伦理，杜绝不正当的人情与关系对法律理性的破坏，维护最广大人民群众的根本利益。如此之举措符合国情，顺应民意，甫一颁行，遂成气象。

中国自古是"人情大国"，在儒家看来，"人情"是人之喜怒哀乐诸种感情的汇集，人情运用发挥得当善莫大焉，违反伦常的人情却是万万不能容忍的。中国政法传统历来强调"天理、国法、人情"三位一体，中国的司法官吏也历来讲求合情合理合法，"一个都不能少"。"人情"在司法过程中不是独立的范畴，必须受到"理"和"法"的评测，亦即"礼法"的约束。这种灵动的司法文化传统是建构现代法官伦理规范的有益资源和强大依凭。

近代以降，西方法治话语盛行，中国司法自身的实际状况被遮蔽、被忽视甚至被歪曲。检视西方司法理论，无一契合中国实情，绝不能机械搬套。唯有在中国法治建设的实践中，我们才能真正找到适合自己的理论方案。司法"五禁"的颁行，是当代中国"法治国情"的客观要求，从中可挖掘出许多深刻的法理：

首先，中国法官职业化程度不高，相应的伦理规范应当从基本做起，不能陈义甚高、空喊口号，关键在于有的放矢、落到实处。法官伦理不是纸面的理想宣告，而是实际的行动策略。"五禁"为法官行为创设了底限的正义约束，也为人情关系网络下的司法博弈设置了重要的制度约束。

其次，"五禁"抓准了当下中国司法腐败的基本方式，并且对顽症下猛

211

药。最高院新闻发言人称，"在最高院历史上，这是首次对司法界以权谋私采用如此严厉的刚性约束"。针对律师行贿等"中介腐败"和委托评估、拍卖等经济、商业活动中日益严重的司法腐败，最高法院反应果断、态度坚决、措施有力、考量全面，充分体现了中国最高审判机关的司法能动性。

最后，"五禁"的颁行是当代中国司法伦理制度规范建设的一个重要的新起点。与以往的纪律规范等软性约束不同，人民法院此次反贪肃贿要求制度化。这反映出当代中国司法制度形成的重要规律——司法伦理引领司法治理、司法治理带动司法伦理的双向互动、有机均衡。

三、对司法规律的把握

"五禁"不是贬低法官尊严的行政化举动，其性质是加强法官行为伦理约束的司法性管理举措。世界多数国家的最高法院都具有自主管理法院人员的权力，司法系统内部管理之良莠成败，直接关系司法权威与公正之实现。加强法官的职业道德与伦理约束，是现代法治国家司法管理的普遍规律。

无论是普通的匹夫村妇，还是专业的法务官员，面对司法都应有一种"介入者"与"交涉者"的协商姿态。司法过程的展开实质上是一种寻找均衡的主体交往。当下，中国司法公权之所以常呈疲态，其权威程度不高、权能储备不足，乃是主因。司法权威与权能的人格载体，首推法官。法官权威与权能的影响因子，首推伦理。法官伦理反映了司法公权执掌者面对社会公众的自律要求，法官伦理的制度化则是司法公权力受制于人民主权与公民基本权利的法治要义。

"五禁"强化法官伦理的底限正义，可以极大提升司法的公信力，塑造与法治国家相符的司法权威。法官是人不是神，但法官不是普通的常人。尤其在法官行使职权时，其一举一动、一言一行莫不代表了法律的形象、人民的意志。法官的枉法裁判、徇私舞弊不仅会损害个人尊严，而且会败坏法律权威。

"五禁"向权力资本宣战，捍卫司法的独立性和公正性。"一切有权力的人都容易滥用权力，这是万古不变的一条经验。"审视转型时期的司法状况，腐败行为只是一种现象，它的本质是权力资本。针对司法领域的权力资本兴风作浪，"五禁"针针见血，触动公众敏感神经，引发社会强烈回应。在"五禁"中，对司法权力与市场资本媾和的腐败予以严惩重击，同时对法官独立审判予以大力确保，捍卫司法的独立和公正。

"五禁"不是新鲜事，许多规定属于重申性的。"五禁"也不是心血来潮的个人创造，《宪法》、《人民法院组织法》、《法官法》等基本法律都是它的实施依据。"五禁"更不是贴标语、搞运动，法官伦理以及相关制度建设可谓"路漫漫其修远兮，吾将上下而求索"。一言以蔽之，"五禁"是对司法规律的遵循，必将逐渐深化为规范、良好的制度框架。

四、对制度创新的启迪

第一，以"五禁"为蓝本，以实在法的方式制定完善的法官职业道德与司法伦理守则。我国在 2001 年颁布了《中华人民共和国法官职业道德基本准则》，在诸如法官和律师相互关系等方面有过具体的规范，然而实际效果并不理想。其中二大重要原因就是盲目模仿美国法官职业伦理准则，疏离国情，理想与现实脱节；以及未能上升为法律规范，许多国家的法官职业伦理守则都是以实定法的形式确定下来，本身就是法律制度的一部分，具有法律的程序性和可预测性。"五禁"的颁行代表了"现实主义法治"和"法治国情论"的方向性矫正。以此为契机，由立法机关制定一部更为务实、更具可操作性的中国法官司法伦理守则，势在必行。

第二，以"五禁"的社会举报机制为基础，建立专门的法官伦理调查机构。最高法院和高级法院应成立专门负责处理法官违反职业伦理的司法调查委员会（Judicial Inquiry Commission），该委员会的经费由人大拨付，有独立的预算；每届委员会任期五年，由七到九人组成。委员人选包括法官与非专业人士，委员会的召集人由其人员投票选举产生。收到举报和指控后，司法调查委员会要对是否受理进行确认。在司法调查期间每两周发布一份调查报告。调查结束后委员投票决定指控是否成立，如果成立，则根据不同的处理决定移送相应机构。最高法院司法调查委员会还应成立专门的申诉复议小组，处理各高级法院调查案件的上诉审查。

此外，在经费、待遇各方面对经济困难法院人员予以财政补贴，并形成制度；出台与"五禁"相关的配套措施，建立法官伦理的制度体系；以社会主义法治理念为指导，加强相关制度的宣传。如此等等，都是深化"五个严禁"的必要之举。

（原文发表于《人民法院报》）

图　　表